Gerhard Ongyerth

Münchner Bergführer

111 Stadtberge, Bergl und Berganstiege

Franz **Schiermeier** Verlag **München**

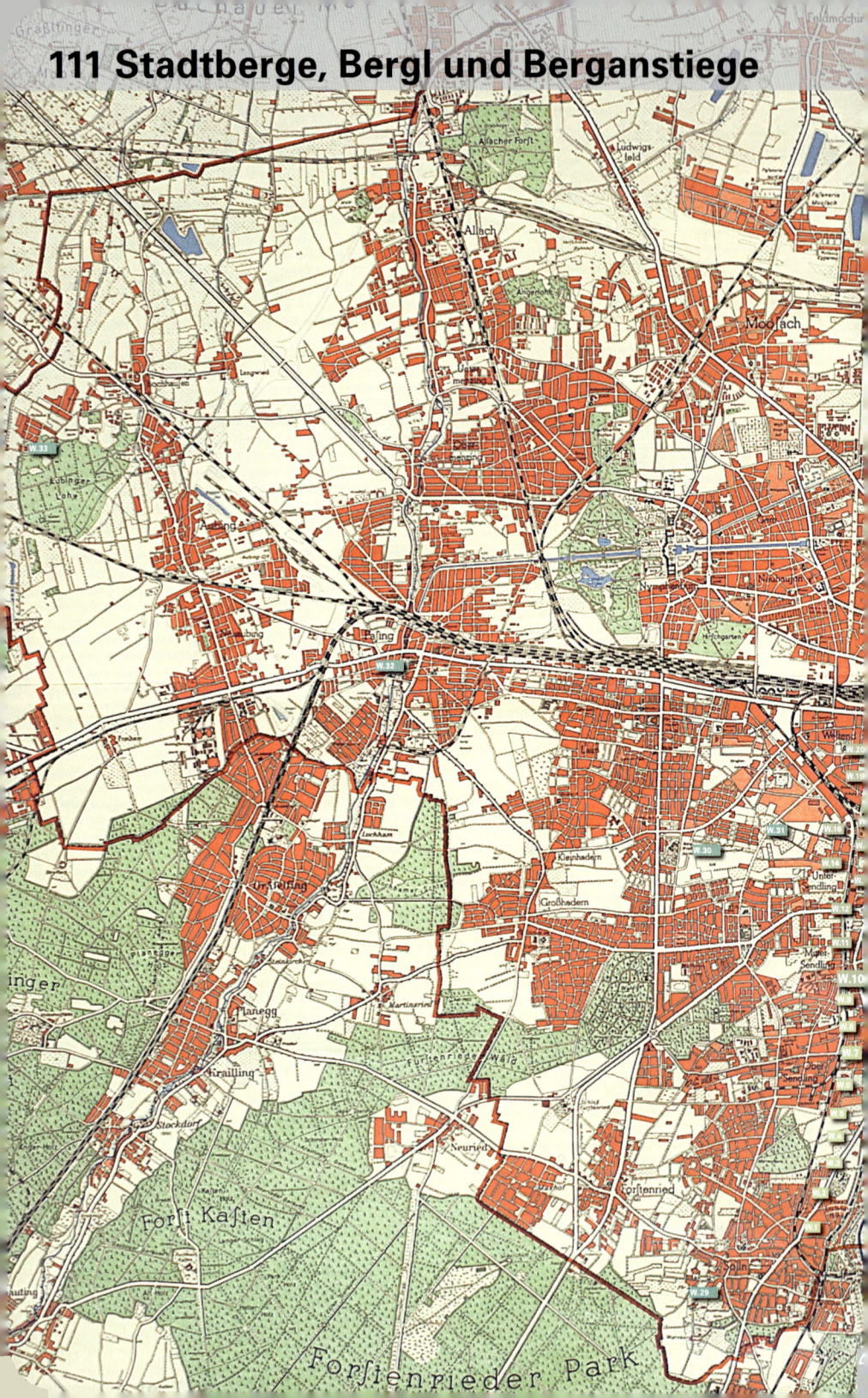

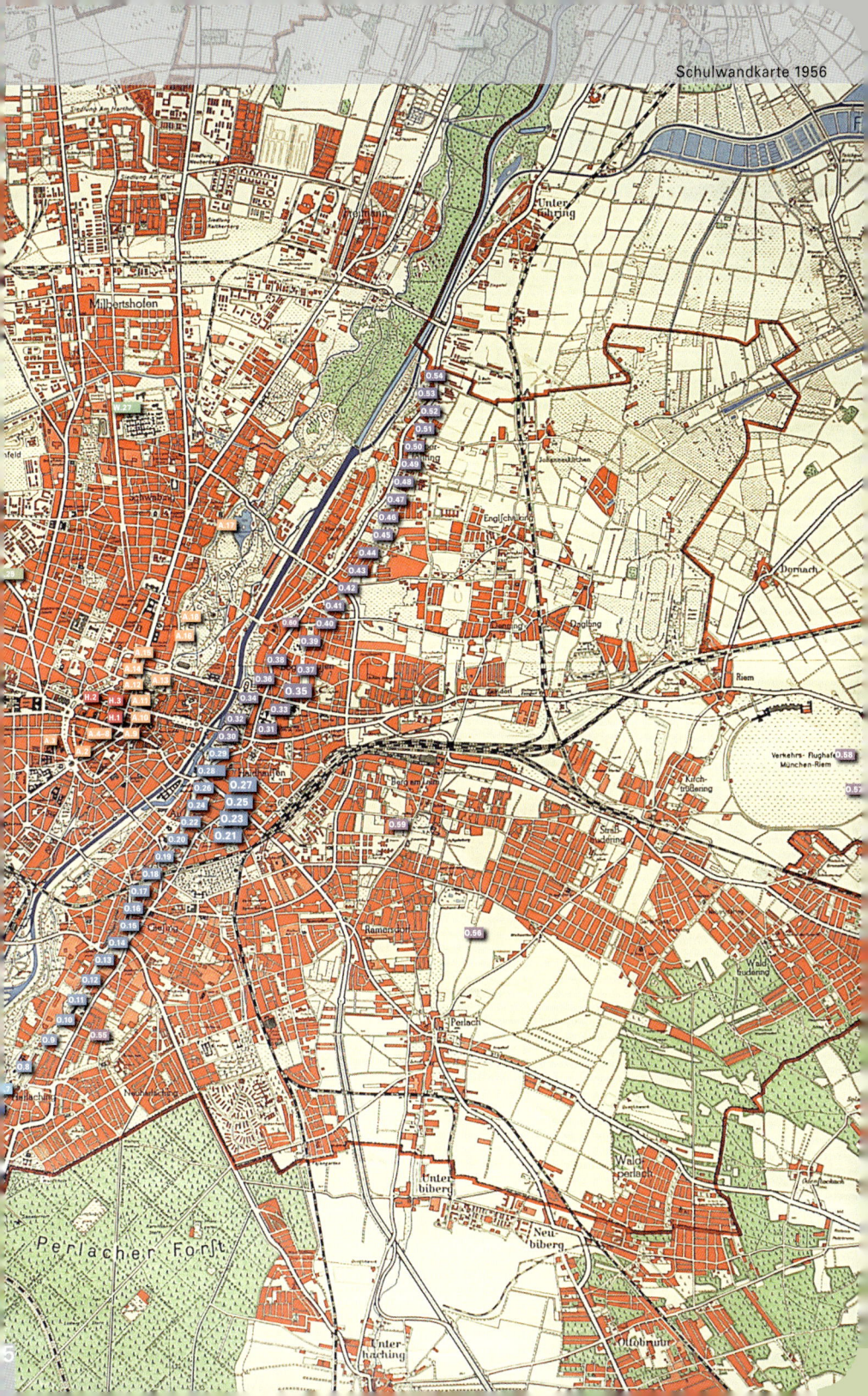

Schulwandkarte 1956

Thalkirchner Höhenweg

W.1	Höllerer Berg
W.2	Carusoweg
W.3	Hangweg Heilmannstraße 9
W.4	Gerblstraße
W.5	Isartalbahnweg
W.6	Kreppeberg
W.7	Maria-Einsiedel-Berg
W.8	Schmiedberg
W.9	Hoeckhstraße

Sendlinger Höhenweg

W.10	Greinerberg
W.11	Neuhofener Berg
W.12	Hangweg Plinganserstraße
W.13	Treppenanlage Harras/Kidlerplatz
W.14	Ende Lindenschmitstraße
W.15	Treppenanlage Oberländerstraße
W.16	Fußweg Sendlinger Kirchplatz/ St. Margaret
W.17	Sendlinger Berg/Ende Lindwurmstraße
W.18	Treppenanlage Daumillerweg/ Lindwurmstraße
W.19	Hans-Fischer-Straße
W.20	König-Ludwig-Hügel
W.21	Schwanthalerhöhe (Theresienhöhe)
W.22	Hackerberg (Galgenberg)
W.23	Augustinerkeller/Hopfenstraße
W.24	Ende Sandstr./Josef-Ruederer-Straße
W.25	Maßmannsbergl

Gipfel auf Schutt und Müll

W.26	Olympiaberg/Martin-Luther-King-Weg
W.27	Schwabinger Schuttberg (Luitpoldhügel)
W.28	Fröttmaninger Berg/Karl-Landauer-Weg

Westliche Lehmberge und Parkhügel

W.29	Warnberg (Balde-Höhe)
W.30	Westpark: Rosenhügel und Jackl
W.31	Westpark: Rodelhügel
W.32	Hugo-Fey-Weg (Hangkante)
W.33	Teufelsberg

Höhenweg Altstadtkante

A.1	Fraunberg
A.2	Stephansbergl
A.3	Sendlinger-Tor-Platz/Pestalozzistraße
A.4	Schmidstraße
A.5	Singlspielerstraße
A.6	Hermann-Sack-Straße
A.7	Dultstraße
A.8	Rindermarkt/Rosental
A.9	Petersbergl
A.10	Lederergasse/Schlichtinger-Bogen
A.11	Treppenanlage Ende Münzstraße
A.12	Alter Hof/Hofgraben
A.13	Residenz (Jägerpühel)
A.14	Hofgarten/Staatskanzlei
A.15	Finanzgarten
A.16	Königinstraße
A.17	Burgstall Schwabing und St. Sylvester
A.18	Monopteroshügel

Höhepunkte

H.1	Alter Peter
H.2	Frauenkirche
H.3	Rathausturm
H.4	Paulskirche
H.5	Olympiaturm

Höhenweg Harlachinger Hochleite

0.1	Treppenanlage Großhesseloher Brücke/Fußgängerbrücke
0.2	Hangweg bei der Sutnerstraße
0.3	Hangweg bei der Menterschwaige
0.4	Hangweg b. d. Hermine-Bland-Straße
0.5	Hangweg bei der Braunstraße
0.6	Hangweg bei der Marienklause
0.7	Harlachinger Berg

Auf Giesings Höhen

0.8	Hangweg Siebenbrunn Süd
0.9	Hangweg Siebenbrunn Nord
0.10	Drumberg
0.11	Candidstraße (Candidberg)
0.12	Schrafnagelberg
0.13	Treppenanlage Schweitzertreppe
0.14	Poißlweg/Am Bergsteig
0.15	Giesinger Berg
0.16	Treppenanlage Am Bergsteig Süd
0.17	Treppenanlage Am Bergsteig Nord
0.18	Schmederersteig
0.19	Treppenanlage Kronepark
0.20	Nockherberg
0.21	Treppenanlage zum Salvatorkeller
0.22	Joseph-Holzer-Weg
0.23	Gebsattelstraße
0.24	Treppenanlage Gebsattelbrücke
0.25	Fischerweg
0.26	Wilhelm-Herbert-Weg
0.27	Lilienberg
0.28	Riggauerweg
0.29	Rosenheimer Straße

Höhenweg Isarbogen

0.30	Gasteig (Ludwigsbuckl)
0.31	Treppenanlage bei St. Nikolai
0.32	Hangweg beim Muffatwerk
0.33	Hangweg zum Kobell-Denkmal
0.34	Max-Planck-Straße
0.35	Maximilianeum
0.36	Prinzregentenstraße
0.37	Luitpoldterrassen
0.38	Hangweg am Achtersee
0.39	Wilhelm-Hausenstein-Weg/St. Georg
0.40	Hangweg St. Georg
0.41	Montgelasstraße
0.42	Treppenanlage Herzogparkstraße
0.43	Hangweg Montgelasstraße
0.44	Gustl-Waldau-Steig/Brunnen
0.45	Simmsteig
0.46	Paul-Neu-Weg
0.47	Dingelstedtweg
0.48	Andersenweg
0.49	Michl-Ehbauer-Weg
0.50	Mauerkircherstraße
0.51	Pernerkreppe
0.52	Rochus-Dedler-Weg
0.53	St. Emmeram Süd
0.54	St. Emmeram Nord

Östliche Lehmberge und Parkhügel

0.55	Tiroler Berg
0.56	Ostpark (Rodelberg)
0.57	Riemer Park (Großer Rodelberg)
0.58	Riemer Park (Kleiner Rodelberg)
0.59	Berg am Laim
0.60	Sternwarte

Inhalt

Hangkanten – Hindernisse in bester Lage

Bild oben und vorherige Seiten:
Höhenschichtenmodell der Stadt München

In einem Lehrbuch der Geographie von 1842 findet sich der weitsichtige Hinweis, *München [liegt] in einer weiten Ebene zwischen zwei Hügelreihen*. Es gibt Hügelreihen in München? Bei Föhn sieht man am Horizont zwar die alpinen Ausläufer der *Münchner Hausberge*. Aber Hügelreihen oder Berge in der Stadt? Und dann steht so mancher Besucher des Stadtmuseums verwundert vor dem großen *Höhenschichtenmodell der Stadt München*, reibt sich die Augen und glaubt es einfach nicht: Er sieht das Isartal südlich von Thalkirchen als tief eingeschnittenen Canyon. Östlich der Isar verläuft von Harlaching bis Bogenhausen eine massive steile Hangkante, in die sich zahlreiche Bergstraßen eingeschnitten haben. Die Bavaria erhebt sich im Westen deutlich aus dem Verlauf der Schwanthalerhöhe. Selbst die Altstadt liegt nicht in einer Ebene: Die Kirchenstandorte Petersbergl (Alter Peter), Frauenbergl (Frauenkirche) sowie der Unterbau des Alten Hofs und der Residenz mit ihren ehemaligen Kapellen sind deutliche Erhebungen.[1] Hügelreihen, Berge und Hangkanten in München!

Das Buch widmet sich diesen Geländeerhebungen und beansprucht, der 1. Münchner Bergführer zu sein, augenzwinkernd und im Münchner Maßstab. Nach einer allgemeinen Beschreibung der Geomorphologie, Verlauf, Bedeutung, Funktion und Überplanung der Hangkanten in München seit Stadtbeginn im 1. Kapitel wird der Blick schärfer gestellt. Auf Augenhöhe eines Spaziergängers, Joggers oder Radfahrers geht es im 2. Kapitel nachvollziehbar auf bekannten und verborgenen Wegen zwischen unten und oben durch die Stadt: Von der Prinz-Ludwig-Höhe in Thalkirchen zum Maßmannsbergl in der Maxvorstadt, vom Fraunberg in Thalkirchen zum Burgstall in Schwabing, von der Menterschwaige in Harlaching zur Brunnbachleite in Bogenhausen. In der Einzeldarstellung und in der Summe ergeben die Beschreibungen einen Münchner Bergführer für das Stadtgebiet zwischen der Großhesseloher Brücke im Süden, der Hackerbrücke im Westen sowie der Kapelle St. Emmeram in Oberföhring im Nordosten der Stadt.

Kleine Exkursionen führen im Norden zum Olympiaberg und zum Fröttmaninger Berg, im Westen zum Warnberg, in den Westpark, an die Würmtalhangkante und zum Teufelsberg in der Aubinger Lohe sowie im Osten zum Tiroler Berg (Hohen Weg), in den Ostpark, nach Berg am Laim, in den Riemer Park sowie zum Sandbuckel der Sternwarte in Bogenhausen. 111 Münchner Wege zwischen unten und oben werden einzeln aufgelistet und als ausgearbeitete Tourenvorschläge für jeden zugänglich gemacht. Ausflugsziele: Routen, Etappen und Strecken über, zu und von 111 Münchner Stadtbergen und Berganstiegen, Höhenwegen und sogar Klettersteigen.

Kehren wir zum *Höhenschichtenmodell der Stadt München* im Stadtmuseum zurück. Es war Teil der Planung der Kanalisierung Münchens in den Jahren 1876–1908 und hat zwei verschiedene Maßstäbe, das ist sein Geheimnis: 1:10.000 für die Fläche, aber 1:800 für die Höhe! Das ergibt eine dramatische Überhöhung des Geländes um mehr als das 12-Fache.[2] Das Höhenschichtenmodell öffnet durch diese bewusste Täuschung und Überhöhung die Sinne für ein unten und ein oben in der Stadtlandschaft. Es lenkt den Blick auf die Verläufe der Isartalhänge und die Verläufe der im Westen und Osten zur Innenstadt hin abbrechenden Hangkanten, von der Hochebene oben nach unten zur Isar und am Gegenufer wieder nach oben. Spaziergänger, Isarjogger und Radfahrer nicken sofort: steile Berge, überall, das kennen wir.

Schaut man in den Stadtplan, auf Straßennamen und Ortsbezeichnungen am Rand der Innenstadt, dann drängt sich der Verdacht förmlich auf, die Hangkanten waren immer schon ein Hindernis im Gelände, das es weniger zu nutzen als vielmehr zu überwinden galt, mit Treppen, Steigen, Wegen, Serpentinen, Straßen, Brücken und Tunnel. Sogar eine Seilbahn über die Hangkanten bei Grünwald oder am Gasteig war schon mehrfach im Gespräch. So manchem Zecher dürfte der nächtliche Abstieg vom Nockherberg über die Au-Scharte zum Mariahilfplatz unendlich lange vorgekommen sein. Und ja, es gibt sogar eine Almwirtschaft in München. Sie liegt auf halber Höhe des Olympiabergs, in voralpin anmutender Kunstlandschaft, nahe einer temporären FIS-Rennstrecke der alpinen Skiwettbewerbe.

Unten und oben in München: Aktuelle Bezeichnungen für Orte im oberen Stockwerk der Stadt und ihre Zugänge lauten u. a. Prinz-Ludwig-Höhe, Höllerer Berg, Kreppeberg, Maria-Einsiedel-Berg, Schmiedberg, Sendlinger Berg, Theresienhöhe, Schwanthalerhöhe, Maßmannsbergl, Harlachinger Berg, Candidberg, Drumberg, Giesinger Berg, Am Bergsteig, Nockherberg, Bergstraße, Am Lilienberg, Am Gasteig, Rosenheimer Berg; Simmsteig oder Pernerkreppe, Warnberg, Teufelsberg, Tiroler Berg (Am hohen Weg) und Berg am Laim. In historischen Karten finden sich weitere Bezeichnungen in großer Zahl. Berg- und Talfahrten sind in München Bestandteil der allgemeinen Verkehrsführung. Sie werden mangels Aussicht nur nicht bemerkt. Manche U-Bahnen und alle S-Bahnen auf der Stammstrecke fahren von der Altstadt unten, zu den östlichen Stadtvierteln nach oben. Dabei wird auch noch die Isar, ganz unten, unterquert.

Folgt man systematisch den Verläufen der Hangkanten in München, gelangt man zu Orten, etliche sind beliebte Naherholungsgebiete, wohin man aus dieser Route noch nie gegangen ist und wo man so noch nie war: In München zwischen unten und oben, auf Münchner Höhenwegen und *gachen* Klettersteigen kann man 111 (!) Stadtbergen und Stadtanstiegen begegnen.

Berg Heil! Berg frei!

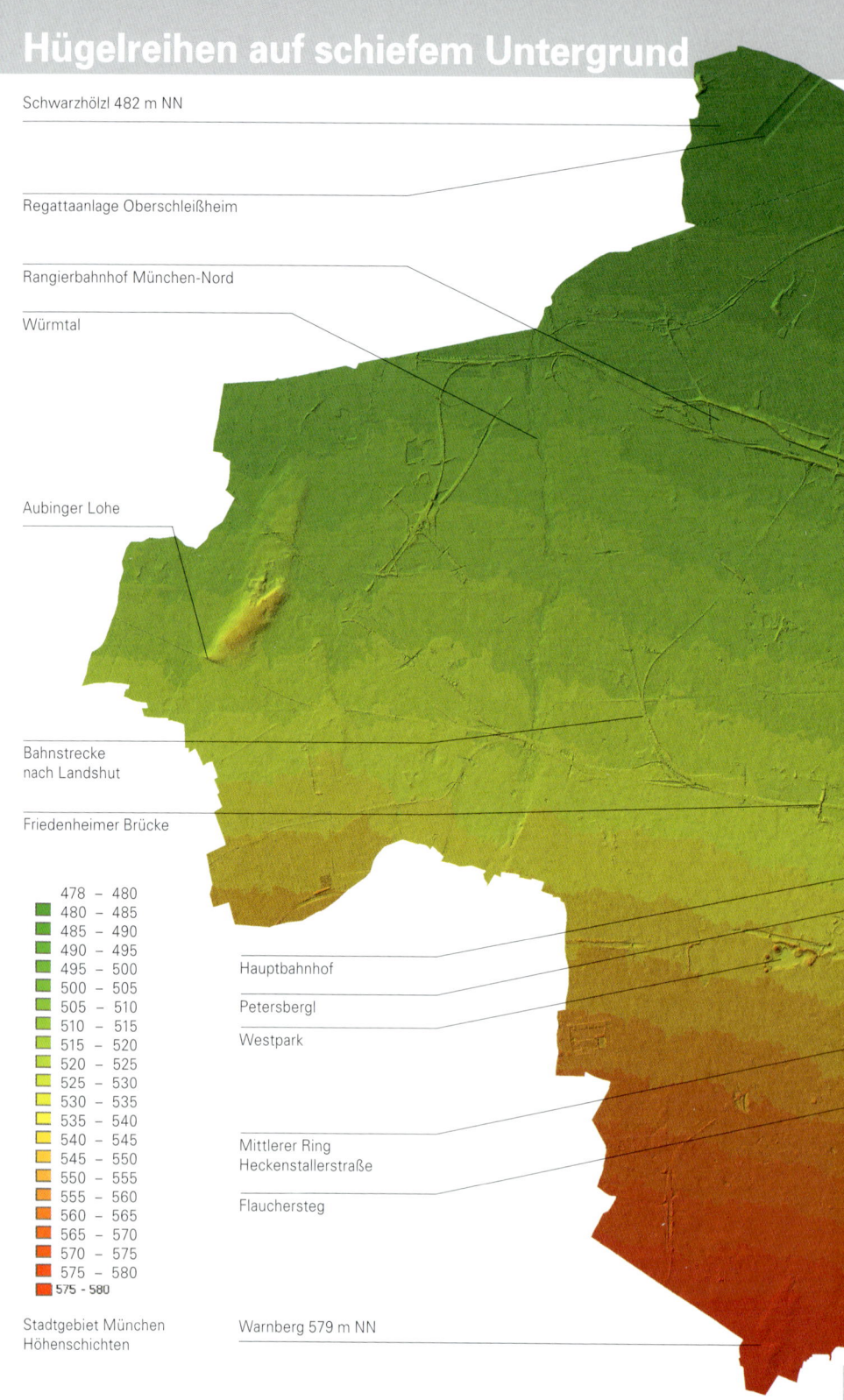

Hügelreihen auf schiefem Untergrund

Schwarzhölzl 482 m NN

Regattaanlage Oberschleißheim

Rangierbahnhof München-Nord

Würmtal

Aubinger Lohe

Bahnstrecke
nach Landshut

Friedenheimer Brücke

478 – 480
480 – 485
485 – 490
490 – 495
495 – 500
500 – 505
505 – 510
510 – 515
515 – 520
520 – 525
525 – 530
530 – 535
535 – 540
540 – 545
545 – 550
550 – 555
555 – 560
560 – 565
565 – 570
570 – 575
575 – 580
575 - 580

Hauptbahnhof

Petersbergl

Westpark

Mittlerer Ring
Heckenstallerstraße

Flauchersteg

Stadtgebiet München
Höhenschichten

Warnberg 579 m NN

Autobahnring Nord

Mülldeponie

Fröttmaninger Berg
562 m NN

Olympiaberg 565 m NN

Luitpoldhügel

Monopteroshügel

Lößebene

Friedensengel

Gasteig

Bahngelände
Steinhausen

Ostpark

Kiesgrube
Friedrich-Panzer-Weg

Sechzger-Stadion   Bahndurchstich   Ständlerstraße
                    Giesinger Berg

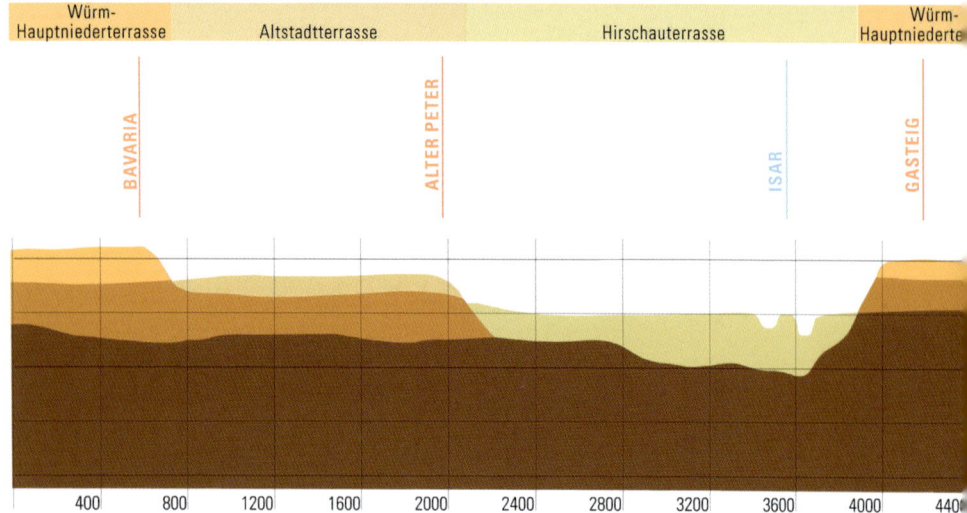

Würm-Hauptniederterrasse	Altstadtterrasse	Hirschauterrasse	Würm-Hauptniederte

BAVARIA ALTER PETER ISAR GASTEIG

400 800 1200 1600 2000 2400 2800 3200 3600 4000 4400

Geologen nennen den nach Nordnordost leicht geneigt abfallenden Untergrund der Stadt die *schiefe Münchner Schotterebene*. Wie schief ist der Münchner Untergrund? Das Gefälle der Isar im Stadtgebiet beträgt ca. 40 m. Dieses Gefälle ist der Verlauf des Taltiefsten der Isar in der Stadt. Es gibt noch ein weiteres Gefälle, weitgehend unsichtbar aber mehr als doppelt so hoch: Der Höhenunterschied zwischen der Spitze der Balde-Höhe, einem Hügel im Gelände des ehemaligen Klosters Warnberg in Solln im Süden, und dem Wäldchen Schwarzhölzl im Norden der Stadt beträgt 98 m. Das ist die Neigung entlang einer imaginären Linie der höchsten Erhebungen der Schotterebene in München, westlich um die Altstadt. Diese Gefällehöhe erreichen – zur Anschauung erwähnt – auch die Türme der Frauenkirche.

Da im Südwesten der Stadt höhere Erhebungen anzutreffen sind, im Nordosten aber die Eintiefung der Isar stärker ist, finden sich an beiden Enden der Münchner Hangkanten mehrfach 25–30 m hohe Geländeanstiege mit amtlich beschilderten Steigungen bis 23 %. Die höchsten künstlichen Erhebungen im Stadtgebiet sind mit 55 und 33 m Höhe die Schuttberge im Olympiapark und im Luitpoldpark und der Müllberg in Fröttmaning mit 70 m Höhe.

Im östlichen Stadtgebiet lag eine bis zu 4,5 m mächtige Lößlehmschicht auf dem Deckenschotter. Infolge intensiver Abziegelung ist die Lehmzunge bis auf kleine verbliebene Lehmberge verschwunden.

Den Untergrund der Stadtlandschaft bilden im Wesentlichen nacheiszeitlich abgelagerte Schotter, in die sich der Urstrom der Isar mit seinen Nebenarmen, bewegt durch das natürliche Gefälle auf der schiefen Ebene, am Ende mehrerer Eiszeiten immer wieder eingesenkt hat. Die stufenweise Einsenkung unter das Niveau der Hochebene geschah über Prozesse der Seiten- und Tiefenerosion. Wegen der Durchlässigkeit der Kiese und Sande auf der Schotterebene versickern Niederschläge fast vollständig bis zum Flinz, einer wasserstauenden Schotterunterlage, sodass zwischen Flinz und Schotter ein Quellhorizont und Grundwasserstrom bestehen kann. Wo Flusseinsenkungen bis zum Flinz vordringen konnten oder der Mensch mit Brunnen nachgeholfen hat, treten Quellen aus. Typischerweise liegen diese Quellaustritte am unteren Rand der Hangkanten, die dort für Ansiedlungen und Gewerbe interessant wurden. Diese Vorzüge der Lage Münchens haben die ersten Siedler auf der Münchner Altstadtterrasse sicher mit Wohlwollen zur Kenntnis genommen.

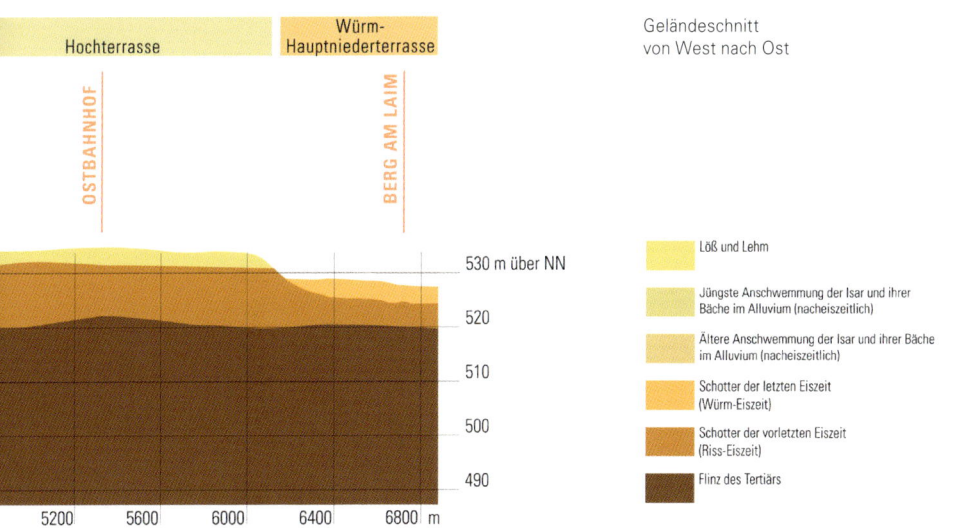

Geländeschnitt
von West nach Ost

Hochterrasse

Würm-
Hauptniederterrasse

OSTBAHNHOF

BERG AM LAIM

530 m über NN

520

510

500

490

5200   5600   6000   6400   6800 m

Löß und Lehm

Jüngste Anschwemmung der Isar und ihrer
Bäche im Alluvium (nacheiszeitlich)

Ältere Anschwemmung der Isar und ihrer Bäche
im Alluvium (nacheiszeitlich)

Schotter der letzten Eiszeit
(Würm-Eiszeit)

Schotter der vorletzten Eiszeit
(Riss-Eiszeit)

Flinz des Tertiärs

Niederterrasse

Das Isartal ist bei der Großhesseloher Brücke im Süden der Stadt ein schmaler und tiefer Einschnitt in die Geländeoberfläche, in die sogenannte Niederterrasse.[3] Hier bilden harte Nagelfluhbänke die steilen, vom Menschen kaum berührten Hänge. An der Prinz-Ludwig-Höhe vor Thalkirchen weitet sich das Isartal nach Westen, das Hochufer als oberstes Stockwerk der Stadt tritt zurück und verflacht im weiteren Verlauf. Der Zug der Hangkante ist entlang der Ludwigshöher Straße, Wolfratshauser Straße, Plinganserstraße und Lipowskystraße sowie als westliche Begrenzung der Theresienwiese gut erlebbar. Ihre Spur verliert sich nördlich der Dachauer Straße nach der Grünanlage am Maßmannsbergl. In der Ebene zwischen Hangfuß und Isar verläuft als Ableitung aus der Isar der Große Stadtbach. Daraus werden später u. a. der Ländkanal und der Maria-Einsiedel-Bach abgeleitet. Im Gebiet der Altstadt ist der Große Stadtbach überdeckt.

Die östliche Niederterrasse tritt in Harlaching über eine deutliche Geländestufe im Bereich Kuntersweg/Am Hohen Weg/Quirinsplatz ebenfalls zurück und öffnet das Gelände allgemein auch nach Osten. Dadurch weitet sich das Isartal insgesamt und beidseitig zum Trompetental, nach der schönen Terminologie der Geologen.

Blick über Thalkirchen
Anton Meermann, 1863

Was auf der Hochfläche unscheinbar beginnt, wird auf Höhe der Marienklause beim Tierpark Hellabrunn spektakulär. Die Isar verlagert ihren bisherigen, dem Gefälle nach Nordosten folgenden Lauf und strömt bis Thalkirchen und dem Flaucher stattdessen mehr nach Norden. Das östliche Steilufer der Niederterrasse folgt dieser leichten Drehung mit einer Ausbuchtung nach Westen zur Isar hin über einige hundert Meter, bricht dann aber wieder nach Osten weg und schafft Raum für die Ebene mit dem Tierpark Hellabrunn und den nachfolgenden, ehemals stark durchnässten Niederungen der Au bis zum Gasteig. In der Niederung verläuft mittig der Auer Mühlbach, ein ehemaliger Nebenarm der Isar. Seine (heutige) Ableitung aus dem Werkkanal der Isar befindet sich exakt an der Stelle der kleinen Richtungsdrehung des Flusses nach Norden. Offenbar hat ein weicherer Untergrund zur Ablenkung des Hauptstroms lange vor den weiterreichenden Begradigungen des Isarlaufs seit dem frühen 19. Jahrhundert geführt.

Nur knapp hinter der bis zu 24 m steil zur Isar abfallenden Hangkante liegen die Menterschwaige sowie die Orte Harlaching, Giesing, Haidhausen und Bogenhausen. Der Fußweg Hochleite in Harlaching, die Bergstraße, der Schmedererweg und die Hochstraße in Giesing, der Meilerweg in Haidhausen und der Wilhelm-Hausenstein-Weg in Bogenhausen markieren den Verlauf dieser markanten Hangkante. In Bogenhausen weitet sich das Tal erneut nach Osten, durch ein seitliches Abrücken der Hangkante. In der Ebene verblieb die feuchte Zwischenterrasse mit dem Bad Brunnthal und dem Herzogpark. Den weiteren Verlauf der Hangkante verdeutlicht ein stellenweise dicht bestockter Grünzug westlich entlang der Montgelasstraße und Oberföhringer Straße. Die Kirchen St. Georg (Bogenhausen) und St. Lorenz (Oberföhring) stehen exakt an der Hangkante.

Bis zum Flaucher und der Braunauer Eisenbahnbrücke fließt die Isar in etwa mittig zwischen ihren beiden ehemaligen Hochufern. Dann dreht der Fluss, dem Gefälle folgend, wieder mehr nach Osten. Am Maximilianeum und Friedensengel rauscht die Isar unmittelbar an dem östlichen Steilhang vorbei. Die Isarterrassen zeugen von der Mächtigkeit und Ausdehnung des ehemals stark mäandrierenden Urstroms der Isar bis zum Rückzug ins eigentliche Flussbett und bis zu den Isarregulierungen seit dem 19. Jahrhundert. Diese erst haben dem Fluss sein heute klar zugewiesenes Bett bereitet.

Altstadtterrasse

Die Ebenen um Thalkirchen, unter der Schwanthalerhöhe, in der Altstadt zwischen dem Alten Peter und der Frauenkirche sowie um Biederstein in Schwabing bilden die sogenannte Altstadtterrasse. Auf der östlichen Talseite ist die Giesinger Terrasse die Entsprechung, mit dem Areal des Tierparks Hellabrunn und einem hochwassersicheren Streifen in Untergiesing (Lohstraße), in der Au (Nockherstraße, Quellenstraße) sowie einem kleinen Vorsprung unterhalb von Bogenhausen. Die Hochwasserdämme der Isar haben die Erkennbarkeit der ursprünglichen Situation jedoch stark verändert.[4]

Diese Geländestufe liegt unterhalb der Niederterrasse, aber immer noch ca. 5 – 10 m über dem Niveau der Isaraue. Sie ist weitgehend hochwassersicher und war dennoch ehedem stark durchzogen von Schutz gebenden Stadtgräben sowie

von regelbaren und daher gewerblich nutzbaren Stadtbächen. Infolge der *schiefen* Gefällesituation sowie allgemeinen Vorgängen der Seiten- und Tiefenerosion erfolgte die Terrassenbildung im Isartal asymmetrisch, mit höherem Druck gegen die schmälere östliche Talseite. Diese wurde am Hangfuß stärker abgetragen als das westliche Gegenufer. Der Hang des Isartals im Osten ist daher um ein Vielfaches steiler als im Westen. Dort war die nacheiszeitliche Wirkung der Solifluktion für eine flache Hügelneigung verantwortlich. Eine Solifluktion ist das *Bodenfließen* auf der von der Sonne (Sol) länger erwärmten Westseite eines Tals. Aufgrund einer größeren Menge von Schmelzwasser tauten hier die Böden nach den Eiszeiten schneller auf und erodierten rascher. Die südostexponierte Hangkante der Altstadtterrasse fällt im Süden Münchens erst in Thalkirchen auf, als die kleine Anhöhe Fraunberg mit der Kirche St. Maria in Thalkirchen. Der weitere Verlauf: Schäftlarnstraße, Isartalstraße, Pestalozzistraße, Sendlinger Straße, Petersbergl, Burgstraße, Königinstraße, Mandlstraße, Biedersteiner Straße und Niebuhrstraße. Entlang mehreren Grünzügen ist die Terrassenkante trotz einer nach Norden zunehmenden Verflachung bis zur Autobahnauffahrt Frankfurter Ring gerade noch erkennbar geblieben. Diese Geländestufe war an ihrer breitesten Stelle das ideale Areal für die Anlage präurbaner Kerne und dann der Altstadt von München.

Isaraue

Die Geländestufe der Isaraue wird auch als Hirschauer Terrasse bezeichnet. Nördlich der beiden großen Isarinseln mit dem Deutschen Museum und dem Alpinen Museum wird sie richtig wahrnehmbar. Die Isar selbst liegt in einem mittlerweile noch tiefer eingegrabenen Flussbett. Auf dieser durchnässten Geländestufe entstanden das Lehel, wegen des Wasserreichtums auch bezeichnet als *Venedig Münchens*, der Englische Garten, geschützt vor der Isar durch den Damm der Ifflandstraße, und die Hirschau sowie östlich der Isar die feuchtgründigen Bereiche der Au und (Alt-)Untergiesings.

Die drei Stockwerke des Naturraums im Stadtgebiet waren ein wesentlicher Faktor für die Gründung, Anlage und den Ausbau der Stadt bis und über die Hangkanten hinweg. Sie sind immer noch bedeutsam für wasser- oder hangständige Gewerbe, die Anpassung der technischen Infrastruktur und allgemein bei vielen Fragen der Stadtplanung.

An den Hangkanten endeten Fluch und Segen des Regimes der Isar oder wie Karl Valentin, geboren in der nassen Au, den Fluss treffend ansprach:

> *Willkommen edler Gebirgsfluss, willkommen in deiner Heimat, in der Haupt- und Residenzstadt München. Endlich haben deine Wogen unsere Stadt berührt, und wir alle freuen uns, des großen Nutzens und Schadens wegen, den wir durch dich bekommen.*

Blick von der Haidhauser Kirche, um 1860, mit der Baustelle Maximilianeum

Fluch und Segen: Vom alten westlichen Hochufer in Sendling kommt seit unbekannter Zeit eine Altstraße, in der heutigen Führung der Lindwurmstraße, ins innere Stadtgebiet.[5] Bis 1878 trug diese wohl einzige Altstraße im Raum München den Namen Sendlinger Hauptstraße. Sie verläuft in der Altstadt entlang der Sendlinger Straße, über das Petersbergl, am Alten Hof und Hofgarten vorbei sowie auf der Königinstraße nach Schwabing. Sie erschließt den Übergang der früh besiedelten Altstadtterrasse zur ehemals siedlungsfeindlichen Isaraue. Die sanfter ansteigenden westlichen Talhänge waren nie ein grundsätzliches Verkehrshindernis. Entscheidend für die geplante Gründung Münchens als Markt und Stadt war vielmehr die Passierbarkeit des östlichen Steilhangs des Isartals für die Pferde und Fuhrwerke des Salzhandels. Am Gasteig bot eine natürliche Einsenkung die Gelegenheit zur Führung der mittelalterlichen Salzstraße über den Hang ins Isartal. Die Isar konnte dort auf einer mehrteiligen Brücke zwischen den Isarinseln kostenpflichtig überquert werden. So mancher Reisende dürfte über den steilen, so *gachen* Steig, die Hangkante am Gasteig geflucht haben, den er vor der Altstadt von München noch zu überwinden hatte, mit Staub im Sommer, Schlamm im Herbst und Eis im Winter.

Auch dem weiteren Ausbau der Verkehrswege in München setzten die Hangkanten Grenzen. So entstand 1839 der erste Bahnhof der Strecke München – Augsburg nicht in der Stadt, sondern nahe der südlichen Bögen der heutigen Hackerbrücke, am von Sendling kommenden Hang der Niederterrasse. Die ersten Züge auf der Strecke konnten den Anstieg von der Altstadtterrasse hinauf auf das Hochufer nicht aus eigener Kraft bewältigen. Zudem besetzte noch 1839 das Gebäude der Hauptschützengesellschaft den für einen Bahnhof vorgesehenen Bauplatz vor dem Karlstor.[6] Als 1847 der Hauptbahnhof schließlich doch in der Stadt erbaut werden sollte, musste das Gelände für die Bahngleise an der Hangkante um ca. 2,5 m abgetragen und am Bahnhof vor dem Karlstor entsprechend als Damm aufgefüllt werden. An den Geländeanschlüssen der Hackerbrücke kann man deutlich den Einschnitt in die Hangkante erkennen, der für die Zufahrt zum Bahnhof notwendig war. Im Bereich der Flügelbahnhöfe und an der Paul-Heyse-Unterführung ist der Damm mit den Aufschüttungen, höherliegend als die Bayerstraße und Arnulfstraße, gut zu sehen. Für den Bau der Bahnstrecke nach Rosenheim, Braunau und allgemein gegen Osten benötigte man 1867–1871 noch gewaltigere Dämme und eine Eisenfachwerkbrücke über die Isar.

Die Bahntrasse durchfährt den östlichen Isarhang in einem tiefen Einschnitt, den nur der aufmerksame Reisende wahrnimmt: ein Schnitt in der Stadtlandschaft. Die 1891 eröffnete Isartalbahn schließlich führte entlang der westlichen Hangkante vom Bahnhof an der Schäftlarnstraße nach Großhesselohe und Kochel am See. Nach der Stilllegung wurde die Trasse zum Radweg ausgebaut und verläuft erst am Hangfuß und ab Maria-Einsiedel über 2 km mit einer Steigung von 2 % quer zum Hang hoch zur Villenkolonie Prinz-Ludwig-Höhe. Dort übernahm 1972 die S-Bahn die weitere Strecke oben auf der Niederterrasse.

Im Zuge der Eingemeindungen und der allgemeinen Ausdehnung des bebauten Stadtgebiets in den Jahrzehnten um 1900, bis an und über die Hangkanten, bereitete ihre verkehrstechnische Überwindung große Probleme. Zur Anbindung der östlichen Stadtteile an die Innenstadt wurden kleine *Klettersteige* wie der Hangweg der Marienklause (um 1910) und große Auffahrten realisiert sowie Zug um Zug ausgebaut, wie die ringförmigen Bergstraßen um das Maximilianeum (1857), um den Friedensengel (1893), auf den Giesinger Berg (1892, 1935); der gerade geführte, mit 18 m gewaltige Hangdurchstich der Gebsattelstraße (1901); auf den Nockherberg (1905), auf den

Harlachinger Berg (Planung um 1903, 1970er Jahre) sowie die Montgelasstraße und Mauer-kircherstraße (1910) nach Bogenhausen.

Den aufwändigen Straßenbauten am Maximilia-neum, Gasteig, Giesinger Berg, Nockherberg und Sendlinger Berg folgte der schwierige Bau und Ausbau von Straßenbahntrassen von unten nach oben in München. Über die Ludwigsbrücke verkehrte 1878 eine Pferdeeisenbahn. Ab 1882 liefen Trambahnlinien über die Maximiliansbrücke hoch nach Haidhausen und über die Reichen-bachbrücke zunächst bis zum Mariahilfplatz. Im gleichen Zeitraum nahm eine Trambahnlinie vom Stachus durch die Lindwurmstraße und hoch zum Sendlinger Berg den Betrieb auf.

Es war der durch den Sänger Weiß Ferdl bekannt gewordene *Wagen von der Linie 8, weiß-blau, fährt ratternd durch die Stadt. So fährt der Wagen schnell dahin. Die Menschen, die im Wagen drin, die schaun gar grantig – niemand lacht. Da drin – im Wagen der Linie 8. (…) Ruppertstraß! Zoologi-scher Garten umsteigen.* Ein Jahrzehnt später erklomm schließlich im Osten auch die Trambahn-linie vom Mariahilfplatz den von 12 % auf modera-te 4 % Steigung reduzierten Berganstieg nach oben.

Beim Bau der U-Bahnstrecken U1 (Candidplatz – Wettersteinplatz, 1997), U2/7 (Kolumbusplatz – Silberhornstraße, 1980) sowie U4/5 (Lehel – Max-Weber-Platz, 1988) bereitete die östliche Isarhang-kante den Planern und Baufirmen große Probleme.

Ähnliches gilt für die Stammstrecke der S-Bahn und ebensolches kündigt sich für die geplante 2. Stammstrecke der S-Bahn vom Marienplatz zum Ostbahnhof an. Es müssen die Isar und Grundwasserstockwerke unterquert bzw. durch-fahren sowie der unterirdische Anstieg in die Hoch-terrasse gemeistert werden. Zwischen den Stati-onen Lehel und Max-Weber-Platz der U4/5 zum Beispiel beträgt die Tunnellänge 1,4 km. Nach dem geologischen Profil, gesehen in den damali-gen Planungsunterlagen, liegen die beiden Gleise des Bahnhofs Lehel 18 und 24 m unter der Ober-fläche. Zur Unterquerung der Isar gehen die zuei-nander versetzten Tunnel zunächst weitere 4 m in die Tiefe, steigen dann aber rasch 15 und 28 m nach oben, auf einer Strecke von nur 600 m. Am Max-Weber-Platz liegen die Gleise 10 und 20 m unter der Geländeoberfläche. Die maximal überwundene Steigung beträgt bei dieser Berg- oder Talfahrt 3,9 %. Gut zu wissen, dass die Triebwagen der damaligen Generation Typ B für Steigungen bis zu 5 % zugelassen waren.[7]

In U-Bahn-Wagen der jüngsten Generation kann man mittig stehend den Zug in der ganzen Länge überblicken. Zwischen den Stationen Lehel und Max-Weber-Platz ist das zu beobachtende Durch-biegen des Zuges durchaus eindrucksvoll. Welchem Berufspendler ist aber bewusst, dass er täglich zweimal unter der Isar hindurchfährt und bergauf oder bergab jedes Mal eine Steigung von 3,9 % überwindet?

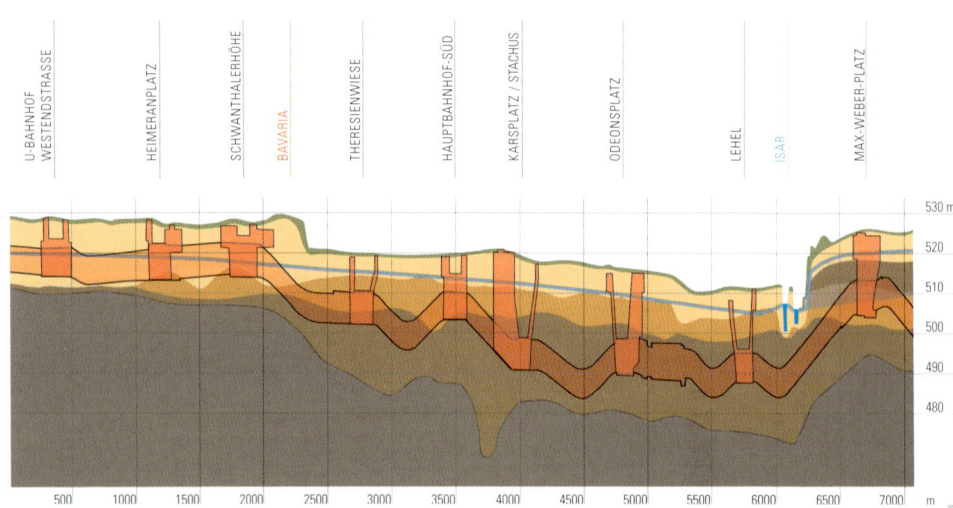

Fast kann man die westliche Hangkante als Schuldige ausmachen für die Verlagerung des Flugplatzes München-Riem aus der Stadt und weit nach Norden ins flache Erdinger Moos. Am 17. Dezember 1960 stürzte eine vollbetankte Passagiermaschine, nur vier Minuten zuvor in Riem gestartet, an der Hangkante nördlich der Theresienwiese ab. Die Maschine konnte mit über der Stadt einsetzendem Motorschaden kaum Höhe gewinnen, streifte das Turmkreuz der St.-Pauls-Kirche und setzte im Absturz den Anhänger einer vorbeifahrenden Straßenbahn in Flammen. Nahezu 4.000 Liter Treibstoff verwandelten die Martin-Greif-Straße und Schwanthalerstraße in ein flammendes Inferno, in dem 52 Menschen umkamen. Unter dem Eindruck der Katastrophe wurde der Ruf nach einer baldigen Verlegung des Flugplatzes München-Riem unüberhörbar. Von 1962 an gab es ein Start- und Landeverfahren, das ein Überfliegen des dicht besiedelten Stadtkerns einschließlich des Geländeanstiegs entlang der westlichen Hangkante unmöglich machte.

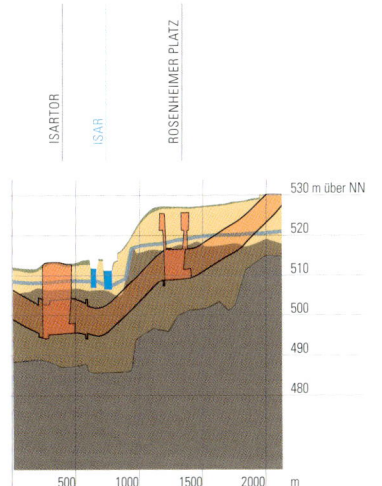

Höhenschnitte von U- und S-Bahn
von West nach Ost
ganz links: Verlauf der U-Bahnstrecke U5
von der Westendstraße bis zum Max-Weber-Platz
auf dieser Seite: S-Bahnstrecke
vom Isartor bis Rosenheimer Platz

Humus
Auffüllungen
Schotter
Flinzsande
Flinz
Grundwasser

Wasserleitungsbrücke über die Kleine Isar
Carl August Lebschée, 1869

Für die technische Infrastruktur waren und sind die Isarhänge vor allem an den Hangkanten ein Hindernis. Sie bieten aber auch einen Segen: Quellwasser. In München versuchte man vergleichsweise spät, Trinkwasser über Wasserleitungen von den Hangkanten vor der Stadt in die Stadtmitte zu bringen. Bemühungen der Stadt und des Hofes kamen sich eher in die Quere, als dass sie sich zusammenfassen ließen.

So entstanden Quellfassungen in Hellabrunn und Siebenbrunn, in der Au, am Gasteigberg, am Lilienberg, nahe dem heutigen Maximilianeum sowie im Brunnthal sowohl als einfache Fassungen als auch als aufwändige Brunnenhäuser bzw. *Wasserstuben* in gegenseitiger Konkurrenz. Eine Wasserleitung aus Thalkirchen lieferte ab 1471 öffentliches Röhrenwasser zum Marienplatz.[8] Spätere Brunnhäuser entstanden dann in der Stadt, vor allem an den dortigen Stadtbächen und Kanälen. Das geförderte Wasser erreichte kaum mehr als die Hälfte der Bevölkerung. Die anderen Bewohner bezogen ihr Wasser weiterhin aus mehr oder minder tiefen, mehr oder minder sauberen Brunnen bis zur Einführung der allgemeinen Kanalisation und Trinkwasserversorgung.

Im Isarthal
Jatzt soll mar gar auf dös
Sonn- und Feiertagsg'sindel
a no aufpassen, daß mar eahna
d'Naturschönheit'n net verbaun!
Dö thats freu'n, wenn's auf an
Bod'n rumtapp'n kunnt'n wo der
Quadratschuach 20 Mark kost!

Zeichnung von
Josef Benedikt Engl
Simplicissimus, Jahrgang 7
1902/03

Hacker- und Pschorrbrauerei, um 1900

Die westliche Hangkante hatte für die Stadtverwaltung eine weitere Funktion. Weithin sichtbar sorgten gemauerte Hinrichtungsstätten mit Rad und Holzgerüsten, das Hochgericht nahe der heutigen Hackerbrücke sowie die Hauptstatt beim Augustiner-Keller für Schrecken und Abschreckung. An den Köpfstätten verlief die viel frequentierte Salzstraße von München nach Landsberg. Die öffentliche Warnung war deutlich wahrnehmbar. Der Galgen auf dem Hackerberg bestand bis 1808. Das Gelände erwarben dann Münchner Brauer zur Anlage von Bierkellern und Brauereien.

Die Getreideäcker oberhalb der Hangkante waren beliebtes Pachtland bürgerlicher Bierbrauer zum Anbau von Gerste[9]. Sie boten gute Zugänge zum Quellhorizont des Grundwassers und waren wesentliche Standortfaktoren für Brauereien des 19. Jahrhunderts. Das zeigt sich im räumlichen Zusammenhang auch noch in der Gegenwart: Oberhalb der Theresienwiese und an der Marsstraße entstanden und befinden sich zum Teil noch heute Brauereien und Bierkeller von Spaten (1802), Hacker und Pschorr (ab 1813/1814), Augustiner (1884) und Löwenbräu (1808). Entlang der Hochstraße, am Gasteig, am Rosenheimer Berg und in der Au lagen und liegen Brauereien und Bierkeller von Paulaner (1634), Thomasbräu (1826), Franziskaner-Leistbräu (1855) und dem Hofbräuhaus (1808).[10]

Die Anlage großer Bierkeller am Stadtrand Münchens und hier typischerweise an den Hangkanten ging einher mit der Steigerung der Bierproduktion und Bestimmungen der bayerischen Brauordnung. Brauen war damals aus hygienischen Gründen von April bis September untersagt. Das zuletzt im März gebraute Bier musste über den Sommer – solange der Vorrat reichte – möglichst kühl gelagert werden, in Kelleranlagen oder Eishäusern. An den Terrassenrändern um die Innenstadt waren große und tiefe Kelleranlagen leichter zur Seite zu ergraben als auf der Altstadtterrasse in die Tiefe. Zudem war das an den Hangkanten austretende Quellwasser begehrtes Brauwasser.

Baugeschichtlicher Atlas von Max Megele
Die Kellerstadt der Münchner Brauereien
am östlichen Isarhang, um 1850

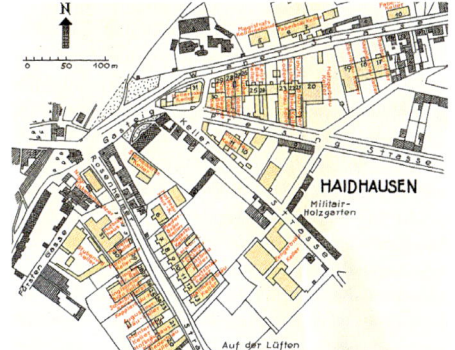

Panorama vom Turm der Mariahilfkirche in der Au. Auf der Hochebene die Produktionsanlagen der Paulanerbrauerei und der ehem. Zacherlkeller

Die Paulanerbrauerei unter dem Nockherberg in der Au ist ein gutes Beispiel für die Entwicklung eines Brauereistandortes an und um die östliche Hangkante. Sie war um 1627 nur ein Selbstversorgerbetrieb der Mönche. Nach der Säkularisation übernahm der bürgerliche Pächter Franz Zacherl das Klosterbrauhaus und erwarb zudem einen Bauernhof auf dem Nockherberg, den er zur Sommerwirtschaft ausbaute. In die Hangkante ließ er ausgedehnte Lagerkeller, oben an der Hochstraße den Salvator-Keller errichten. Weitere Ausbauten erfolgten nahe des Stammgeländes bis in die 2010er Jahre. Seither laufen Maßnahmen zur Betriebsverlagerung auf und hinter die Hangkante.

Eine weitreichende Auslagerung auch des staatlichen Hofbräuhauses vom Platzl in der Innenstadt an die östliche Hangkante der Isar geschah zwischen 1865 und 1896. Damals verdrängte die kostenintensive Kühlmaschine die Verwendung von Natureis bei der Bierlagerung und förderte das Aufkommen von industriell betriebenen Großbrauereien, die das ganze Jahr über brauen durften. Bierkeller und Biergärten wurden in der Folge zu Bierpalästen ausgebaut, die ebenso das ganze Jahr über betrieben wurden.

Am Gasteig lagen zum Teil noch bis in die 1980er Jahre mit ihren Bierpalästen die alte Unions-Brauerei, Löwenbräu, Münchner-Kindl-Bräu, Franziskanerbräu, der Bürgerbräukeller und eben der Hofbräu. Das ist wie anderswo an den Hangkanten vergangene Zeit geworden.

Blick von Oberföhring auf München
Ernst Kaiser, 1835/40

Geschäfts-, Wohn- und Kulturbauten haben gewerbliche Strukturen und bauliche Substanz der Brauereien ersetzt. Die Bierproduktion und -lagerung kann heute technisch gesehen überall realisiert werden. Das Hofbräuhaus braut, nochmals nach außen verlagert, heute an der gegenwärtigen Stadtgrenze in Riem. Dadurch kann das Bräuhaus gerade noch als Münchner Brauerei gelten, mit dem damit verbundenen prestigeträchtigen und lukrativen Recht, auf dem Oktoberfest Bier ausschenken zu dürfen.

Der Umgang mit den Hangkanten war und ist für die Stadtplanung immer eine Herausforderung gewesen. Mit dem technischen Aufwand zur Überwindung der Höhenstufe steigen die Kosten für die Terrainerschließung, Versorgung, Infrastruktur und Baumaßnahmen. Vielfach war es einfacher, an der Hangkante einen Grünzug zu gestalten als eine Erschließung oder sogar Bebauung zuzulassen.

Entlang der drei Linien der markantesten Hangkanten der Stadt stehen heute noch auffallend viele Kirchen, öffentliche Gebäude, wichtige Baudenkmäler und weithin gut sichtbare Landmarken. Sie überragen die Altstadt, betonen wichtige Einfallsstraßen der Stadt vom Rand her und helfen bei der Orientierung im urbanen Gefüge. Es waren zunächst die Wallfahrts-, Dorf- und Filialkirchen, die an den Hangkanten der Stadt Position bezogen.

Dann eroberten Edelsitze und Villen die Höhen über München. Ihre Gärten und Parks streichen, wo es möglich war, über die Hangkante.[11]

Im 19. Jahrhundert schließlich wurde die Erschließung, Überwindung und Bebauung der Hangkanten Thema der königlichen und der bürgerlichen Stadtplanung.

Die bauliche Betonung und damit optisch wirksame Überhöhung der Hangkanten folgte zumeist bestimmten Prinzipien der Planung. Der Initiator des ersten Oktoberfestes, Andreas Dall' Armi, ließ 1811 ein Projekt ausarbeiten, das die Umgestaltung der natürlichen Hangkante des Sendlinger Berges zu einem dauerhaften *Amphitheater von übereinander liegenden Rasenbänken* vorsah.[12] Friedrich von Sckell legte 1808 im ersten Städtebau-Wettbewerb Deutschlands Vorschläge für Grünringe um die Stadt in ihrer damaligen Ausdehnung vor. Die Verläufe der drei Geländeterrassen gaben klare Linien für die Grünplanung vor, die Sckell kannte und bei seinen Vorschlägen bewusst zur Gestaltung einsetzte. In dem Sinne hat Peter Josef Lenné 1853/54 für König Maximilian II. eine Denkschrift *Schmuck- und Grenzzüge für München* mit Plan verfasst, der sich in einer Kopie von Franz Xaver Eichheim erhalten hat. Die originalen Pläne sind verschollen.

König Ludwig I. befürwortete schon als Kronprinz die Errichtung von markanten Gebäuden *auf den Höhenlinien im Westen und Osten*, die Monumentalisierung des Flussufers, u. a. den Bau einer *Theresienburg* an Stelle der später erbauten Ruhmeshalle mit Bavaria, den Bau einer monumentalen Ehrenpforte / Propyläen auf der Höhe des Gasteigs (1817), den Bau einer Walhalla auf der Theresienhöhe oder auf dem *Gasteigberg* oder auf dem Isarhochufer in Bogenhausen (1817), diese Planungen wechselten mehrfach den potentiellen Standort, eine große *Communicationsstiege* vom Mariahilfplatz zur Hoch-Au (1825), den Bau einer Neuen Pinakothek am östlichen Isarhochufer (1843/44); seinem Enkel schwebte eine Semperoper für Richard Wagner zwischen Maximilianeum und Friedensengel vor; Max II. veranlasste die 1865 verwirklichte Beamtenreliktenanstalt nahe St. Georg in Bogenhausen und

ließ über ein Mausoleum für ihn in diesem Areal nachdenken. Visionen und Träume. Machtanspruch und Widerstand.

Es ging bei den Planungen auch um die Frage: Wie weit darf München wachsen?[13] Es ging um Entscheidungen über das flächige Freihalten oder Überbauen der Hangkanten einschließlich der Hangfußbereiche, um die Benennung, Gestaltung oder Erhaltung von Leitlinien, Baulinien und Höhenzügen in der Stadt und um das machtvolle Setzen von weithin sichtbaren Landmarken.

In der Mitte des 19. Jahrhunderts war das Wachstum Münchens bis zu den Hangkanten und den dortigen Freiflächen vorgedrungen. Entsprechend gestaltete Erschließungen, Grünzüge, Freiräume oder Bebauungen wurden in der Stadt diskutiert und wo möglich realisiert.

Die Grünzüge in den Isaranlagen von Thalkirchen bis Sendling erhielten im Zuge der Isarregulierung erschließende Straßen und eine kontrollierte Bebauung. Gleichwohl blieben überraschend große Anteile der ehemaligen Isaraue als Grünanlagen erhalten. Sie bilden im räumlichen Zusammenspiel und vom planerischen Ansatz her im Süden Münchens eine Art zweiten Englischen Garten. In den Flaucheranlagen wurde Bürgermeister Jakob Bauer zum Dank dafür 1861 ein Denkmal gesetzt. Im Auftrag von König Maximilian II. erfolgte zwischen 1857 und 1861 die Gestaltung des stadtnahen Ostufers um die dortige Hangkante als öffentliche Grünanlage.[14]

Die *Ausgestaltung der Steilhänge der Isar* betreffend, legte sich das Stadtbauamt mit Theodor Fischer und Max Kolb dann 1895 eindeutig fest: *Die Freistellung der Steilhänge von privater Ausnutzung ist ohne Zweifel zur Wahrung der vielgerühmten landschaftlichen Schönheit des Isartals sehr erwünscht. (…) Immerhin ist für jeden Fall eine intensivere Bebauung des Hanges zu vermeiden (…). Grundsätzlich zu vermeiden ist der Fall, dass am Fuß der Hänge Straßen auch auf der Bergseite bebaut werden.*[15]

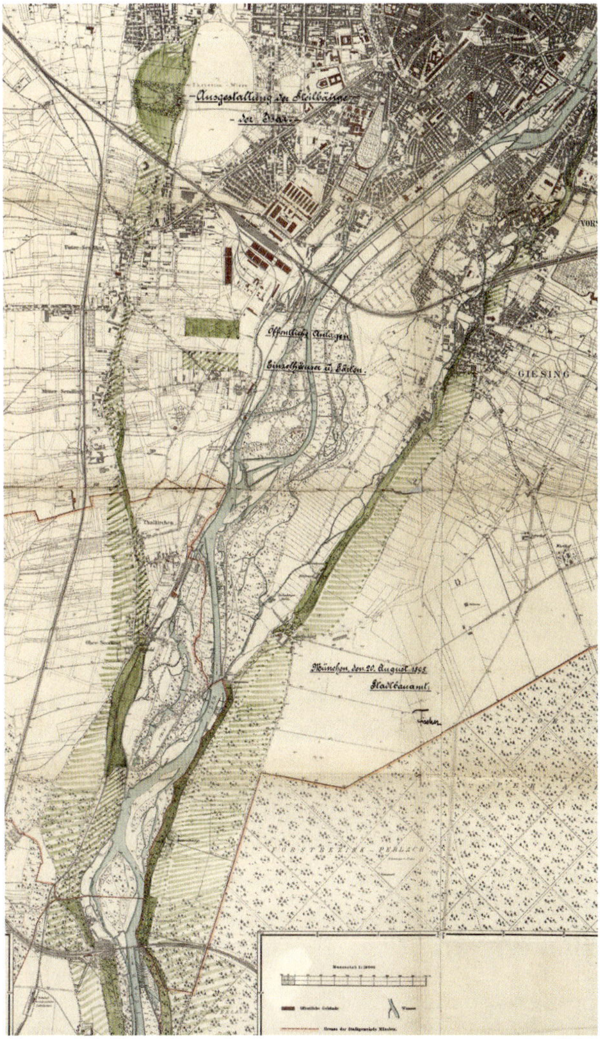

Bild links
General-Stadtplan von München,
Franz Xaver Eichheim, 1858

Bild rechts oben
Denkmal für
Bürgermeister Jakob von Bauer
in den Flaucheranlagen

Bild rechts
Ausgestaltung der Steilhänge
der Isar
Theodor Fischer, 1895

Um 1900 engagierte sich in entscheidender Weise der Isartalverein mit Gabriel von Seidl für die Freihaltung der Hangkanten. Im Zuge der Planung des Wiederaufbaus der Stadt München nach den Zerstörungen im Zweiten Weltkrieg forderte Karl Meitinger 1946 erneut den Schutz der Isarhochufer und des Hangfußes vor Bebauung. Seit 1964 ist die Isar innerhalb der Stadtgrenze Landschaftsschutzgebiet. Die Grünanlagen entlang der Hangkanten sind überwiegend als lang gestreckte Biotope ausgewiesen.

Stadtprofil in schutzwürdigen
Bauräumen (rot)
Hochhausstudie 1995
Detlef Schreiber

Die Stadtplanung hat im Rahmen der Hochhausstudien von 1977 und 1996 ein *Höhenentwick-
lungskonzept* erarbeitet, demnach die Innenstadt
von Hochhäusern und *profilbestimmenden
Gebäuden* frei bleiben soll: *In der Stadt selbst ist
der Isarraum mit seinen zum Teil ausgeprägten
Hangkanten und Terrassen die für die Stadt
wichtigste Zäsur. (…) Hochhäuser (…) sollten nur
dort Anwendung finden, wo sie klärend in die
morphologische Substanz der Stadt integriert
werden können.*[16]

Die Grundlagen dieser Festlegung waren vor allem
Kartierungen der Höhenlinien, der Grünflächen
einschließlich geschlossener Baumbestände
sowie der Baudenkmäler und Denkmalensembles.
Das Leitbild wurde in einem Stadtprofil mit
Darstellung schutzwürdiger Bauräume dargelegt.
Als wesentliche profilüberragende Gebäude
auf oder nahe den Hangkanten erscheinen in
den Hochhausstudien im Westen die Kirchen
St. Margaret und Alt-St.-Margaret (Sendling),
St. Paul (Theresienwiese) und die Bavaria; im
Osten die Lutherkirche (Giesing), die Heilig-Kreuz-
Kirche, die Mariahilfkirche, das Kulturzentrum
Gasteig, das Maximilianeum, der Friedensengel,

die St.-Georgs-Kirche (Bogenhausen) und der
Bundesfinanzhof (Ismaninger Straße 109).[17]

Die größten schutzwürdigen Flächen nahe den
Hangkanten sind die Isarauen von der Großhesse-
loher Brücke bis zum Deutschen Museum, die
Hangkante zwischen Giesing und der Au mit dem
Mariahilfplatz, die Maximiliansanlagen vom Gasteig
bis Bogenhausen sowie die Theresienwiese mit
Bavariapark.

Seit der Errichtung der imposanten Bronzeplastik der Bavaria trägt die Hangkante an der Theresienwiese die Bezeichnungen Theresienhöhe und Schwanthalerhöhe. Die Rampentreppe der Ruhmeshalle über die Hangkante steigert die Prospektwirkung der nahezu 30 m hohen Bavaria gegen die Theresienwiese um ein Weiteres. Die umfassende Fernwirkung der Bavaria ergibt sich im Zusammenspiel mit der vorliegenden Freifläche der Theresienwiese sowie dem Freihalten der Umgebung der Statue mit Ruhmeshalle von höheren Gebäuden. Die Theresienwiese ist die größte Freifläche der Stadt und seit dem Oktober des Jahres 1810 untrennbar mit dem Münchner Oktoberfest verbunden.

Zur dauerhaften Wiederholung des Volksfestes war die Freihaltung der Wiese unabdingbar. Diese lag zum großen Teil und bis um 1800 im Obereigentum des Bischofs von Freising[18], freilich in der Nutzung durch zahlreiche Lehensnehmer aus der Münchner Patrizierschicht, die auf Bebauung drängten. Zu den Nutzeigentümern zählte damals auch die Familie Dall' Armi. Um 1820 sah sich die Stadt München gezwungen, den größten Teil des Wiesengeländes sukzessive aufzukaufen. Schließlich verabschiedete die Stadt 1882 einen Baulinienplan, der den westlichen Teil der Wiese als für immer unbebaubar festlegte, im östlichen Teil jedoch eine Bebauung um den Kaiser-Ludwig-Platz zuließ. Die Ruhmeshalle mit der Bavaria auf der Hangkante sollte als beherrschender Mittelpunkt der zukünftigen umliegenden Gebäude erscheinen. Dazu wurden alle auf die Wiese zuführenden Straßen des Wiesenviertels in gerader Linie auf die Bavaria ausgerichtet. Die Bauten bildeten per Satzungsbeschluss ein Villenquartier.

Mit der Enthüllung des von Matthias Pschorr gestifteten Reiterstandbildes Kaiser Ludwig des Bayern fand 1905 der Aufbau des Wiesenviertels einen trefflichen Abschluss. Das neue Stadtviertel östlich der Theresienwiese wurde möglichst durchlässig zwischen Altstadt und Theresienhöhe eingefügt: Alle Baublöcke hatten eine geometrische Dreiecksform, alle Querstraßen sind durch das Viertel und über die Theresienwiese hinweg auf die Bavaria ausgerichtet. So blieb die Bavaria von der Hangkante durch die Straßen bis weithin zum Rand der Altstadt bis heute sichtbar und im Stadtbild präsent.[19]

An der östlichen Hangkante bilden die Maximilianusanlagen um das Maximilianeum und den Friedensengel neben den Flaucheranlagen die nach dem Englischen Garten größte zusammenhängende Grünanlage der Stadt. Sie wurden von 1857 – 1861 nach Plänen des Hofgartendirektors Carl von Effner angelegt, die tiefer liegende Parkfläche anschließend nach der Isarregulierung. Die über ein verzweigtes Wegenetz zusammenhängenden Grünanlagen erfüllen mehrere Aufgaben: Sie ergänzen die hochaufragenden Kulissenbauten als zeitgleich entstandene stimmige Grünarchitektur bzw. *Naturbühne*, die keine weitere Bebauung zulässt.

Das Maximilianeum und der Friedensengel sind die *points de vue*, hier der Maximilianstraße (1875) und dort der Prinzregentenstraße (1901). Sie verbinden die Innenstadt mit der Isaraue und der östlichen Hangkante. Interessanterweise mussten die Maximilianstraße und die Prinzregentenstraße auf durchaus sichtbaren Dämmen errichtet werden, um die Terrassenstufe der Isaraue trocken zu durchqueren.

Die Maximiliansanlagen schließen im Süden die Gasteiganlagen ein, im Norden die Haidhauser Isaranlagen, die Bogenhauser Kirche und schließlich den ursprünglich von Sckell um 1805 gestalteten, damals noch nahezu baufreien Herzogpark. Die Maximiliansanlagen stellten Wegeverbindungen zwischen den 1852 bzw. 1892 eingemeindeten Dörfern Haidhausen und Bogenhausen miteinander und zur Stadt München her. Bezogen auf das ganze Stadtgebiet, sollten die Maximiliansanlagen Teil eines großen Grüngürtels (Environplan, 1853/54) werden: Für die Stadt war ein geschlossener Allee- und Anlagering geplant. Dazu kam es nicht. Die Maximiliansanlagen blieben der erste realisierte Teil des großen Plans. Sie bilden dennoch mit dem weiteren Grünzug entlang des Isartals, den Flaucheranlagen und dem Tierpark Hellabrunn das Grundgerüst des Grünflächensystems der Stadt München. Von den Maximiliansanlagen verstreben sich Grünkorridore zu weiteren innerstädtischen Grünflächen, zur Theresienwiese, zum Westpark, zum Englischen Garten, zum Olympiapark und zum Petuelpark.

Ähnlich wie die Theresienwiese im Westen, bildet der Mariahilfplatz im Osten eine große Freifläche vor der Hangkante. Über die Reichenbachbrücke, 1832 als zweite feste Isarbrücke im Stadtgebiet erbaut, erfolgte die Anbindung der Au an die damals noch ferne Kernstadt. Die Fläche des heutigen Mariahilfplatzes war eine häufig überschwemmte Weide sowie Jahrmarktsplatz und von daher von Bebauung freizuhalten.

Bis 1852 hatte die Au das Stadtrecht, war dabei aber von sozialen sowie baulichen Problemen so geplagt, dass in der Stadt Au für städtebauliche Entwürfe keine Energie vorhanden sein konnte. Es ist zu keiner Zeit gelungen, bedeutende öffentliche Gebäude oder Denkmale mit hoher Fernwirkung an der Hochstraße zu errichten, ähnlich der Bavaria oder dem Friedensengel. Eine um 1825 eindrucksvoll geplante große *Communicationsstiege* zwischen dem Mariahilfplatz unten und der Hochstraße oben blieb Vision.

Die Mariahilfkirche entstand 1839 unten auf dem Platz, ohne weiteren Bezug zur Hangkante. Das hochtrabende Projekt einer neubarocken Treppenanlage etwas nördlich der Brücke über die Gebsattelstraße, also über die Hangkante zum Bau des Kinderasyls von 1889 (Hochstraße 31, ehemaliges Münchner-Kindl-Heim) blieb ebenfalls Vision.[20] Man kann die Planung als Vorarbeit zur späteren Luitpoldterrasse beim Friedensengel begreifen. Immerhin die Brücke über die Gebsattelstraße (1901) und ihre Treppenaufgänge zeigen ein monumentales Äußeres, Ornament und das Stadtwappen.

Unter der Hangkante bei Harlaching durchzieht der Auer Mühlbach, ein ehemaliger Nebenarm der Isar mit zahlreichen Verästelungen, das Gelände des Tierparks Hellabrunn. Der Tierpark nimmt eine bedeutsame Freifläche ein und ist dem Erscheinungsbild nach eher ein von Wasserläufen durchzogener Naturpark im Landschaftsschutzgebiet der Isarauen als ein Zoo im herkömmlichen Sinn und Aussehen. Federführend bei der Planung der 1911 eröffneten Landschaftsanlage war Emanuel von Seidl, der einen Generalplan für den Tierpark konzipiert und diesen dem Zooverein überlassen hatte. Bei der Umsetzung des Plans wurden vorgefundene Nagelfluhfelsen zur Anlage von Gehegen im Felsengelände verwendet. Das größte Gehege dieser Art ist der Affenfelsen. Nach finanziellen Engpässen schloss der Tierpark bald schon wieder seine Pforten. Erst 1928 konnte er als erster Geozoo der Welt wiedereröffnet werden:[21] Die Gehege der Tiere sind im weitläufigen Gelände entsprechend ihrer geographischen Verbreitung zusammengefasst.

Eine Wanderung durch den Tierpark ist eine *Weltreise durch die verschiedenen Biotope der Erde*. Es geht vom Polargebiet bis Afrika, von Europa nach Asien und von Amerika nach Australien. Durch die Funktion und etliche Zweckbauten unterscheidet sich dieser Kunstpark vom offenen baufreien Landschaftspark um das Maximilianeum.

Es gibt keine gewollte Verbindung mit der oder über die östlich aufragende Hangkante, allenfalls im Wunsch der Errichtung eines Parkhauses für die 2 Millionen Besucher im Jahr. Von der Hangkante drohen gelegentliche Hangrutschungen. Die Einrichtung des Tierparks hat eine weitergehende Trockenlegung und Bebauung des Areals seit dem frühen 20. Jahrhundert erfolgreich verhindert.

Das Wasser des Auer Mühlbachs wird kunstvoll zur Füllung der zahlreichen Gräben um die Gehege genutzt, auf Zäune kann häufig verzichtet werden. Die üppige Auenvegetation strukturiert und trennt die verschiedenen Tierparkbereiche in scheinbar naturnaher Weise.

Wege zwischen unten und oben

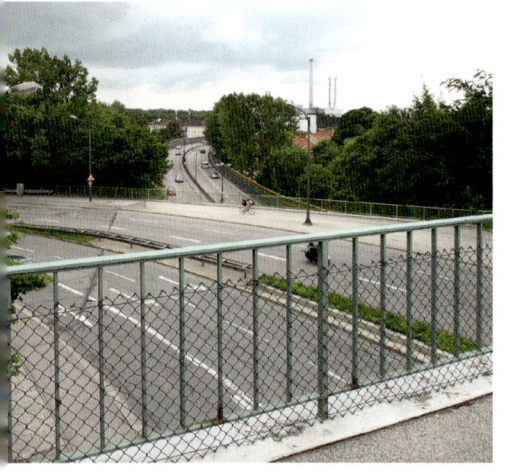

In München verbinden zahlreiche Straßen, Wege, Steige und sogar Tunnel die Ebene der Isaraue mit der Altstadtterrasse und den Strecken zwischen den ehemaligen Hochufern der Isar. Der mehrgeschoßige Anstieg auf den Candidberg ist dabei am spektakulärsten: mit dem Auto auf dem autobahnähnlichen Mittleren Ring oder auf der Candidstraße darüber oder mit der U-Bahn darunter. Den unfallträchtigsten Anstieg hat der Harlachinger Berg mit 13 % Steigung. Der repräsentativste Anstieg ist die Treppenanlage zur Bavaria auf der Theresienhöhe. Der romantischste Anstieg ist der Hangweg im Nagelfluhgestein, steil über der Marienklause beim Tierpark Hellabrunn. Der sportlichste Anstieg sind die *über Berg und Tal* führenden Hangwege an der Isar, zwischen dem Gasteig und der Kirche St. Georg in Bogenhausen. Gelände für Fußgänger, Wanderer, Jogger und sportliche Radfahrer.

Ausgangspunkt aller Wege zwischen unten und oben ist im Süden Münchens die Großhesseloher Brücke. Von den S-Bahn-Stationen Solln oder Großhesselohe-Isartalbahnhof gelangt man schnell zur Brücke und weiter zur Prinz-Ludwig-Höhe und zum Hinterbrühler See an der west-

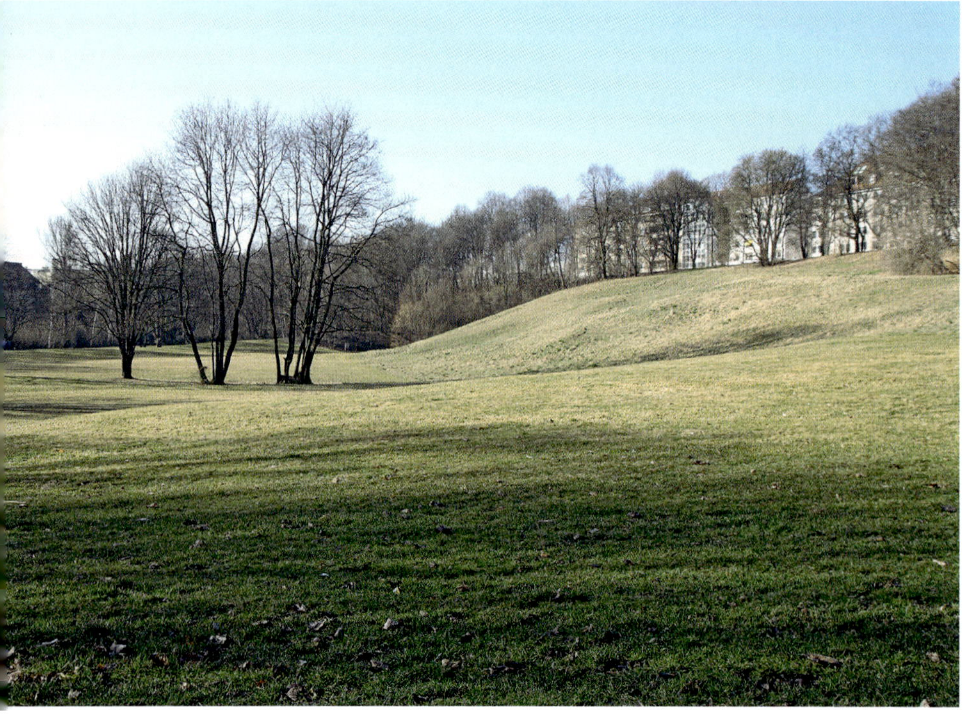

lichen sowie zur Menterschwaige an der östlichen Hangkante der Isar – den ersten Einkehrmöglichkeiten – und dann geht es weiter.

Wer auf der Großhesseloher Brücke verweilen will, dem bietet sich ein prächtiger Blick in das Isartal. Zur Mittagszeit legt sich der Schatten des Bauwerks wie eine zweite Brücke über das Isartal. Viel Grün überdeckt die Säume der hier zweigeteilten und regulierten Isar. Die Großstadt scheint so fern zu sein. Eine urbane Natur ist so nah. Bei ihrer Eröffnung 1857 war die Großhesseloher Brücke die zweithöchste Eisenbahnbrücke der Welt. Bis zum Neubau der Anlage im Jahre 1985 konnte die Sturzsicherung des Fußgängerüberwegs mit wenig Aufwand überwunden werden. Der Bau in spektakulärer Lage und Höhe zog Selbstmörder geradezu an. Zwischen 1877 und 1987 sprangen 290 Menschen von ihr in den Tod. Wie hat sich das geändert: Heute hängen Verliebte Schlösser als Zeugnis ihrer Gefühle an das vollständig geschlossene Außengitter der Brücke, erfreuen sich an dem Symbol der Liebe und an der Schönheit des Isartals.

Gebirge sind nach der allgemeinen Definition des Lexikons Brockhaus räumlich geschlossene, höhere Teile der Erdoberfläche, die sich von der tieferen Umgebung durch einen deutlichen Gebirgsfuß absetzen. So besteht bei Mittelgebirgen ein Höhenunterschied von 500–1000 m zwischen Gebirgsfuß und Gipfel. Für mindere Gebirge gibt es keine absoluten Zahlen. Ein Gebirge kann im weitesten Sinne auch ein nacheiszeitlicher Moränenzug oder der Verlauf eines ehemaligen Hochufers eines Urstroms sein, solange sich nur eine deutliche Geländeerhebung klar abzeichnet und es steile Anstiege gibt. Der Münchner drückt da gern ein Auge zu und wundert sich milde lächelnd über so einen Sonderfall, den es in seiner Stadt gibt: Stadtberge.

Berge und Gipfel überragen im Verlauf der Geländeerhebung eines Gebirges diese nochmals, wobei ein Berg auch allein für sich als Solitär oder Zeugenberg stehen kann, ohne weitere Geländeerhebung, und ein Berg auch mehrere Gipfel haben kann. Jeder Berg ist eine Gesamtheit mit Gipfel, Hang und Fuß. Die Münchner Stadtberge sind als Erhebungen im Verlauf von drei markanten Hangkanten des Isartals zumeist nur von der eingetieften Ebene der Isaraue sowie der Altstadtterrasse als einseitige Geländeerhebung wahrnehmbar. Oben, auf dem Ursprungsniveau der Münchner Schotterebene, bestehen keine auffälligen natürlichen Geländeerhebungen, allenfalls niedrige, aber den Ortsnamen prägende Lößlehmablagerungen wie in Berg am Laim.

Der feine Münchner Sprachsinn hat für die Stadtberge die zutreffenden Begriffe Höhe und Bergl gefunden: Theresienhöhe, Petersbergl, Hasenbergl. Wenn vom Sendlinger Berg, Harlachinger Berg, Giesinger Berg oder Nockherberg die Rede ist, geht es immer nur um Bergl, die sprachlich etwas großspurig zum Berg anwachsen. Der Nockherberg war schon so manchem Zecher auf dem Heimweg ein unüberwindbares Hindernis. Um ihn sicher in sein Basislager zurückzubringen, hat die Straßen(berg)bahn dort zur Starkbierzeit eigens eine *Mittelstation* eingerichtet bekommen. Es sind keine großen Höhenunterschiede in München zwischen Hangfuß und Gipfel: maximal 33 m, aber diese haben es laut zahlreichen amtlichen Verkehrsschildern mit alpinen Anstiegen bis 23 % in sich. Dem Münchner Diminutiv nach sind diese Bergl teilweise von erschreckender Steilheit, wie es die historische Sprachbildung *gacher Steig* für das Bergl Gasteig belegt.

Es gibt in München somit Berghänge, Gipfel und zumindest von unten betrachtet auch Berge. Der Vollständigkeit halber muss auf weitere Sonderfälle der Münchner Stadtberge hingewiesen werden, auf den Hügel, den Schuttberg und den Müllberg, den Lehmberg sowie den Parkhügel. Hügel oder Anhöhen sind künstliche Aufschüttungen, zur Erhöhung der Grundfläche bedeutsamer Gebäude wie der Bavaria, des Maximilianeums oder des Monopteros im Englischen Garten. Schutt oder Müll kann in die Tiefe abgelagert oder in die Höhe aufgeschichtet werden. Das Sprachgefühl akzeptiert hier problemlos den Begriff Berg, da Schutt oder Müll, vom Menschen in wahrnehmbare Höhe aufgetürmt, schon etwas Besonderes ist und sich klar von natürlichen Geländeerhebungen und vom Bergl unterscheidet.

Die Münchner Schutt- und Müllberge sind die höchsten allseitigen Geländeerhebungen im Stadtgebiet. Wegen dieses Superlativs werden im nachfolgenden Bergführer der Münchner Stadtberge entlang der ehemaligen Hochufer der Isar sowie der Altstadtterrasse auch der Olympiaberg (55 m), der Schwabinger Schuttberg bzw. Luitpoldhügel (34 m), der Monopteroshügel (15 m) sowie der Fröttmaninger Berg bzw. Fröttmaninger Müllberg (70 m) berücksichtigt. Ebenso wesentliche Lehmberge und künstliche Hügel in ehemaligen Gartenausstellungsparks. Diese liegen gleichwohl außerhalb der hier beschriebenen Routen.

Der nachfolgende Bergführer nennt diejenigen Höhen, Bergl, Hügel, Berge und Anstiege mit Gipfel im Verlauf der Hangkanten in München, die über einen Eigennamen verfügen bzw. Teil einer Straße oder Einrichtung mit Eigennamen sind und einen klaren Anstieg erkennen lassen: 111 Münchner Stadtberge werden hier dokumentiert. Liegen mehrere Anstiege benachbart, wird nur einer stellvertretend aufgeführt. Die absolute Höhe markanter Gipfel, die individuelle Höhe des jeweils besten Anstiegs dorthin und die Länge der Wegstrecken ermittelte der Autor mittels GPS-Empfänger und digitaler Karten.

Der GPS-Empfänger wurde dazu vor dem Sockel der Bavaria auf 530 m NN kalibriert. Das ist zugleich die mittlere Höhenlage in der Stadt. Höchster gemessener Punkt war der Warnberg in Solln mit 579 m NN. Der tiefste gemessene Punkt lag bei der St. Emmeramsmühle in Oberföhring mit 503 m NN.

Wo ein amtliches Verkehrsschild auf die maximale Steilheit eines Anstiegs hinweist, wurde dieser Wert für den Bergführer übernommen. Diese Steilheit ist nicht durchgängig zu erwarten und mag gelegentlich enttäuschen: Statt einer Wand, einer *Via Ferrata* würdig, findet man immerhin einen sehr hohen Geländeabsatz. Es ist halt nur ein Bergl.

Wer will, kann mit den nachstehenden Angaben ein Ranking durchführen, die höchsten Stadtberge und die steilsten Anstiege ermitteln sowie *Bergtouren* zusammenstellen. Wer alle 111 Stadtberge und Berganstiege erklimmt, hat dabei – in der Stadt – erstaunliche 1700 Höhenmeter überwunden. Wer sich auch noch die fünf höchsten, öffentlich zugänglichen Türme der Stadt mit fast 2000 Trittstufen vornimmt, erreicht sogar 2152 Höhenmeter. Zur besseren Übersicht erhalten die Stadtberge im Bergführer zum Eigennamen ein Kürzel und eine fortlaufende Nummer, für die jeweilige Lage im Verlauf von Süden nach Norden. Unterschieden werden dabei das westliche Hochufer (W) mit 23 Bergl, vier Hügeln, einer Hügelkette, drei Schuttbergen, einem Müllberg und einem Würmtalanstieg; die Altstadtterrasse (A) mit 56 Bergl und vier Hügeln sowie das östliche Hochufer (O) von Stadtgrenze zu Stadtgrenze mit 56 Bergl und vier Hügeln.

Bei allen Erkundungen und *Bergfahrten* sind die Straßenverkehrsordnung und das allgemein dichte Verkehrsgeschehen in der Stadt unbedingt zu beachten. Das beste Tageslicht hat man auf den westlichen Routen bis Mittag. Das Morgenlicht beleuchtet das Gesicht der Bavaria und das des Schmieds von Kochel. Später bescheint sie nur noch den Hinterkopf dieser Statuen. Fotografen kämpfen hier schon am Nachmittag mit Gegenlicht und harten Kontrasten. Der Blick zur Altstadt ist jedoch ungetrübt. Entlang der östlichen Routen ist das beste Licht ab Mittag. Am Nachmittag steht die Hangkante, vor allem bei entsprechender Witterung, voll im Licht. Der Blick zur Altstadt ist noch gut. Er wird gegen Abend durch das Gegenlicht getrübt.

Die Siegesgöttin Nike auf dem Maximilianeum und der Friedensengel erstrahlen jedoch im Abendlicht.

Thomas Mann fasste diesen Münchner Moment 1902 so zusammen:
> Der Himmel ist
> *von blauer Seide, die Kunst blüht,*
> *die Kunst ist an der Herrschaft,*
> *die Kunst streckt ihr rosenumwundenes*
> *Zepter über die Stadt hin und lächelt,*
> *kurz: München leuchtete.*

Höhenwege

Höhenwege sind Fahr- oder Wanderwege, die entlang einer Geländeerhebung oder parallel zu einem bestimmten Höhenverlauf bestehen.

Höhenwege in München? Entlang der Hangkanten und Bergl in München können Straßen, Wege, Steige und Pfade für Fußgänger, Jogger und Radfahrer so verbunden werden, dass sich attraktive, spannende und teilweise schon anspruchsvolle Wanderwege ergeben, die am Stück oder in Etappen aufgeteilt gut bewältigt werden können.

Die vorgestellten Höhenwege sind nicht ausgeschildert. Ihre Bezeichnungen sind treffend, aber frei erfunden. Mit den nachfolgenden Beschreibungen der Routen und der Karte im Anhang ist ein präzises Navigieren möglich. Entlang mancher Straßenabschnitte muss das Fahrrad geschoben, manchmal auch gehoben werden. Die Wegebeschaffenheit erlaubt kein zügiges Tempo. Die ermittelten Entfernungs- und Zeitangaben sind Anhaltspunkte. Es wird gebeten, die Straßenverkehrsordnung immer zu beachten.

Die vorgeschlagenen Münchner Höhenwege führen zu bekannten Stadtbalkonen, Aussichtspunkten auf die Altstadt und queren immer wieder die Hangkante zwischen unten und oben. Je nach Gelände verlaufen Teilstrecken der Etappen einmal unten, einmal oben und immer möglichst nahe an der jeweiligen Hangkante.

Jede Routenbeschreibung enthält Hinweise auf U-/S-Bahnstationen nahe den Start- und Zielpunkten, die Wegelänge und den Zeitbedarf für Fußgänger (Geschwindigkeit ~5 km/h), Jogger (~10 km/h) und Radfahrer (~15 km/h) ohne individuelle Pausen. Der tatsächliche Zeitbedarf mit Pausen ist entsprechend länger, zumeist doppelt so lange.

Klettersteige und Genusswege

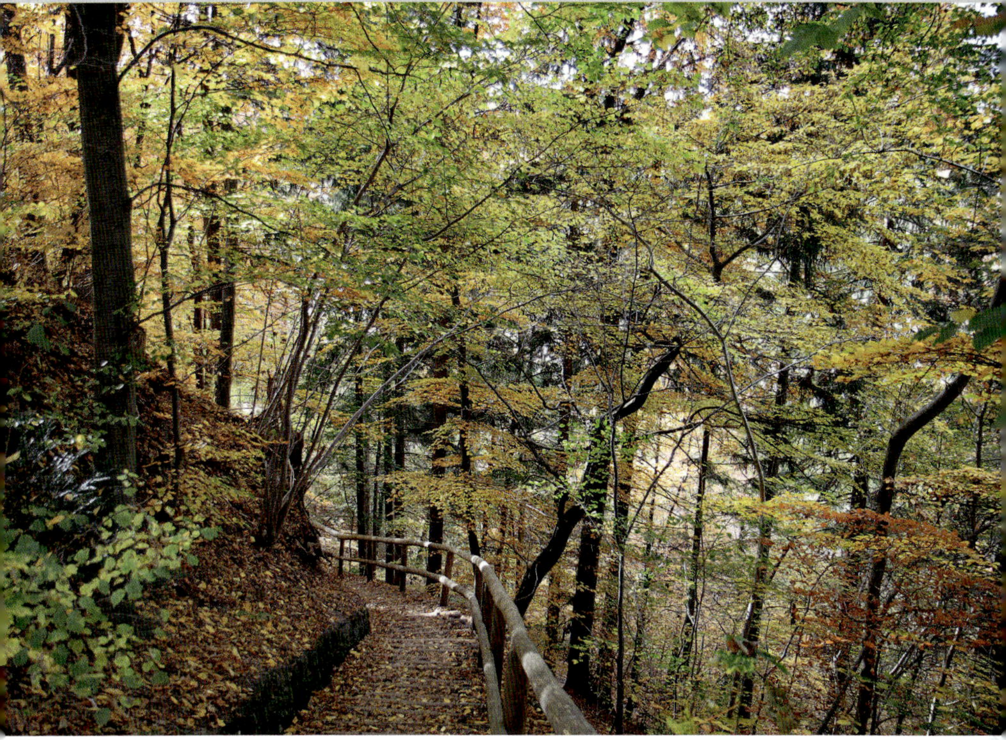

Ein Klettersteig ist üblicherweise ein mit Eisenleitern, Eisenstiften, Klammern und Seilen gesicherter Kletterweg am natürlichen oder künstlichen Fels. Früher wurden Felspassagen von Wanderwegen mit Stahlseilen abgesichert. Daraus entwickelten sich mit der Zeit Klettersteige über immer längere Strecken, die immer schwierigere Routen für Nicht-Kletterer mit Sicherungsausrüstung begehbar machten. Manche Kletterer versuchen, eine Route frei zu gehen, indem sie das in den Steig eingebrachte Eisen lediglich zur Sicherung und nicht zur Fortbewegung benutzen.

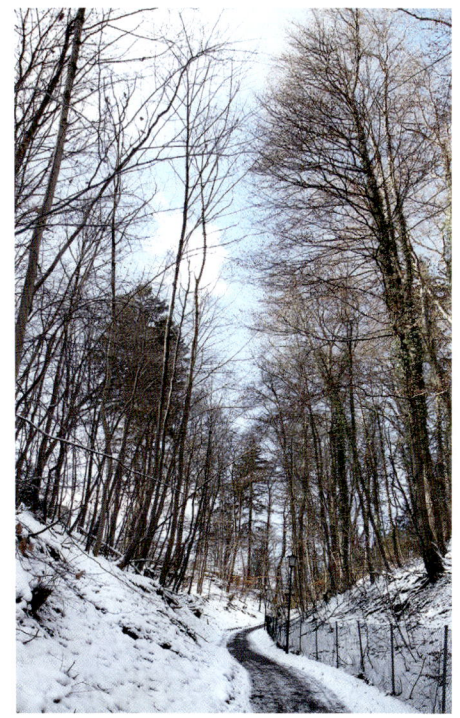

Klettersteige in der Münchner Stadtlandschaft? Nein, aber: Als *Münchner Klettersteige* sollen dennoch Extreme präsentiert werden: die höchsten, die steilsten, die gefährlichsten und die romantischsten Münchner Stadtberge und Berganstiege. Es sind frei befahr- oder begehbare *gache Steige*, die zu erklimmen nicht immer leicht ist und bisweilen eine Fortbewegungsart nahe dem Klettern erfordert. Häufig sichern dann auch Geländer die Steige und Wege im Hang. Terrain für passionierte Fußgänger, auf Bergläufe spezialisierte Jogger und sportliche Radfahrer.

Der höchste Münchner Stadtberg ist der Fröttmaninger Berg mit 70 m Anstieg. Weitere hohe
allseitige Erhebungen sind der Olympiaberg (55 m)
und der Luitpoldhügel (34 m) mit Gipfelkreuz.
An den Hangkanten fallen mehrere Anstiege
nahe der Großhesseloher Brücke durch ihre Höhe
auf: Die Treppenanlage Großhesseloher Brücke
(33 m), der benachbarte Hangweg bei der Sutner-
straße (26 m), der gegenüberliegende Höllerer
Berg (27 m) und der Drumberg (25 m) in Giesing.
Sehr beachtlich sind auch die langen Rampen am
Harlachinger Berg (25 m), Giesinger Berg (19 m)
und entlang der Montgelasstraße (17 m).

Die punktuell steilsten Berganstiege in München
sind schnell aufgezählt. Hier muss zuallererst der
Hangweg Plinganserstraße mit 23 % Steigung
genannt werden. Richtig steil sind diese Berganstiege aber erst, wenn die Wegeneigung über
eine längere Strecke besteht: Für Fußgänger sind
das alle Treppenanlagen und Hangwege zwischen
der Großhesseloher Brücke und der Marienklause (siehe dazu in der Wegbeschreibung
Harlachinger Hochleite die Variante Hangwegrunde), der Hangweg am Achtersee nördlich des
Friedensengels und alle Treppenanlagen und
Hangwege zwischen der Brunnbachleite und der
Oberföhringer Straße (siehe dazu in der Wegbeschreibung Isarbogen die Variante Hangwege).

Für Radfahrer sind das der Höllerer Berg und die
Gerblstraße mit jeweils 17 % Steigung (Radfahrer
sollen den Verkehrsschildern nach ihr Gefährt die
Gerblstraße bitte entlang schieben), der Kreppeberg mit 15 % Steigung (Einbahnstraße nach
unten) und der Harlachinger Berg mit 13 % Steigung.

Die Benutzung mancher Hangwege und Berganstiege ist nicht ungefährlich. In den Steilhängen
um die Menterschwaige sowie am Isarbogen
gehören Hangrutschungen zum Landschafts-
charakter. Die Hangwege sind stark unterfangen,
befestigt und mit Geländer bewehrt. In den
Hängen bestehen Verbauungen und spezielle
Anpflanzungen. Dennoch müssen manche Wege
immer wieder wegen Zerstörung durch Hangrutschungen gesperrt und neu errichtet werden.
Bei Regen und im Winter können die Holzbohlen
in und auf den Wegen rutschig sein.
Die Abfahrt vom Fröttmanninger Berg wird durch
zahlreiche, quer zur Fahrbahn liegende Abflussrinnen gestört. Die Straße vom Höllerer Berg
endet an einer Leitplanke und dahinter im Isarkanal. Für die Gerblstraße besteht wegen des
schlecht einsehbaren unteren Endes ein Schiebe-
gebot für Radfahrer. Den Kreppeberg umgibt ein
dunkler Hangwald (Licht an) und die Liste der
Unfallberichte vom Harlachinger Berg ist lang.

Jede Jahreszeit bietet dem Fußgänger, Jogger und Radfahrer ein ansprechendes Terrain an den Hangkanten, weil die meisten Berganstiege durch Hangwälder führen und sich dadurch schon vom allgemeinen Stadtgeschehen und dem allgemeinen Stadtbild absetzen. Die Mischbewaldung ändert mit den Jahreszeiten ihr Aussehen, ihre Farben, ihren Geruch und das allgemeine Tempo der Bewegung auf den Wegen. Wer Entschleunigung in der Stadthektik sucht ist hier immer richtig. Das Blätterdach kann transparent und durchscheinend oder verhangen und dicht wirken. Auf engstem Platz finden sich helle und dunkle Standorte. Es flimmert. Im Kleinen wie im Großen bewirkt die unterschiedliche Sonneneinstrahlung an den Hangkanten im Tagesverlauf wechselnde Beleuchtungen, ganz intensiv an der westlichen Hangkante am Morgen und an der östlichen Hangkante am Abend. Wer dann die schönen, die einsamen und die romantischen Bergl sucht, nimmt in Thalkirchen nach der Gasthof Hinterbrühl den Carusoweg mit im Winterhalbjahr etwas freieren Blicken in die Tiefe der Hang- und Wiesengrundstücke. Der Genussradler fährt die 2 km lange Strecke des Isartalbahnwegs hoch zur Prinz-Ludwig-Höhe.

Jenseits der Großhesseloher Brücke geht es romantisch eingestimmt weiter und zugleich zurück: Die Harlachinger Hochleite trägt im Sommer Grün, präsentiert sich im Herbst im bunten Blätterkleid und öffnet im Winter den Blättervorhang. Man versteht endlich, wofür die hier so zahlreichen Bänke stehen: Genussblicke ins Isartal.

Sehr romantisch sind zu allen Zeiten der Hangweg bei der Marienklause durch und im Nagelfluhfelsen hoch zum Missionskreuz, der einsame Hangfußweg mit anschließenden Hangwegen hinter dem Gasthaus Siebenbrunn, die Wege Am Lilienberg / Riggauerweg mit prächtigen dickstämmigen Bäumen, deren Äste ins Wasser ragen, und am nördlichen Stadtrand der verschwiegene Rochus-Dedler-Weg. Wer die Stadt nicht ganz aus dem Blickfeld verlieren will, erklimmt die Theresienhöhe und nach Möglichkeit auch das Innere der Bavaria, im Englischen Garten den Monopteroshügel, die Terrassen vor dem Maximilianeum oder vor dem Friedensengel. Stadtbalkone, Prachtbergl, Münchner Stadtberge.

Berg Heil!
Berg frei!

VON DER PRINZ-LUDWIG-HÖHE ZUM MASSMANNSBERGL

THALKIRCHNER HÖHENWEG

W.9
W.8
W.7
W.6
W.5
W.4
W.3
W.2
W.1

200 m

Thalkirchner Höhenweg

Start
S7 Großhesselohe-Isartalbahnhof
Ziel
U3 Thalkirchen; Länge: 5 km
Dauer
(ohne Variante Hangfuß)
1 Stunde für Fußgänger
30 Minuten für Jogger
20 Minuten für Radfahrer

Westlich der Altstadt gibt es 25 Anstiege mit Höhen zwischen 27 und 3 m mit zusammen 356 Höhenmetern. Im Durchschnitt sind die Erhebungen 14 m hoch.

Die Höhenlagen reichen von 560 – 513 m NN. Mit dem Olympiaberg, Luitpoldhügel und Fröttmaninger Berg ergeben sich Anstiege mit zusammen 515 Höhenmetern. Mit der Höhe der Würmtalkante in Pasing sowie von fünf Lehmbergen, Parkhügeln und einer Parkhügelkette im westlichen Stadtgebiet werden 652 Höhenmeter erreicht. Mit der Höhe der Würmtalkante in Pasing sowie von fünf Lehmbergen, Parkhügeln und einer Parkhügelkette im westlichen Stadtgebiet werden 652 Höhenmeter erreicht.

Der Thalkirchner Höhenweg ist die südliche Etappe entlang der westlichen Hangkante Münchens. Er führt von der Großhesseloher Brücke bis zum Schmiedberg nahe der Kirche St. Maria in Thalkirchen. Merkmale des Weges sind steile Anstiege zu Beginn, die lange Rampe des Isartalbahnwegs in der Mitte und drei prächtige Bergl zum Schluss.

Vom S-Bahnhof Großhesselohe-Isartalbahnhof (Ausschilderung durch gelbe Wegweiser für Radfahrer; Verlauf: Sollner Straße, Pullacher Straße) ist es 1 km bis zur Großhesseloher Brücke und den dort möglichen weiten Ausblicken in das Isartal. Um eine Vorstellung von der Höhe der Hangkante zu gewinnen, führt der Weg zunächst den 17 % steilen Höllerer Berg hinunter zur Isar. Dort wenden wir uns nach links und folgen der Straße An der Isar über 500 m bis zum nach links abzweigenden 23 m hohen Bergsteig Carusoweg. Oben angekommen, folgen wir ca. 200 m der Heilmannstraße nach rechts und wechseln dann auf den parallel angelegten Isartalbahnweg.

Die ehemalige Bahntrasse hat eine gleichmäßige Steigung und ist in einem vorzüglichen Zustand. Nach knapp 2 km erreichen wir das Asam-Schlössl unterhalb der Bergl Kreppeberg und Maria-Einsiedel-Berg. Der Fußgänger oder Jogger nimmt den 24 m hohen Maria-Einsiedel-Berg in Angriff, folgt oben wenige Meter dem Verlauf der Wolfratshauser Straße und wandert über eine Treppenanlage etwas oberhalb des 8 % steilen Schmiedbergs hinunter nach Thalkirchen, zum Fraunberg mit der Wallfahrtskirche St. Maria in Thalkirchen, stattlichen Gasthäusern und dem Bahnhof Thalkirchen der U3. Der Radfahrer darf eine Runde mehr drehen: Auf dem Maria-Einsiedel-Berg geht es entlang der Wolfratshauser Straße 350 m (schiebend) zurück und dann den 15 % steilen Kreppeberg rasend schnell hinab. Der Kreppeberg kann als Einbahnstraße nur von oben eingefahren werden.

Variante Hangfuß: Nach dem Aufstieg über den Carusoweg folgen wir der Heilmannstraße, steigen über die 17 % steile Gerblstraße nach Hinterbrühl ab und nehmen dort den nach links abzweigenden Hinterbrühler Weg bis zum Asam-Schlössl. Am Hangfuß entlang geht es gut 1,2 km durch den Gierlinger Park bis zur Fraunbergstraße und der Wallfahrtskirche St. Maria in Thalkirchen.

Höllerer Berg

Höhendifferenz:
560–533 m NN
27 m Höhe
Steigung 17 %

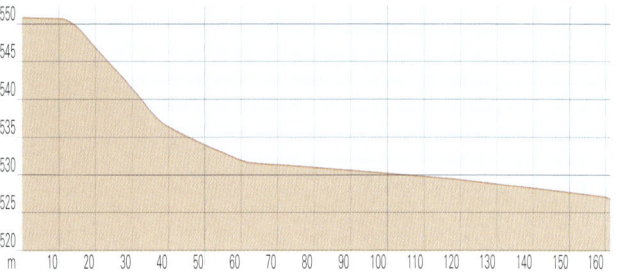

100 m

Prinz Ludwigshöhe war der Name einer Waldrestauration, der sich 1893 auf eine Haltestelle der Isartalbahn und 1895 auf die von Jakob Heilmann erbaute Villenkolonie auf der westlichen Hochterrasse der Isar nahe der Großhesseloher Brücke übertrug. Die Gärten mancher Villen reichen weit über die Hangkante bis zum Wenzbach im Isartal hinunter. Unterhalb des Höllerer Berges liegt fast verborgen die Adolf-Wenz-Siedlung auf dem Areal einer 1914 aufgelassenen Ziegelbrennerei, die beim Bau der ersten Großhesseloher Brücke 1851 entstanden war. Im Anwesen An der Isar 13 befindet sich noch das Maschinenhaus von Adolf Wenz. Der Hangkante oben oder dem Wenzbach unten weiter nach Norden folgend treten wir ein ins Stadtgebiet.

Dort erstreckt sich der Ortsteil Hinterbrühl, 1907 so benannt im Sinne von *mit Buschwerk bewachsene Wiese.*

Der Hinterbrühler See ist eigentlich eine Senke in der Isaraue, die erkennbar aufgestaut und mit Uferwegen zum Naherholungsgebiet ausgebaut wurde. Von der Hangkante führen Fahrwege wie der 17 % steile Höllerer Berg, der romantische Carusoweg, eine Treppenanlage und die ebenfalls 17 % steile Gerblstraße hinunter zur Ausflugsgaststätte Hinterbrühler See. Beim Überqueren der Hangkante bemerkt man die erhebliche Größe der Außenanlagen der Villen, die sich den Hang hinab und als Wiesen- bzw. Waldstreifen auch am Hangfuß entlang erstrecken.

Das Gelände mit Hangwald und Wiesen entlang des Wenzbachs eröffnet vielfältige Gestaltungsmöglichkeiten: kleine Waldpfade und Pavillons auf den Anhöhen, architektonisch gestaltete exklusive Aussichtspunkte an der Hangkante, kleinteilige Teichlandschaften mit Gartenhäusern und gepflegte Wiesengrundstücke am Bach. Die größten und teuersten Grundstücke der Villenkolonie Prinz-Ludwig-Höhe lagen östlich der Heilmannstraße mit Blick ins Isartal.

Carusoweg

Höhendifferenz:
555–532 m NN
23 m Höhe

Der Fußweg Carusoweg, gleich im Süden der Villenkolonie, bietet zumal im Winterhalbjahr die besten Blicke in die Tiefe der dortigen Anwesen. Der 17.000 qm große Irenenpark im nördlich am Weg gelegenen Anwesen Heilmannstraße 47 war ursprünglich als Erholungspark für alle Bewohner der Villenkolonie gedacht. Das Gelände wurde dann jedoch verkauft und später mehrfach geteilt.

Im früher zugehörigen Anwesen Heilmannstraße 33 residierte 1897–1920 Geheimrat Wilhelm von Borscht, der damalige Bürgermeister von München. Zwei Wege führten von der oberen Hangkante in den unteren Garten seines Hanggrundstücks, ein schmaler Pfad und ein repräsentativer, von Terrassen begleiteter Weg mit rund 150 Stufen.

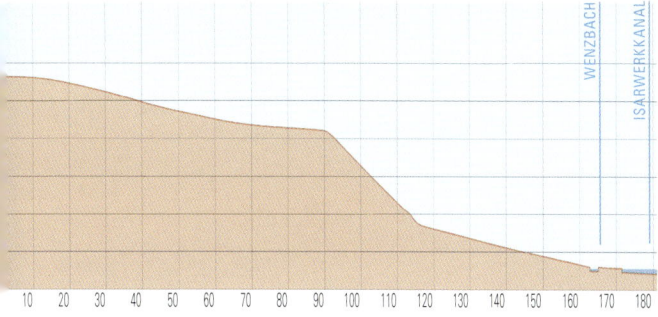

WENZBACH

ISARWERKKANAL

Hangweg
Heilmannstraße 9

Höhendifferenz:
553–531 m NN
22 m Höhe

Die zeitgenössische Presse staunte: *Die dem Hang entspringende starke Quelle wurde in einer Tuffsteingrotte gefasst und stürzt sich aus dieser munter plätschernd in einen Weiher, der sein Wasser wiederum an einen tiefer gelegenen künstlich geschaffenen See abgibt. (...) Am Ost-ufer ragt halbinselgleich eine Landzunge in den See, auf der ein majestätischer Hirsch aus Kupfer getrieben seine Patina im klaren Quellwasser spiegelt, hinter ihm baut sich eine Pergola auf, überragt von einem Münchner Kindl aus Beton und überschattet von einer malerischen Hänge-weide.* Die Pergola und das Münchner Kindl sind hinter dem hohen Zaun, stellt man sich dazu auf die Zehenspitzen, heute noch zu sehen.

100 m

Gerblstraße

Höhendifferenz:
553–529 m NN
24 m Höhe
Steigung 17 %

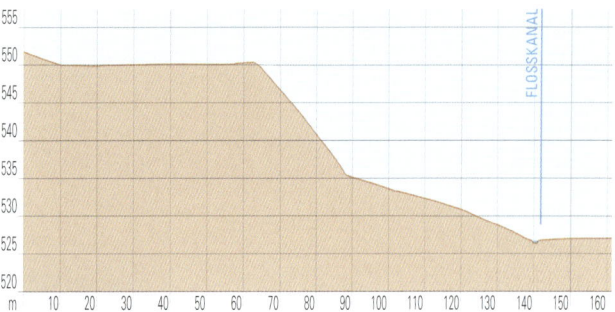

Im Anwesen Heilmannstraße 29 besaß die Familie Littmann einen Sommerwohnsitz. Max Littman, Architekt und Baukünstler, war Mitinhaber der für die Villenkolonie verantwortlich zeichnenden Bauunternehmung Heilmann & Littmann.
Im Anwesen Heilmannstraße 5, nahe an der Gerblstraße, lebte 1920–1933 General Erich Ludendorff.[22]

Wie der Carusoweg führt ein weiterer steiler Fußweg nahe dem Anwesen Heilmannstraße 9c in das Isartal. Ein Verkehrsschild warnt nicht ohne Grund: *Gefährliche steile Wegstrecke*.
Die Gerblstraße schließlich ist eine 30-km-Zone, die Radfahrer wegen ihrer Steilheit nur schiebend benützen dürfen.

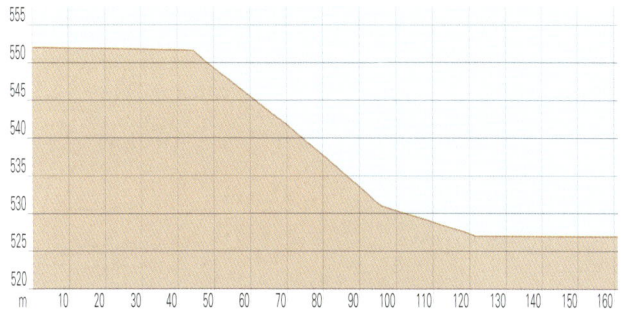

Isartalbahnweg

Höhendifferenz:
550–526 m NN
24 m Höhe
Steigung: 2 %
2 km Rampe

Zwischen der Haupterschließung Maria-Einsiedel-Straße und dem gleichnamigen Freibad stand man bis 2015 etwas ratlos vor etlichen Ziegelbauten im halbverwilderten Gelände, vor den erhaltenen Resten der Hauptwerkstätte der Lokalbahn-Aktiengesellschaft (LAG) der ehemaligen Isartalbahn. Im Betriebsgelände waren früher alle Lokomotiven, Güterwagen und Personenwagen der Isartalbahn beheimatet. Neben unscheinbaren Betriebsgebäuden waren der große fünfständige Ringlokschuppen und die Wagenhalle bauliche und funktionale Besonderheiten. Die Isartalbahn war von 1891 bis 1956 die Münchner Ausflugsbahn schlechthin. Sie erschloss das Isar- und Loisachtal vor den Toren Münchens für Spaziergänger, Wanderer und Ausflügler. Die mit ihr erreichbaren Ausflugsziele waren der Tierpark Hellabrunn, die Floßlände und zahlreiche Ausflugsgaststätten beiderseits der Isar: Grünwald, Baierbrunn, Kloster Schäftlarn, der Herzogstand oder die Benediktenwand. Sicher war jede Durchfahrt einer fauchenden Dampflokomotive für die Bewohner der Prinz-Ludwig-Höhe eine Belastung. Das änderte sich mit der Elektrifizierung der Strecke um 1900. Gut 2 % Steigung hat die Trasse der Bahn südlich des Asam-Schlössls hoch zur Hangkante. Sie steigt bis zum Isartalbahnhof Großhesselohe um 40 Höhenmeter auf.

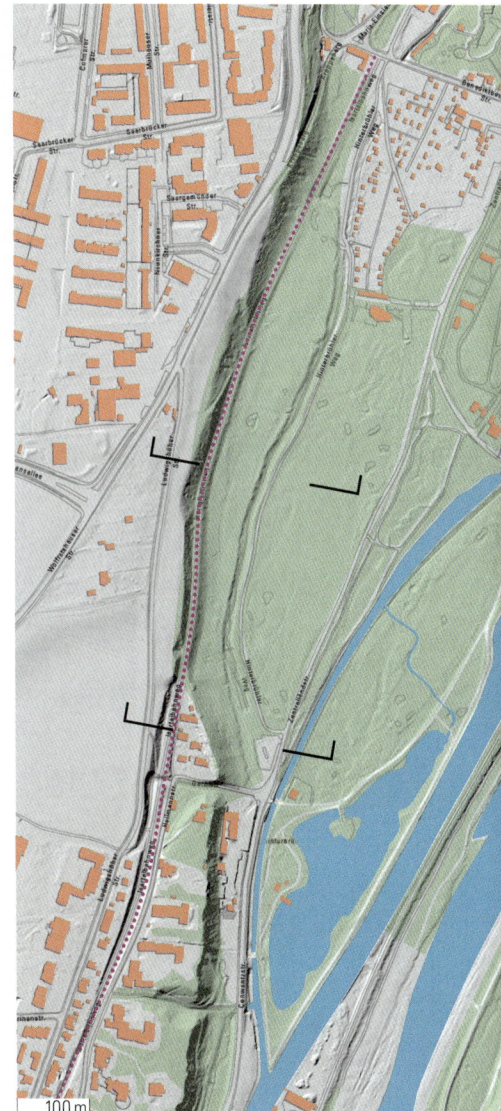

100 m

Beim Bau der Bahnstrecke waren 1890 gut 300 Mann damit beschäftigt, eine schiefe Trasse in die Hangkante zum Teil durch Nagelfluhfelsen und über Quellaustritte hinweg zu legen.
Im Eröffnungsjahr des Münchner Abschnitts der Bahn, 1891, wurden 292.000 Fahrgäste gezählt. Ausflügler konnten eine Rundreisekarte erwerben mit Einschluss einer Straßenbahnfahrt von bzw. nach Grünwald oder Thalkirchen, des Brückenzolls über die Großhesseloher Brücke und der Rückfahrt zu einer beliebigen Straßenbahnhaltestelle in München. Das Ende der Ausflugsbahn kam mit der Planung für den Ausbau des Mittleren Rings in den 1960er Jahren.

Bahntrasse der Isartalbahn um 1900

Der Straßenverkehr bedrängte und verdrängte die Eisenbahn dann 1964. Insbesondere der Bahnübergang an der Brudermühlstraße bereitete Probleme und wurde beseitigt. Westlich der Hauptwerkstätte der Isartalbahn befand sich noch bis 2010 der Bahnhof Thalkirchen. Das aufgelassene und abgebrochene Bahnhofsgelände wächst zu. Zwischen einer immer dichter werdenden Vegetation ragen Schienenenden und gelb-schwarze Stellblöcke aus dem Boden. Abenteuerland und bald vergessen.[23] Die erhaltenen ehemaligen Betriebsstätten wurden 2015 zu Wohnungen umgebaut.

Die erste besondere Wertschätzung dieser exponierten Lage außerhalb der Stadt München für Wohnzwecke erfolgte in der Zeit der Romantik. Oben auf der Hangkante steht mit dem Haus Wolfratshauser Straße 27 von 1847 eine der frühesten Villen am Isarhang mit Treppengiebel und *ritterschaftlichem* Aussehen. Unterhalb der Hangkante, entlang des Maria-Einsiedel-Bergs und der Straße Schmiedberg, dringt nach und nach die städtische Bebauung in das grüne Auengebiet und den Gierlinger Park von 1965 vor. Es sind auch noch Spuren der ersten Erschließung der ursprünglichen Isaraue zu erkennen: Entwässerungskanäle, Schleusen der Isarregulierung, Spolien der Isartalbahn; dann wieder stille, gleichwohl künstliche Teiche, schattige Hangwege und steile Treppenanlagen zwischen unten und oben.

Neben Villen der Gründer- und Jugendstilzeit, also aus den Anfangsjahren der Kolonie Prinz-Ludwig-Höhe, finden sich in der Siedlung mittlerweile auch moderne Eigentumswohnungen. Fast mittig durchschneidet die zum Radweg ausgebaute Trasse der ehemaligen Isartalbahn die Villenkolonie. Am Hangfuß des alten Isarufers speisen mehrere Quellen den Wenzbach, später heißt er Maria-Einsiedel-Bach. Er verläuft parallel zum Großen Stadtbach bzw. dem Werkkanal und der Isar Richtung Norden. Die Hangkante hebt sich als Vegetationsstreifen mit Mischwald gut von der Umgebung ab. Bis zum Gasthaus Asam-Schlössl am Kreppeberg erstreckt sich zwischen dem Hang und dem Werkkanal ein gestalteter Park mit kleinen Bachläufen, Quellfassungen, Seen und Auenvegetation. Ihn begleiten auch die Greens eines Golfplatzes und Schrebergärten.

Der Maria-Einsiedel-Bach ist mit seinem Begleitgrün ein ganz besonderes Landschaftsschutzgebiet in München. Bis ins späte 19. Jahrhundert war der Bach Sammler der Thalkirchner Quellen und eine Zuleitung der Münchner Trinkwasserversorgung. Die Quellen entspringen in einem Hangwald sowie aus etlichen Sickerquellen und formen als Bach eine breite Rinne unter hohen Laubbäumen, zumeist Eschen und Buchen.

Der Hangwald am Parkplatz der Gaststätte Hinterbrühler See ist einer der ganz wenigen Sonderstandorte im Stadtgebiet, dem gerade noch der Charakter einer Naturlandschaft zukommt. Er ist stark verwässert und somit unzugänglich. Der Bach versandet im Oberlauf durch Einleitungen aus dem Ländkanal. Streckenweise wurden seine Ufer durch einen Bretterverbau befestigt, was im Streulicht des dichten Gehölzes zu interessanten Eindrücken führen kann: Dunkle Holzpfosten der Befestigung bilden einen zusätzlichen Kontrast in der kleinen Auenlandschaft der Thalkirchner Quellen. Hier und da treten weitere Quellen unter Bäumen aus und bringen etwas Bewegung in die ruhige Wasseroberfläche des Bachs. Tiefhängende Äste und Blätterwedel sorgen für Zwielicht und Schattenspiele auf dem Wasser. Kleine Paradiese am Wegesrand.

Kreppeberg

Höhendifferenz:
550–526 m NN
24 m Höhe
Steigung 15 %
Einbahnstraße

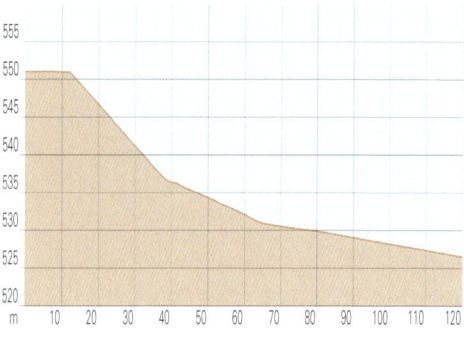

100 m

Das Asam-Schlössl, ein ehemaliger einsam dalie-
gender Landsitz, schließt diese Parkanlagen nach
Norden ab. Das Asam-Schlössl liegt bereits in
Obersendling, im Knotenpunkt mehrerer Straßen
und der Anstiege Kreppeberg sowie Maria-Einsiedel-Berg (Fußweg). Der Maler Cosmas Damian
Asam besaß 1729 für zehn Jahre den Landsitz.
Asam hatte zuvor die *Freskierung* der Wallfahrtskirche von Maria-Einsiedeln in der Schweiz
durchgeführt und einen Teil des Lohns in das
Schlössl und den reichen Fassadenschmuck
investiert. Dabei hat sich die Bezeichnung Maria-
Einsiedel auf diese südliche Ortsspitze von Obersendling übertragen.

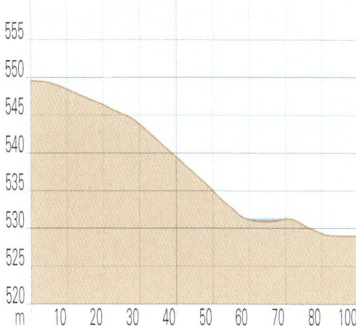

Maria-Einsiedel-Berg
Höhendifferenz:
550–526 m NN
24 m Höhe
Fußweg

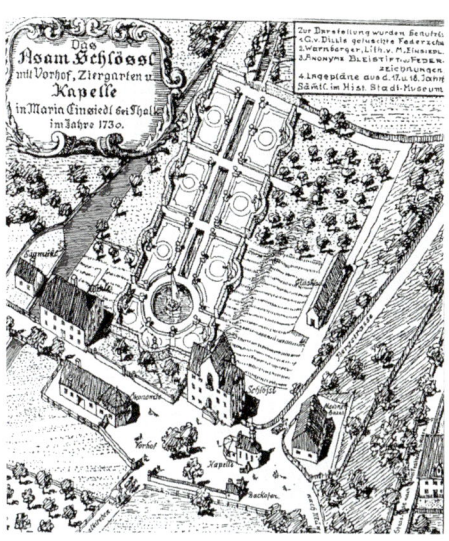

Im Mittelpunkt der Bilder der Hauptfassade erblickt man u. a. ein Selbstportrait Asams. Über dem Rundbogenfenster im 2. Stock wölbt sich ein gemalter Himmel mit Engel, Säulen und weiteren Architekturteilen. Sie geben der ansonsten glatten Fassade ein höfisches gewichtiges Aussehen. Der früher zugehörige Garten ist verloren gegangen. Das Asam-Schlössl ist ein Vorreiter der dann zur Mitte des 19. Jahrhunderts hier eindringenden Villenbebauung an und unterhalb der Hangkante zum Isartal.

Schmiedberg

Höhendifferenz:
548–527 m NN
19 m Höhe
Steigung 8 %
Fußweg

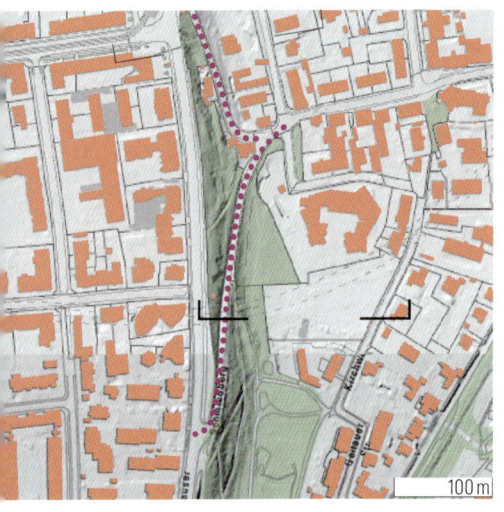

100 m

Hoeckhstraße

Höhendifferenz:
547–527 m NN
20 m Höhe

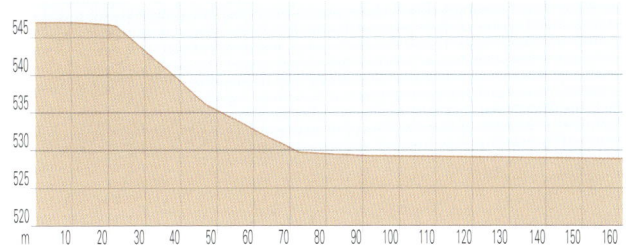

Bis zum Neuhofener Berg südlich des Mittleren Rings trägt die Hangkante die Namen Schmiedberg, Hoeckhstraße und Greinerberg. Die dortigen Bergstraßen haben dieselben Namen und sind nicht zu unterschätzen. Die Steigung am Schmiedberg beträgt 8 % und beginnt in einer engen Kurve. Radfahrer haben eigene Spuren und müssen bergauf viel Kraft aufbringen. Auch diesen Abschnitt der Hangkante durchziehen etliche schattige Fußwege, Treppenanlagen und Wanderwege. Zum U-Bahnhof Thalkirchen ist es nicht weit.

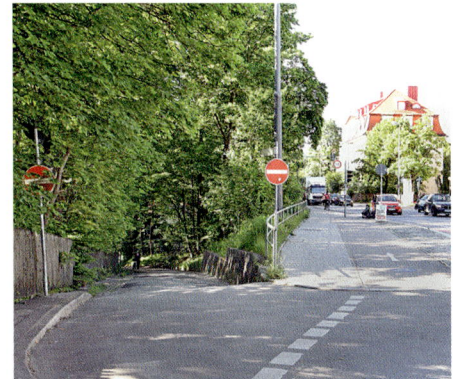

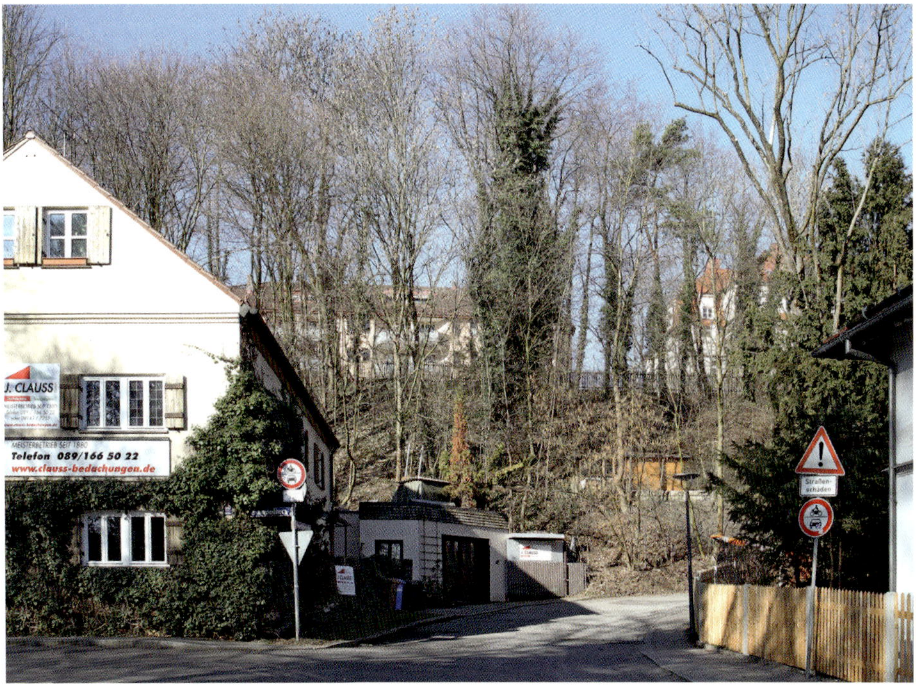

Sendlinger Höhenweg

Start
U3 Thalkirchen
Ziel
Hackerbrücke S-Bahn
Länge: 5 km
Dauer
(ohne Variante Schuttberge)
1 Stunde für Fußgänger
30 Minuten für Jogger
20 Minuten für Radfahrer

Westlich der Altstadt gibt es 25 Anstiege mit Höhen zwischen 27 und 3 m mit zusammen 356 Höhenmetern. Im Durchschnitt sind die Erhebungen 14 m hoch.

Die Höhenlagen reichen von 560 – 513 m NN. Mit dem Olympiaberg, Luitpoldhügel und Fröttmaninger Berg ergeben sich Anstiege mit zusammen 515 Höhenmetern.

Der Sendlinger Höhenweg ist die nördliche Etappe entlang der westlichen Hangkante Münchens. Er führt über den Greinerberg, Neuhofener Berg, Sendlinger Berg, die Schwanthalerhöhe und den König-Ludwig-Hügel zum Hackerberg. Merkmale des Weges sind ausgedehnte Grünanlagen, die nach der Querung des Mittleren Rings zunehmend von Wohnbebauung eingeengt werden. Am Rand der Theresienwiese ist die Hangkante freigestellt.

Vom Bahnhof Thalkirchen der U3 geht es zunächst zur Wallfahrtskirche St. Maria Thalkirchen, sodann die Fraunbergstraße entlang, rechts haltend die Hoeckstraße hoch zur Plinganserstraße und nachfolgend den 8 % steilen Greinerberg hinunter. Am Hangfuß betreten wir die Grünanlage Neuhofen und folgen dem Alois-Johannes-Lippl-Weg über 900 m bis zum Gipfel des Neuhofener Berges.

Die Aussicht von diesem Stadtbalkon ist prächtig. Der Alois-Johannes-Lippl-Weg führt weiter hinunter zur Plinganserstraße, der wir 400 m bis jenseits der Brudermühlstraße (Tunnel und Ausfahrt) folgen. In der Krümmung der Brudermühlstraße führt ein bis zu 23 % steiler Abstieg in die Hangwälder am Freizeitpark Neuhofen.

Am Hangfuß entlang geht es über 400 m bis zum Kidlerplatz. Eine Treppenanlage führt dort hoch zur Plinganserstraße, der wir fast 500 m bis zur Kirche St. Margaret am Sendlinger Berg folgen. Hier sind Abstecher auf den Kirchhof und über einen Fußweg zum Sendlinger Kirchplatz an der Kidlerstraße möglich.

W.18
W.17
W.16
W.15
W.14
W.13
W.12
W.11
W.10

200 m

Nach der Überquerung der Ampelanlage betreten wir beim Denkmal für den Schmied von Kochel den Grünzug Daumillerweg/Lipowskystraße und erreichen nach 600 m die Bavariabrücke. Hier öffnet sich die Weite der Theresienwiese vor der freiliegenden Hangkante mit der Bavaria, Ruhmeshalle und dem dahinterliegenden Bavariapark. Vor dem Anstieg zum Hügel mit der Bavaria queren wir die Straße Theresienhöhe und suchen im Bavariapark seinen nordwest- lichsten Punkt auf mit der Aufschüttung König- Ludwig-Hügel. Auf diesem Aussichtpunkt stand früher ein kleiner Namen gebender Pavillon, heute eine Sitzbank. Zugegeben, man muss etwas suchen, bis man auch dieses Bergl mit Eigennamen entdeckt hat.

Zurück zur Bavaria. Dort hat man das volle Pano- rama der Innenstadt vor Augen. In den Sommer- monaten ist als Variante und Krönung eine Besteigung und Rast im Kopf der Bavaria möglich.

Von der Theresienhöhe geht der weitere Weg entlang der Hangkante bis zum Ende der Martin- Greif-Straße und dort hoch auf die Fußgänger- brücke zu den Gebäuden des Europäischen Patentamtes und weiter über den Hackerberg zur Hackerbrücke. Zum Ausklang bietet z. B. der Augustiner-Keller an der Arnulfstraße (400 m von der Hackerbrücke entfernt) Rast, Speis und Trank.

Variante Schuttberge
Der ausdauernde Radfahrer nimmt sich ggf. noch die Schuttberge im Norden Münchens vor. Der Olympiaberg erhebt sich in 3,5 km Entfer- nung (Luftlinie). Von dort sind es weitere 1,5 km (Luftlinie) zum Luitpoldhügel.

Greinerberg

Höhendifferenz:
547–530 m NN
17 m Höhe
Steigung 8 %

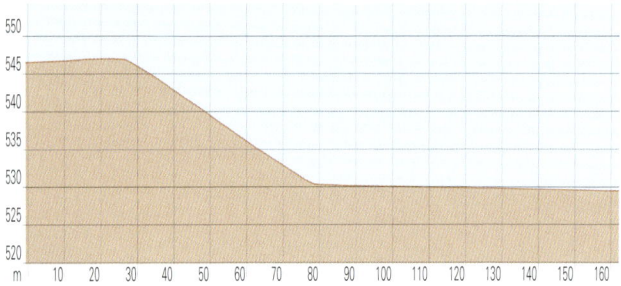

Der Greinerberg ist mit seinen 8 % Steigung schon eine Herausforderung für den Radfahrer. Entsprechend breit sind die beiden talseitig angelegten Radfahrspuren. Die Hangbefestigung wirkt in der dunklen Jahreszeit wie eine trutzige Burgmauer.

Vor dem Neuhofener Berg weitet sich die Wiese vor dem Hang. Etwas ist anders: Hier lagern 2,5 Mio. Kubikmeter Trümmerschutt der im Zweiten Weltkrieg zerstörten Stadt München über und vor der ursprünglichen Hangkante in einem um 50–100 m nach Osten vorgeschobenen neuen Hang von 10–15 m Höhe. Die Schuttfläche ist begrünt, aber unbewaldet.

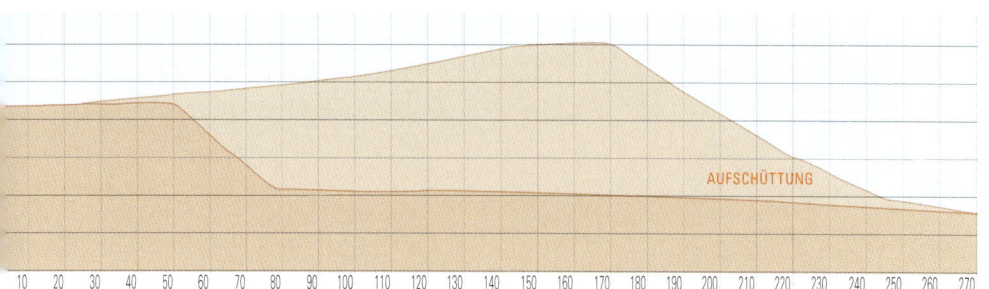

Neuhofener Berg

Höhendifferenz:
550–528 m NN
22 m Höhe
Steigung 8 %
Rundtempel
Stadtbalkon

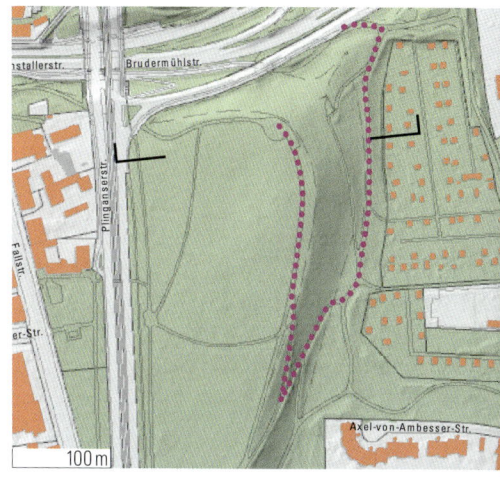

Fast ungehindert kann der Blick weit schweifen, zum Heizkraftwerk Süd und sogar bis zur Frauenkirche. Der Neuhofener Berg erstreckt sich nach Norden bis zur autobahnähnlichen Brudermühlstraße und verwandelt sich im Süden im Winter in eine beliebte Rodellandschaft. Diesen Ursprung und diese Nutzung hat er gemeinsam mit den Schuttbergen im Olympiapark und im Luitpoldpark.

Der Wanderer findet zahlreiche Wege unter Bäumen und an der höchsten Stelle des dritthöchsten Berges in München eine Gedenkstätte von 1969 für die Kriegsopfer der Münchner Bevölkerung: *Diese Anlage steht auf / Schuttmassen / des Bombenkrieges / Sie ist der / Erinnerung / an die / 6000 / Muenchner / gewidmet die im / 2. Weltkrieg / den Bomben zum Opfer / gefallen sind.*

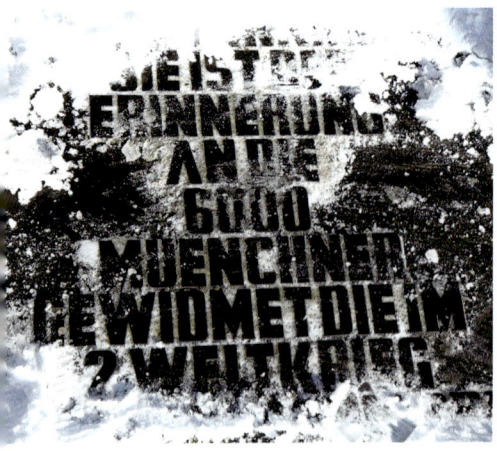

Der schindelgedeckte Rundtempel mit hellen Säulen aus römischem Travertin und einer Brunnenschale aus Brannenburger Nagelfluh markiert einen noch in den 1970er Jahren gerühmten, umfassend schönen Aussichtspunkt der Stadt. Auf der wohl um 1980 aufgeforsteten Hangkante besteht nur mehr auf 25 m Breite eine verbliebene nach Nordosten offene Sichtschneise, deren Aussicht gleichwohl weiterhin gerühmt werden darf: einer der schönen unbekannten Aussichtsbalkone in der Stadtlandschaft Münchens.

Die Anschüttung der Hangkante setzte sich nördlich der Brudermühlstraße nicht fort. Hier erleben wir noch einen ursprünglich erscheinenden Hangwald mit hohen schlanken Buchen, Hangwegen und kurzen steilen Anstiegen. Laut amtlicher Beschilderung soll einer der Anstiege aberwitzige 23 % Steigung haben. Die in der Ebene anschließende Grünanlage ist der 1974 eingerichtete Freizeitpark Neuhofen mit Sportstätten, den Bauten und Anlagen des Dante- sowie Klenze-Gymnasiums und dem Südbad. Am nördlichen Rand der Grünanlage, am Kidlerplatz, setzt die geschlossene Bebauung der Stadt München ein.

Hangweg
Plinganserstraße
Höhendifferenz:
539–528 m NN
11 m Höhe
Steigung 23 %

Die ersten Häuser oben an der Plinganserstraße,
Nr. 61, 59 und 49 wurden um 1910 an und über
die Hangkante gebaut. Nach dem damaligen
Baumeister erhielt die nach Osten eingegrünte,
aber dennoch gewaltig aufragende Häuserzeile
die Bezeichnung Frankenberger-Häuser.
Auch in Richtung Harras bilden sie eine Platzwand. Laut amtlicher Beschilderung hat einer der
Anstiege 23 % Steigung.

Die weitere Bebauung des Hangabschnittes
zwischen der Plinganserstraße und der Kidlerstraße in mehreren Bauzeilen an der Hangkante
war umstritten.

Der Leiter des Stadterweiterungsbüros Theodor
Fischer monierte 1895: *In welch hässlicher Weise
durch derartige Anlagen die natürliche Schönheit
der Uferhänge zerstört wird, ersieht man leicht an
dem abschreckenden Beispiel der Kidlerstraße.* [24]

Treppenanlage
Harras / Kidlerplatz

Höhendifferenz:
537–528 m NN
9 m Höhe

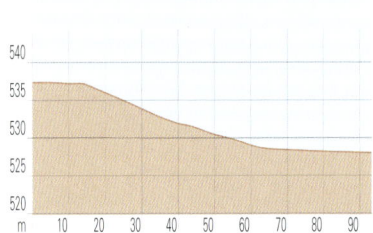

Bis zur Lindwurmstraße queren etliche öffentliche und private Fußwege den Hang. Teilweise wird die Hangkante in die Freiflächengestaltung der Anwesen integriert. Vom Kidlerplatz führt eine Treppenanlage für Fußgänger hoch zum Harras und zum Abstieg zur U6.

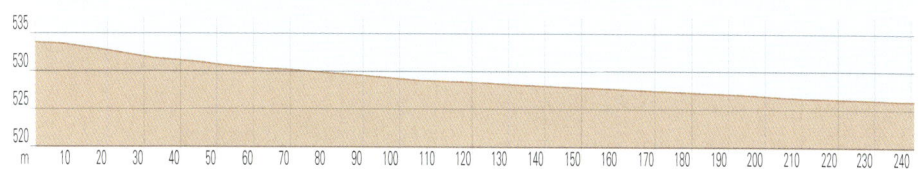

Ende Lindenschmitstraße

Höhendifferenz:
534–525 m NN
9 m Höhe
lange Rampe

Die Lindenschmitstraße nimmt den Anstieg direkt und steil zur Freude aller PKW-Fahranfänger, die hier bis zur Ampelanlage das Anfahren am Hang bestens trainieren können.

Treppenanlage Oberländerstraße

Höhendifferenz:
535–526 m NN
9 m Höhe

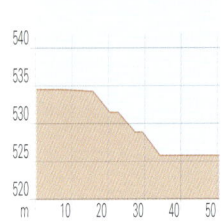

Die Oberländerstraße endet an einer breiten dreistufigen Treppenanlage für Fußgänger. Diese ist zwar in eine Baulücke eingezwängt, wirkt aber fast schon repräsentativ.

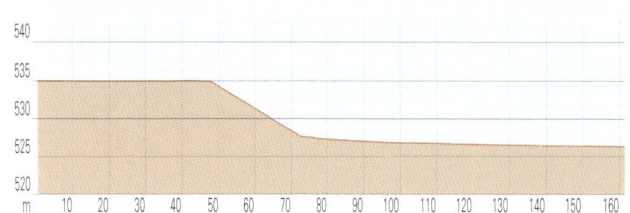

Höhendifferenz:
535–527 m NN
8 m Höhe
Kirche

Der schmale, nicht gleich zu erkennende Fußweg am Sendlinger Kirchplatz, hoch vor die alte Sendlinger Kirche, lädt ein zur kurzen Klettertour. Leider ist der nördliche Eingang zum Kirchhof immer verschlossen. Man muss um die hohe Friedhofsmauer herumwandern und kann von der Plinganserstraße her schließlich den Eingang in den Kirchhof finden.

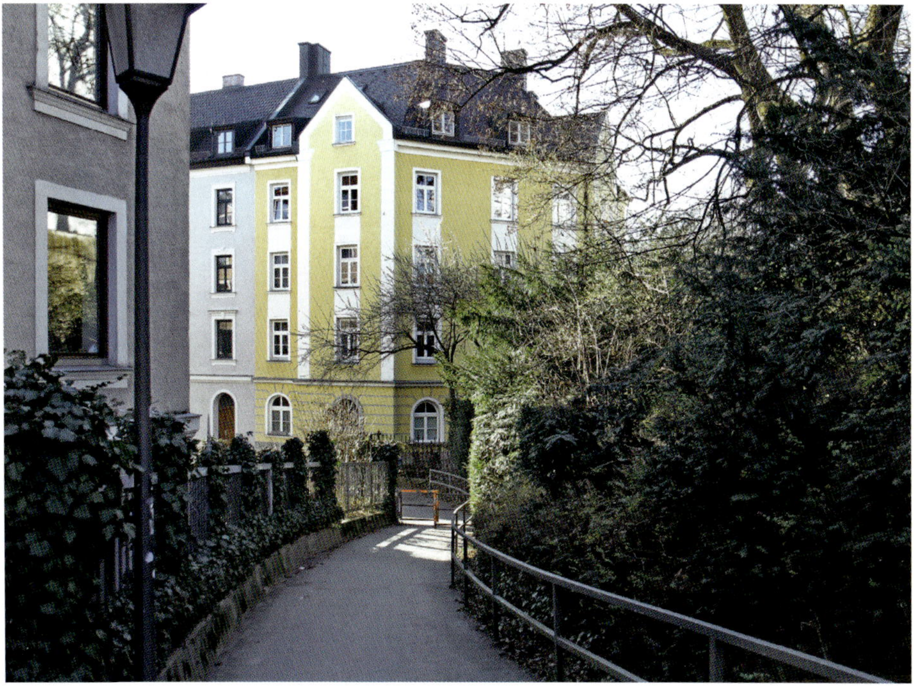

100 m

Sendlinger Berg / Ende Lindwurmstraße

Höhendifferenz:
532–522 m NN
10 m Höhe
lange Rampe

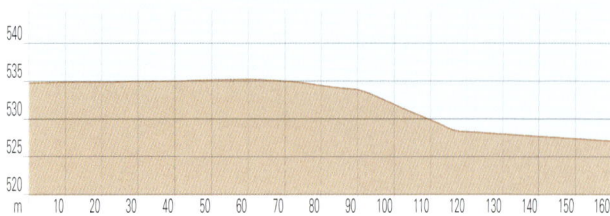

Der offizielle Name der Sendlinger Dorfkirche lautet Kirche Alt-St.-Margaret. St. Margaret ist eine bedeutende historische Landmarke am Rand des westlichen Hochufers der Isar, am Abstieg der einzigen ehemaligen Altstraße im Stadtgebiet Richtung Innenstadt.
Der Straßenzug musste mehrfach abgegraben werden, um für Fuhrwerke und dann auch für die Straßenbahn der Linie 8 benutzbar zu sein. Weiß Ferdl hat sie unsterblich gemacht, solange sie bestand und darüber hinaus:

Ein Wagen von der Linie 8 weiß-blau
fährt ratternd durch die Stadt.
So fährt der Wagen schnell dahin.
Die Menschen, die im Wagen drin,
die schaun gar grantig – niemand lacht.
Da drin – im Wagen der Linie 8. (…)
Nächste Haltestelle – Harras
Waldfriedhof umsteigen. (…) Ruppertstraß!
Zoologischer Garten umsteigen.

Sendling 1831, unbekannter Künstler

Durch die Anpassungen des Geländes wirkt die Friedhofmauer der Dorfkirche von unten wie eine Schanze oder Burgmauer mit der dahinter hoch aufragenden Kirche. In der weiteren Stadtlandschaft geht Alt-St.-Margaret als kleiner Kirchenbau jedoch eher unter.

Die Lindwurmstraße aber hochfahrend, erscheint sie dem Fußgänger und dem sich plagenden Radfahrer groß und mächtig.

Der Gegenhang zur Kirche und zugleich Fortsetzung der Hangkante ist der Grünzug entlang des Daumillerwegs und der Lipowskystraße. Hier steht das überlebensgroße bayerisch-patriotische Denkmal für den *Schmied von Kochel* und erinnert an das Jahr 1705.

Sendling, die Sendlinger Haide mit der Schwanthalerhöhe und der Theresienwiese sowie das Sendlinger Unterfeld waren Schauplätze der für Bayern grausam geendeten Sendlinger Mordweihnacht im Jahre 1705. Kurfürst Max Emanuel hatte bis zum frühen Tod seines Sohnes Hoffnung für sein Haus, die spanische Königskrone und die deutsche Kaiserkrone zu erringen. Im Spanischen Erbfolgekrieg 1702–1712 setzte er militärisch alles auf eine Karte, schlug sich auf die Seite Frankreichs und nahm auch den Verlust Bayerns in Kauf. Die Allianz Bayern–Frankreich wurde 1704 bei Höchstädt von den Gegnern militärisch geschlagen.

Der Aufstieg zum Sendlinger Berg, um 1900

Habsburgische Reichstruppen besetzten daraufhin Teile des von Kurfürstin Therese Kunigunde vorübergehend weiter regierten Landes Bayern und erzürnten die Volksseele durch Quartiersverpflichtungen, Verpflegungslasten, Kriegssteuern und die Zwangsrekrutierung wehrfähiger Bayern für Kämpfe der Österreicher in Ungarn und Italien. Im Oktober 1705 rotteten sich in der Oberpfalz, im Rottal, bei Ebersberg, im Isarwinkel und in der Gegend von Traunstein Bauernsöhne und Knechte zusammen, zum Teil unterstützt von ehemaligen Soldaten der Armee Max Emanuels. Sie bedrohten habsburgische Beamte und Rekrutierungskommandos und versuchten, schon gezwungene Rekruten gewaltsam zu befreien. Im Raum Landshut und Burghausen erwuchs

daraus eine regelrechte Aufstandsbewegung, mit der Devise:
Liaba bairisch steam als kaiserlich verdeam.

Georg Sebastian Plinganser, ein Gerichtsschreiber aus Reichenberg, rief im November 1705 alle nichtadeligen und unverheirateten kurbayerischen Untertanen zu den Waffen. Für einen patriotischen Sturm aus dem Unterland und Oberland auf München setzten sich u. a. der Tölzer Pflegskommissar Josef Ferdinand Dänkel [Dankl], der Münchner Weinwirt Johann Georg Küttler [Khidler, Kidler], der Eisenhändler und Stadtrat Johann Sebastian Senser, der Kanzleisekretär Urban Heckstaller, der Valleyer Pfleger Maximilian Alram, der Sohn des Aumeisters Joseph Max Daiser und der Tölzer Bürgermeister Johann Christoph Kyrein ein. Immerhin 3.000 Mann aus dem Oberland versammelten sich am 23. Dezember 1705 in Schäftlarn. Etwa 2.200 Mann erreichten gegen zehn Uhr nachts Thalkirchen. Ein gutes Drittel davon, Anführer, Reiter und Fußvolk, verschanzte sich in Untersendling. Der ehemalige Leibgarde-Leutnant Johann Georg Aberle rückte mit dem größten Teil der Schützen zum Angriff an das Rote Tor an der Isar vor München vor, abgesichert von Aufständischen unter dem Befehl des Oberleutnants Johann Clanze.

Von der Münchner Bürgerschaft kam keine Hilfe, kein Stadttor öffnete sich, österreichische Truppen zeigten sich stattdessen. Am Weihnachtstag gegen 7 Uhr morgens erschienen diese am Hochufer des Gasteigs und gingen gleich und schonungslos gegen die minderbewaffneten Oberländer vor. Etliche flohen nach Sendling zum restlichen Trupp Aufständischer. Auf der Sendlinger Haide nördlich der Kirche St. Margaret nahmen schließlich gegen zehn Uhr vormittags etwa 650 Reiter und 2000 Infanteristen der Österreicher Aufstellung. Im Glauben, Gnade zu erhalten, verließen 700–800 aufständische Bayern ohne Waffen den Schutz der Friedhofsmauer und der Häuser in Sendling. Sogleich begannen Reiter und Infanteristen ein Blutbad unter den Oberländern anzurichten und nachfolgend plündernd durch Sendling zu ziehen. Von Bauernschlacht oder Kampf kann keine Rede sein, es war eine *Mordweihnacht*.

Nach dem Morden auf zwei Schlachtfeldern sollen in München 1066 *Oberländer* beigesetzt worden sein, auf dem Friedhof von Alt-St. Margaret wohl 204 davon. Mehrere hundert Verwundete inhaftierte man im Jesuitenkolleg (Michaelskirche) zu München. Am 29. Januar 1706 fand die Enthauptung der Anführer und Hauptleute Sebastian Senser, Johann Georg Küttler, Johann Clanze und Johann Georg Aberle in München wegen Hochverrats statt. Die Verluste der Kaiserlichen betrugen 40 Tote und Verwundete.

Max Emanuel kehrte erst 1715 zurück nach München und regierte weiter. Das schauerliche Kriegsverbrechen aber grub sich tief in die Erinnerung Bayerns und Münchens ein.[25] Dabei entwickelte sich die Kirche Alt-St.-Margaret mit ihrem wie wehrhaft ummauerten Friedhof an der Sendlinger Hangkante zum besonderen Erinnerungsort.

Hinter ihren Mauern sollen sich etliche der Aufständischen verschanzt haben. Die Kirche wurde während der Kämpfe unter Artilleriebeschuss genommen, beschädigt, teilweise zerstört und 1711–1713 neu errichtet. An die Ereignisse erinnern zwei kleine Knochennischen in der Friedhofkapelle auf dem ehemaligen Friedhof. Man muss schon genau schauen, um hinter den Gitterstreifen die Wölbung von menschlichen Totenköpfen zu erkennen. Sie sind da und klagen an.

An die Ereignisse erinnert vor allem aber das Massengrab auf dem Friedhof von 1833 mit zwei Inschriftenstelen:

Auch unter diesem stillen Grabeshügel ruhen
800 Bauern vom bay'rischen Oberlande
gefallen, nach blutiger Gegenwehr,
an den Mauern dieses Kirchhofes,
im hochherzigen Kampfe
für Fürst und Vaterland, am Christtage 1705.

Ihr Braven!
Ruht schon lang in heil'gem Frieden
an diesem einsam-gottgeweihten Orth:
Ein Sternenkranz ward eu'rer Treu beschieden,
und eu're Thaten leben ewig fort.

Jenen edlen Maennern
widmet dieses Denkmal
nebst einem jaehrlichen Messopfer
und jaehrlicher Almosen-Vertheilung
Ph. v. Z. G. R. (v. Zwack) den 18. Maerz 1833.

Drei Jahre zuvor hatte der Maler Wilhelm Lindenschmit das Gemetzel in einem monumentalen Wandgemälde an der Nordseite der Kirche dargestellt und dabei die zeitgenössisch gewandelte Interpretation der Geschehnisse von 1705 verarbeitet: Er stellte die legendär gewordene Figur des *Schmied von Kochel* in den Mittelpunkt eines patriotischen Kampfes.

In der Widmung unter dem Gemälde steht:

1830 hat Wilhelm Lindenschmit d. Ä.
dieses Werk geschaffen und allen
biedern Bayern gewidmet.
ganz aus Eigenem –

Im Auftrag der Stadt beabsichtigte
W. v. Lindenschmit d. J. 1896 †
es neu zu gestalten
und Hermann Lindenschmit, dessen Sohn,
hat das Bild im Jahre 1896 ausgeführt.

Wer war dieser Held aus Kochel? Sein Denkmal steht – eigentlich unübersehbar, aber aus den Autos auf der vielbefahrenen Lindwurmstraße nicht wirklich wahrnehmbar – in der Grünanlage gegenüber der Kirche als überlebensgroße Heldenfigur mit Eisenhammer, Fahne und patriotischer Gesinnung.

Fest zu stehen schien: Zu den Opfern des Weihnachtstages 1705 gehörte auch ein Schmied namens Balthasar Riesenberger, wohl aus Bach in der Grafschaft Valley. Seine Person und sein mutmaßliches Schicksal waren Ausgangspunkt der späteren Sage um den *Schmidbalthes* oder *Schmied von Kochel*. Wilhelm Lindenschmit griff die schöne Sage schon in seiner Schrift zur *Geschichte der Sendlinger Schlacht* 1831 dermaßen auf: *Die Sage spricht von einem riesenhaften Mann, einem Schmid, Balthasar Maier vom Kochelsee, welcher schon an dem rothen Thurm im Vordertreffen mit einer eisernen Keule Wunder der Tapferkeit gethan: dieser soll der letzte auf dem Platz gewesen seyn.*

Im gleichen Jahr veröffentlichte der Philologe Hans Ferdinand Maßmann (wir kommen noch zum *Maßmannsbergl* in der Maxvorstadt) eine Schrift über die *Landesvertheidigung 1705* und setzte die Wandlung einer Sage zur Behauptung fort, der schließlich Bilder etwa von Franz Defregger, Denkmalsetzungen, Gedichte und Schauspiele folgten:

... jetzt hoaßt's Boarisch sterben!
Koa Gnad' is mehr feil.

Wilhelm Lindenschmit widmete sein auf eigene Kosten hergestelltes Fresko an der nördlichen Außenwand der Margaretenkirche *allen treuen Bayern*.[26] Das Standdenkmal für den treuesten Bayern von allen, den *Schmied von Kochel*, entstand *Zum Gedächtnis / der oberbayerischen / Landeserhebung und der / Sendlinger Bauernschlacht / 1705 // Bei der II. Hundertjahrfeier / der Sendlinger Bauernschlacht / gestiftet von der / Stadtgemeinde München / im Jahre 1906 / (durch) Carl Ebbinghaus und Carl Sattler.*
Die Inschriften nennen weitere Helden, an die seit 1905 auch zahlreiche Straßennamen auf dem Sendlinger Unterfeld unterhalb der Kirche erinnern:

Den heldenmütigen Vaterlandsverteidigern /
aus dem bayerischen Oberlande / und ihren
Bundesgenossen / den Zimmerleuten aus
der Au, / dann den Münchener Bürgern /
Joh. Jäger, Ratsherr. / Joh. Sebastian Senser,
Ratsherr / und Johann Georg Khidler. /
sowie den Churbayerischen Offizieren /
Johann Clanze und Johann Georg Aberle, /
welche ihre Treue zu Fürst, Vaterland und
Vaterstadt / durch den Tod besiegelten. /
Zum immerwährenden ehrenden Andenken.

Treppenanlage Daumillerweg / Lindwurmstraße

Höhendifferenz:
533–522 m NN
10 m Höhe

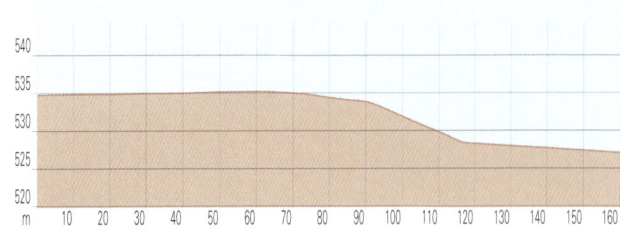

100 m

Nahe des Heldendenkmals führen Fußwege über die Hangkante zur Lindwurmstraße. Der schattige Daumillerweg in der Grünanlage um das Denkmal jedoch leitet bereits über auf die Sendlinger Haide zur Lipowskystraße, Bavariabrücke und Theresienwiese. Im Straßennamen wird Oscar Daumiller gewürdigt. Daumiller war ein Held der Neuzeit, evangelischer Pfarrer an der Himmelfahrtskirche (Kidlerstraße), Kreisdekan von München und 1945 Organisator der Hilfe der Bevölkerung für die ehemaligen Häftlinge des Konzentrationslagers Dachau.

Felix Joseph Lipowsky verfasste als Archivar, Landesgerichtsrat und Geschichtsschreiber Werke zur *Urgeschichte* Münchens, das *Bayerische Kunstlexikon* oder auch die *Geschichte der Jesuiten in Baiern*. Lipowsky hatte sich 1810 hohe Verdienste erworben. Anlässlich des Pferderennens 1810 zu Ehren des Hochzeitspaares Prinz Ludwig von Bayern und Therese auf der nachmaligen Theresienwiese, organisierte Lipowsky den Empfang der Stadt München. Er ließ dabei 16 Kinderpaare auftreten, neun davon die Kreise Bayerns symbolisierend, fünf als Bauern verkleidet und ein Paar in sogenannter Alt-Wittelsbacher Tracht. Die Kinder überreichten dem Hochzeitspaar Kränze, legten ihm die Früchte und Gewerbeprodukte des Landes zu Füßen und huldigten ihm.

Die Lipowskystraße war früher nur ein Fußweg durch eine karge Gegend, aber mit grandioser Aussicht, ein Stadtbalkon wie der Neuhofener Berg. Das zeigen Bilder, etwa eines Wilhelm von Kobell von 1818. Es lag früher ein merkwürdiger Zauber über diesem Stadtbalkon, so hoch über der Theresienwiese. Karl Spengler konnte noch schreiben: *Damals war die Lipowskystraße angeweht von einem Schimmer der Vergänglichkeit. Sie ist es heute noch. Wie manche Landschaften hat auch sie eine Jahreszeit, die ganz ihr gehört, denn sie ist weniger eine Straße als eine Gegend. Im Herbst muss man zu ihr gehen und unter ihren Ahornbäumen*

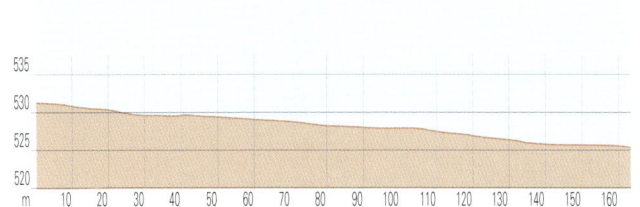

Hans-Fischer-Straße
Höhendifferenz:
531–524 m NN
7 m Höhe
lange Rampe

schlendern, wenn die gilbenden Blätter leise durch den Nebel segeln und auf das feuchte Pflaster klatschen. Eine bittersüße Melancholie schwebt auf und sinkt, verweht und streift uns mit sanftem Flügelschlag. In den Gärten des Gefilds welken letzte Rosen, und das dünne Wassersäulchen eines Springbrunnens versprüht lautlos auf bemoostem Feld.[27]

Die Sugg'sche Eisengießerei, die Krauß'sche Lokomotivfabrik und nachfolgend eine moderne Bebauung an, über und unter der Hangkante haben diese schaurig romantische Stimmung verändert. Baumalleen jedoch sind geblieben und einen sanften Flügelschlag mag man dort gewiss noch empfinden. Von dem Anwesen Lipowsky-straße 15 führt eine neuzeitliche Treppenanlage von oben nach unten. Unter dem angrenzenden Sportplatz geht es noch weiter nach unten. Seit den 1980er Jahren befindet sich dort ein Atomschutzbunker für wenigstens 1000 Personen.

Hinter dem Geländeeinschnitt der Eisenbahntrasse mit der 1964 neu erbauten Bavariabrücke erscheint die weite Ebene der Theresienwiese, die zum Oktoberfest wie das Fest selbst Wiesn heißt. Die Hans-Fischer-Straße trennt von dieser größten Freifläche Münchens im Süden einen stark durchgrünten Park ab, der von allen Kindergartenkindern der Umgebung Osterhasenwiese genannt wird. Fragen Sie einmal ein Kind, warum. Wie der Neuhofener Berg wurde dieses Areal an der Hangkante auch mit Trümmermaterial des zerbombten Münchens aufgeschüttet und später begrünt. Dabei entstand die verkehrstaugliche Rampe der Hans-Fischer-Straße von der Isarvorstadt hoch auf die Sendlinger Haide. In der Grünanlage befindet sich ein Burgfriedenstein einer Grenzziehung von 1460. Er bezeugt die dort verlaufende und bis 1846 gültige Grenze zwischen München und anliegenden Ortschaften: Zur Stadt ist die Seite mit dem Mönchswappen gerichtet, das bayerische Rautenwappen weist nach außen.

König-Ludwig-Hügel

Höhendifferenz:
530–527 m NN
3 m Höhe

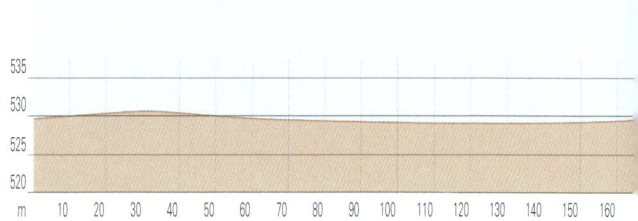

Im Bavariapark hinter der Bavaria mit Ruhmeshalle befindet sich der unbekannte kleine Aussichtspunkt *König Ludwig-Hügel*. Diese kleine Aufschüttung als Hügel zu bezeichnen ist gewagt, aber Tatsache. In historischen Darstellungen und Karten wird er selbstbewusst mit eigenem und stolzen Namen verzeichnet. Wenig bekannt ist der Ursprung der fast quadratischen Vertiefung inmitten des Park. In den 1930er Jahren planten Nationalsozialisten hier die Einrichtung einer Thingstätte und begannen mit dem Aushub der Stätte für ein Freilichttheater.

Es war ein großer Tag und es war ein großes Ereignis. München veranstaltete für das bayerische Königshaus am 17. Oktober 1810 ein *altbaierisches Volksfest* mit einem Pferderennen vor der Stadt am Fuße des Sendlinger Berges. Erst fünf Tage lag die Hochzeit des Kronprinzen Ludwig von Bayern und Therese von Sachsen-Hildburghausen zurück. Die Kavalleriedivision des Bürgermilitärs der Bürgergemeinde München unter Major Andreas Michael Dall'Armi, Münchner Kaufmann und Bankier, hatte auf der Freifläche *hinter dem neuen Spital bis an die Dorfschaft Sendling*, die zum Teil in seinem Familienbesitz stand, ein Oval ausgemessen.[28]

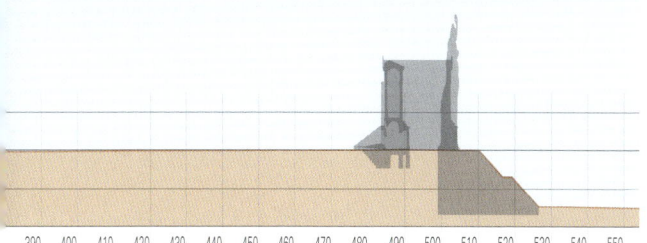

Schwanthalerhöhe
(Theresienhöhe)

Höhendifferenz:
530–522 m NN
8 m Höhe
Bavaria
Stadtbalkon

390 400 410 420 430 440 450 460 470 480 490 500 510 520 530 540 550

Am Start der Veranstaltung waren 30 Reiter aus ganz Bayern. Das Spektakel sollen an die 50.000 Zuschauer verfolgten haben, ebenfalls aus ganz Bayern, denn in München wohnten zu der Zeit gerade genauso viele Menschen. Dicht an dicht standen die Menschen an der Hangkante und im Hang der Sendlinger Haide, der wie ein gewaltiger, sich nach oben erhöhender Zuschauerraum genutzt werden konnte. Diese Nutzung der Wiese und der Hänge setzte sich in den folgenden Jahren als Tradition durch. Ludwig von Gaisberg beschrieb seine Eindrücke vom Oktoberfest anno 1835 so: *Selten dürfte ein Platz gefunden werden, welcher sich für große Volksfeste so sehr eignet als dieses natürliche Amphitheater, wo Hunderttausende sich aufstellen und was noch mehr ist, Alle sehen können.*[29]

Aus dem Ereignis und seiner Wiederholung entwickelten sich die Traditionen des Oktoberfestes, dessen alleinige organisatorische und finanzielle Verantwortung ab 1818 die Stadt München inne hatte. In dem Jahr wurden erste Karussells und Schaukeln aufgestellt, 1896 gab es erste große Bierzelte. Seit der Ergänzung des Volksfestes durch die *Oide Wiesn* werden auch wieder Pferderennen veranstaltet. Und die Schräge der Hangkante wird weiterhin dringend benötigt: Nach den Maßen ruht man sich hier gern einmal aus, in Massen.

Kronprinz Ludwig von Bayern zeigte Verbundenheit zum Ort der Huldigung. Auf der Sendlinger Haide, oberhalb der Theresienwiese, erwarb er 1823 einen Eichenhain, der seiner Frau zu Ehren als gepflanzter privater Park bis 1831 neu angelegt und Theresienhain benannt wurde. Nach der Aufstellung der Bavaria erhielt die Grünanlage den Namen Bavariapark.

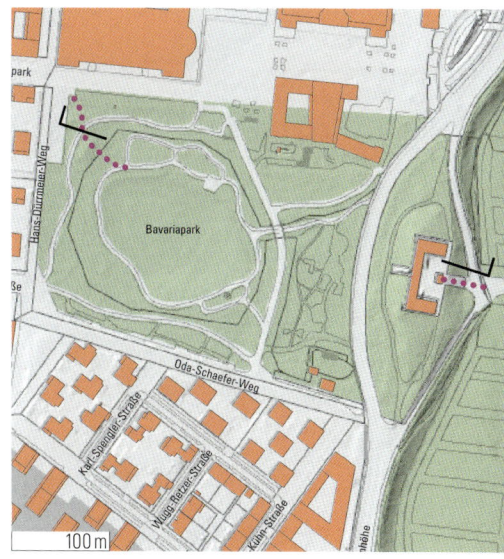

Baustelle Bavaria, um 1850

Höhenweg entlang der Hangkante
Wilhelm v. Kobell, 1789

Enthüllung der Bavaria 1850, Gustav Kraus

Nach der Einrichtung der Messe 1908 erfuhr der Park eine weitere Aufwertung als Ausstellungspark mit Brunnen, Großplastiken und etlichen Elementen der damals zeitgenössischen Parkarchitektur. Er birgt einen besonderen Baumbestand mit Spitzahorn, Rosskastanien, Eichen, Eschen und Buchen, kleinen und schattigen Spazierwegen unter Bäumen, eine weitläufige Parkwiese und den Aussichtspunkt *König-Ludwig-Hügel*. Der Altbaumbestand ist einer der wenigen bekannten Winterschlafplätze der Saatkrähe in der Münchner Innenstadt.

Seit 1999 ist der Bavariapark für die Öffentlichkeit wieder frei zugänglich. Der Spaziergänger trifft hier im Mischwald, zwischen den Hallen der alten Messe mit dem Verkehrsmuseum und der Bavaria, häufig unvermutet auf Statuen mit Hirsch, wilden Bronzepferden, ruhendem Faun, liegender Quellnymphe, weibliche Henne mit Brunnenbecken und monumentale Symbole für Reichtum (Jüngling auf Seekuh), Schönheit (Jungfrau auf Einhorn), Phantasie (Reiterin auf steigendem Pferd) oder Kraft (Herkules auf Stier) aus der Zeit um 1908. Der Bavariapark steht in unmittelbarer Verbindung zu dem wundervollen Minipark um die Bavaria mit Ruhmeshalle.

Diese Grünanlage mit hohem Baumbestand bildet die würdige Einrahmung des Nationaldenkmals Bavaria. Dem Bildhauer Ludwig von Schwanthaler zu Ehren setzte sich die Ortsbezeichnung Schwanthalerhöhe bald schon nach Errichtung der Bavaria 1850 gegen die Ortsbezeichnungen Sendlinger Höhe bzw. Theresienhöhe durch. Nach 1873 wurde die (untere) Schwanthalerstraße dann mit der Bezeichnung Schwanthalerhöhe über den Hang hochgeführt. Weniger pathetisch und schon weggerückt von der Sichtfront der Hangkante, bezeichnet man die Gegend westlich der Schwanthalerhöhe eigentlich wohlmeinend als Westend [30] und meint das anschließende um 1900 geplante Arbeiterwohngebiet.

Pferderennen beim Oktoberfest
Der Naturhang als Zuschauertribüne

Ruhmeshalle und Bavaria, im Hintergrund
die Schießstätte, Arnold Meermann, um 1855

Die Bavaria rückt sehr schnell in das Blickfeld der Besucher der Theresienwiese. Das sind Parkplatzsuchende, Freizeitsportler, Hundebesitzer, Tollwood- und Wiesn-Besucher. Mit Sockel erreicht die Monumentalstatue bis zum empor gestreckten Kranz mehr als 27 m Höhe. Zudem steht die Bavaria auf einem kleinen Hügel, auf Zehenspitzen sozusagen, und weiß um ihre Wirkung. Ihre Umgebung konnte weitgehend frei von höherer Bebauung gehalten werden.

Im Zusammenspiel mit der vorliegenden großen Freifläche der Theresienwiese und dem Ausrichten aller (!) dort umliegenden Straßen auf die Bavaria ergibt sich eine umfassende Fernwirkung der Statue, die nur im Morgenlicht so richtig aufleuchten kann. Gegen Mittag wandert der Schatten um die Statue und fällt auf die Theresienwiese als langes schwarzes Abbild. Das Abendlicht trifft nur mehr die Rückenpartie der Bavaria. Über eine breite Rampentreppe wird eine Verbindung von der Theresienwiese über die Hangkante hinweg zur Bavaria hergestellt. Bayerisch und national gestimmt kann man zum Monument emporsteigen. Der Bildhauer Ludwig von Schwanthaler hatte die allegorische Personifizierung des Landes Bayern entworfen. Ferdinand von Miller goss 1844 zunächst den Kopf der Statue aus Bronze. Sechs Jahre später konnten endlich alle Teile des 1560 Zentner schweren Denkmals zusammengefügt

werden. Allein der Transport aller Gussteile zum Bauplatz dauerte drei lange Wochen. Zwischenzeitlich war der Bau der Ruhmeshalle nach Plänen Leo von Klenzes begonnen worden, den *hervorragenden Häuptern des Bayernvolkes ein Nationaldenkmal*. Der U-förmige Bau der Ruhmeshalle wirkt mit dem hohen Sockel, innen aufgestellten Ehrenbüsten und nicht weniger als 48 dorischen Säulen *griechisch*, kopiert er doch den Tempel von Ägina. Philhellene Ludwig von Schwanthaler entwarf auch die Figuren der 92 Viktorien auf dem Gesims (z. B. für die Baukunst, Schule, Geschichte oder den Handel) und die Giebelfiguren mit der symbolischen Darstellung von Altbayern (Eiche, Gemse, Getreide), der Rheinpfalz (Weintrauben, Schiff), Schwaben und Franken (Wein, Bergbau, Schifffahrt).

Nähert man sich der Bavaria am nebelig hellen Morgen oder in der geröteten Abendstimmung, genießt man die Schwanthalerhöhe bisweilen wie ein Bild aus dem antiken Griechenland, das von Carl Rottmann (Griechenlandzyklus), Leo von Klenze, Arnold Meermann oder Adolf Lier stammen könnte. Isar-Athen auf der Schwanthalerhöhe. Per Ministerialentscheidung wurde die Umgebung der Bavaria früh schon gegen jedwede Bebauung in der Nachbarschaft geschützt.

Dennoch entstand 1852 nahe der Bavaria der Bau einer Schießstätte im neoromanischen Stil, mit Schützensaal und Gasthaus. Es war der Ersatzbau für die dem Münchner Hauptbahnhof weichende Schießstätte. An das mittlerweile abgegangene Gebäude erinnert der Straßenname Schießstättstraße. Ab 1908 nahm die (nunmehr alte) Messe bauliche Gestalt an. In den frühen 1970er Jahren entstand auf dem nördlich angrenzenden Hackerberg die heute noch stehende Hochhaussiedlung *Klein-Manhattan* oder wie es Christoph Hackelsberger formuliert: die *Ostalpen der Schwanthalerhöhe, das Betongebirge.*

Lassen wir uns davon nicht ablenken, auch nicht von aktuellen Plänen, die dortige Hangkante als Tiefgaragenzufahrt zu durchstoßen und durch die Grünanlagen um die Theresienwiese ziehen: Eine vierreihige Allee aus mehreren hundert Winter-Linden umgibt die Freifläche. Sie stammen aus der Entstehungszeit der östlich anschließenden Villenbebauung.

Etliche der Linden sind somit fast 100 Jahre alt. Durch den romantischen Park um die Bavaria und Ruhmeshalle sowie die anschließende Hangkante führen verschiedene Fußwege. Für jeden ist etwas dabei. Fußgänger, Jogger, Radfahrer, Skateboarder finden alle die ihnen gemäße Steigung und Herausforderung.

Hackerberg
(Galgenberg)

Höhendifferenz:
529–519 m NN
10 m Höhe
Brücke

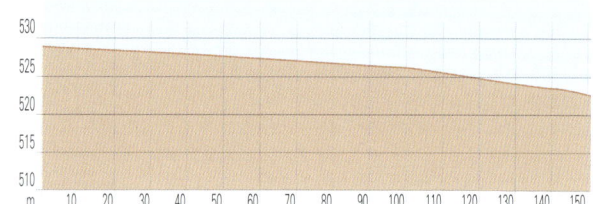

Der Hackerberg ist die Fortführung der an der Theresienwiese so markanten Hangkante bis zur Hackerbrücke. Der Hackerberg gilt als einer der traditionsreichsten Standorte von Bierkellern in München. Nach der Auflassung des dortigen Galgenberges um 1808 kauften u. a. die Brauer Pschorr und Ziegler das Gelände. Ab 1812 etablierten sich dort der Bavariakeller, der Spatenkeller, der Pollingerkeller, der Hackerkeller und 1823 die Pschorrbrauerei. Diese besaß einen gewaltigen Bierkeller, 12 m unter der Erdoberfläche, mit einem Fassungsvolumen für *60.000 Eimer Bier*. Die besondere Nutzung der Hangkante setzte sich über die Bahngleise hinweg fort bis zum Stiglmaierplatz mit den Arealen des Pschorrkellers, des Augustinerkellers und des Löwenbräukellers. Manche Biergärten bestehen noch, manche Kastanie erinnert noch an die einst ausgeprägte Bierkellerkultur im Westend.

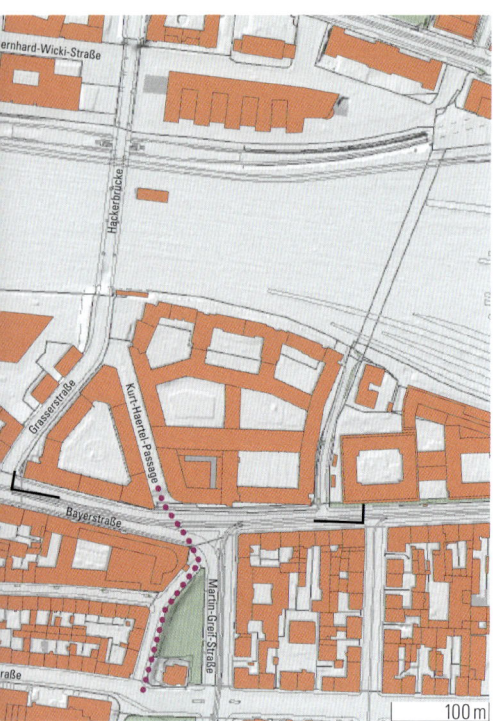

Zur Erkundung des Areals müssen wir etwas näher herantreten. Am Ende der Schwanthalerstraße steht ein neugotisch wirkendes Backsteinhaus einsam, exklusiv und *malerisch* auf der Hangkante. Das sogenannte Hauberrisser-Haus war einstmals das vornehmste Privathaus im Westend und Treffpunkt der Münchner Gesellschaft. Der Architekt Georg von Hauberrisser hatte es 1879 für sich selbst erbaut. Sein Hauptwerk in München ist das Neue Rathaus am Marienplatz. Die Hangkante ist um den Ziegelbau klar zu erkennen. Etwas weiter im Norden des Hauses nimmt der hochaufragende Unterbau der Fußgängerbrücke die Hangkante an der Bayerstraße auf. Deutlich sieht man den Geländeanstieg quer über die breite Straße verlaufen, den jede Straßenbahn, jedes Auto, jeder Radfahrer überwinden muss.

Hochgericht am Galgenberg um 1770

Seitlich an der Treppenanlage zur Fußgängerbrücke über die Bayerstraße liest man von einem verheerenden Flugzeugunglück an der Stelle. Es war am 17. Dezember 1960: Damals waren Steig- und Landeflüge über das Stadtzentrum gang und gebe. Eine eben in Riem gestartete Convair 240 hatte einen Motorschaden.

Bavariakeller, um 1900, und Bavaria-Bräu 2015

Der Pilot will in einer großen Schleife über die Theresienwiese zurück in Richtung Flugplatz Riem fliegen. Da streift die Maschine den 97 m hohen Turm der Paulskirche. Die rechte Tragfläche bricht ab. Das havarierende Flugzeug stürzt nach rechts auf die Schwanthalerstraße und trifft eine Straßenbahn. Eine Stichflamme aus 4000 Litern Flugbenzin verwandelt die Schwanthalerstraße in eine Feuerhölle. Es gibt 45 Tote am Unglücksort, weitere sieben Verletzte sterben im Krankenhaus. Die Stadt München stiftet regelmäßig Kränze an der Inschriftentafel.

Hauberrisser-Haus an der Schwanthalerstraße

Eröffnung der München-Augsburger Eisenbahn 1839

Schräg gegenüber der Kreuzung befindet sich am Eingang zum Anwesen Bayerstraße 34 ein weiteres unscheinbares Erinnerungsmal ohne Inschrift. Es nimmt Bezug zum ersten Münchner Bahnhof, der von 1839–1847 nahe der Hackerbrücke stand:

Am Galgenberg beim Marsfeld draus
Steht a großes Bretterhaus
I hab die Hütt'n a net kennt,
Die Leut', die haben's Bahnhof g'nennt.[31]

Der Bahnhof und sein Nachfolger am heutigen Bahnhofsplatz hatten mehrere Anlagenteile. Nahe des Erinnerungsmals, und das ist seine Botschaft, befanden sich der Milchladehof und die Eilguthalle des Bahnhofs. An diesen in Vergessenheit geratenen Orten wurden zur Zeit der nationalsozialistischen Gewaltherrschaft 43 Massendeportationen jüdischer Münchnerinnen und Münchner abgewickelt. Die (Vieh-) Waggons mit mehr als 3000 Menschen rollten von der Hackerbrücke los in Richtung Dachau, Theresienstadt oder Auschwitz.

Über die Bayerstraße hinweg verbindet seit 2005 eine moderne hochgespannte Fußgängerbrücke die einheitlich gestalteten Gebäude des Europäischen Patentamtes auf dem Hackerberg und betont durch Überhöhung nochmals den Verlauf der Hangkante. Stadtauswärts erkennt man den lang gestreckten Bau der Augustinerbrauerei, stadteinwärts wird der Blick auf die Münchner Altstadt gelenkt. Sehr stimmig hat die *Kunst am Bau* entlang der Kurt-Haertel-Passage die Themen Landschaft und Hangkante aufgegriffen.

Die daliegende Skulptur gleicht einem aus Stonehenge/England bekannten vorgeschichtlichen Steintor. Diese Fährte ist schon hilfreich. Vom Steintor führt eine lange Steinmauer zu einer Wasserfläche mit runden Inseln. Der Münchner Bildhauer Hannsjörg Voth hat nichts Geringeres als ein Münchner Stonehenge schaffen wollen, ein funktionierendes *Sonnentor*. Das Kernstück der Skulptur ist ein 76 m langer Grat aus weißem Granit, der kurz hinter dem Sonnentor aus gleichem Material ansetzt. Zur Mittagszeit fällt das Licht von Süden durch den Schlitz des Tors genau auf eine *Meridianlinie* aus schwarzen, in den Boden eingelassenen Granitplatten, die auf 40 m Länge durch das Tor und quer zum Grat verläuft.

Den nördlichen Abschluss der Skulptur bildet ein wassergefülltes *Mondbecken*, in dem die Mondphasen dargestellt sind. Ein Schlitz im Granitgrat zwischen Sonnentor und Mondbecken nimmt einen Wasserlauf auf und speist das Wasserbecken. Die Münchner Baukommission lobte bei der Installation die gute Einbindung der Skulptur in die bauliche Situation am Europäischen Patentamt als Symbol der Verbindung von Tradition und Fortschritt. Sie verdeutlicht darüber hinaus die landschaftliche Situation an der Hangkante.[32] Gut gemacht.

Augustinerkeller / Hopfenstraße

Höhendifferenz:
523–517 m NN
6 m Höhe
Biergarten

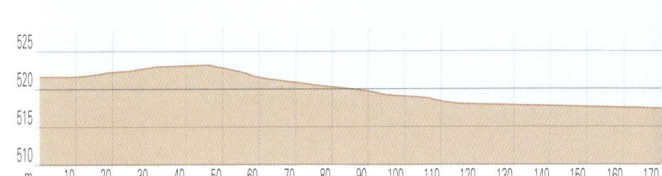

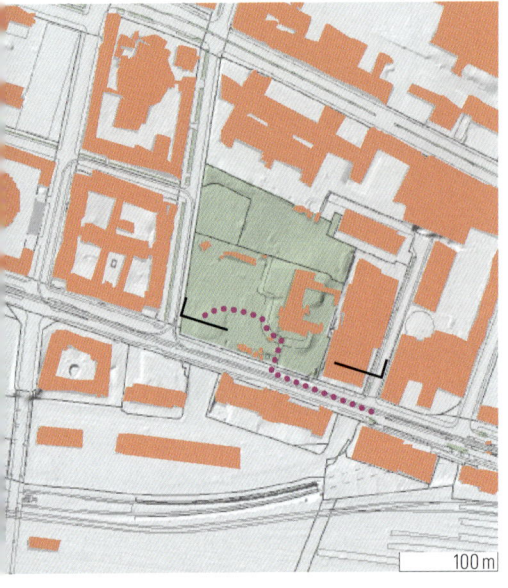

100 m

Von der Hackerbrücke aus kann man deutlich die Eingrabung in die Hangkante erkennen, die für die Abfahrt der früher leistungsschwachen Eisenbahnen vom Hauptbahnhof hoch zur und über die Hangkante notwendig war (siehe Abbildung Seite 88). Sie wurde um 2 bis 3 m abgetragen und das gewonnene Material im Areal des dadurch erhöht liegenden Münchner Hauptbahnhofs aufgeschüttet. Nördlich der Hackerbrücke verliert sich der Verlauf der Hochterrassenkante fast in der Stadtlandschaft.

Jeder Blick Richtung Innenstadt entlang der Arnulfstraße (Höhe Augustiner-Keller, Zirkus-Krone-Straße), Marsstraße (Höhe Spaten Brauerei, Denisstraße), Karlstraße (Höhe Franziskaner Brauerei, Sandstraße) und der Nymphenburger Straße (Höhe Löwenbräuareal, Dachauer-Straße) macht jedoch den Geländeabfall zur Altstadtterrasse und eine Linie quer zur Fahrbahn, die Hangkante, sichtbar.

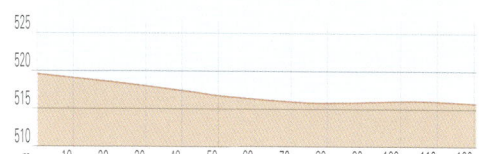

Entlang der Arnulfstraße und der Marsstraße endet der Blick dabei an den Türmen der Frauenkirche. Am stimmigsten kann man die Situation auf dem Augustiner-Keller erleben. Das Gelände war 1812 schon eine Bierlagerstätte der Büchl-Brauerei. In den 1860er Jahren erwarb es die Augustiner-Brauerei und setzte Kastanie um Kastanie. Mehr als 100 dieser schattenspendenden Bäume soll es heute im Biergarten zwischen den 5000 Sitzplätzen geben.

Interessanterweise befindet sich im Anwesen Marsstraße 46, heute mitten in der Stadt, eine 2,3 m hohe Burgfriedenssäule wohl aus dem Jahre 1652. Ihr ursprünglicher Standort war 45 m südwestlich im Gelände der Spatenbrauerei. Wie ihr Pendant in der Grünanlage der südlichen Theresienwiese dokumentiert die Steinsäule die ehemalige Grenze der Stadt München, wie ihr Pendant auch verdeutlicht sie: Der Verlauf der Stadtgrenze orientierte sich im Westen am Verlauf der Hangkante.

Maßmannsbergl

Höhendifferenz:
518–513 m NN
5 m Höhe
Gedenkstein

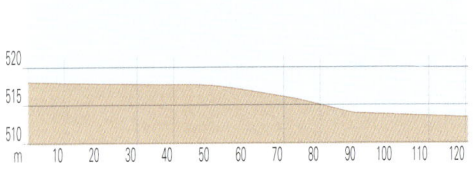

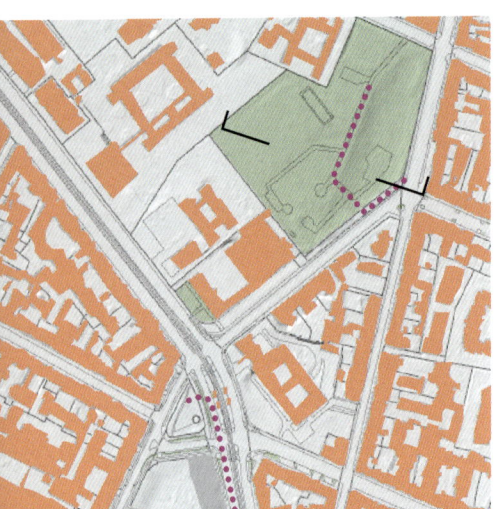

100 m

Nur noch wenige Male ist die Hangkante in diesem Teil Münchens klar zu erkennen. Der Fußgänger begegnet ihr in der dreieckigen Grünanlage zwischen der Sandstraße und der Josef-Ruederer-Straße, gegenüber dem auf der Hangkante befindlichen Gesundheitshaus. Mittelpunkt der kleinen Grünanlage ist der vom Marienplatz hierher verlegte Fischmarktbrunnen von 1831.

Autofahrer und Fahrgäste der Straßenbahn wundern sich gelegentlich über den kleinen Geländeanstieg im Kreuzungsbereich der Dachauer Straße mit der Gabelsbergerstraße: Hangkante. Eltern mit Kindern freuen sich über die öffentliche Parkanlage Maßmannsbergl und im Winter insbesondere über die dortige Möglichkeit zum Rodeln, am Rande des Parks zur Schleißheimer Straße hin, über die Hangkante. Weiter nördlich überdeckt die dichte Bebauung die Geländestufe.

Das Maßmannsbergl, eines der unscheinbarsten Bergl in München, ist eine beliebte Parkanlage. Hier stand bis 1945 eine von Hans Ferdinand Maßmann initiierte Turnanstalt. Da nach dem Zweiten Weltkrieg kein Wiederaufbau erfolgte, blieb die Freifläche erhalten. Maßmann war Inhaber eines Lehrstuhls für Germanistik, Dichter und Aktivist der Turnbewegung. Zu seinen Schriften zählen die Werke *Altes und Neues vom Turnen* von 1849 und *Der Heldentod der bayerischen Landesverteidiger bei Sendlingen, 1 Stunde von München, in der Christnacht des Jahres 1705* von 1831. Legendenbildung und Körperertüchtigung.

Maßmann war Turnlehrer am Münchner Cadettencorps (Marsplatz) und leitete sodann die allgemeine öffentliche Turnanstalt auf eben diesem Bergl. Dort wurde ihm in seinem Todesjahr 1876 ein Denkstein errichtet und derselbe 1928 *Zur Erinnerung an das hundertjährige Bestehen des Turnplatzes* erneuert: frisch, fromm, fröhlich, frei.

Maßmannsbergl am Oberwiesenfeld, Caspar Klotz, 1836

GIPFEL AUF SCHUTT UND MÜLL

**Olympiaberg /
Martin-Luther-King-
Weg**

Höhendifferenz:
565–510 m NN
55 m Höhe
Schuttberg
Stadtbalkon

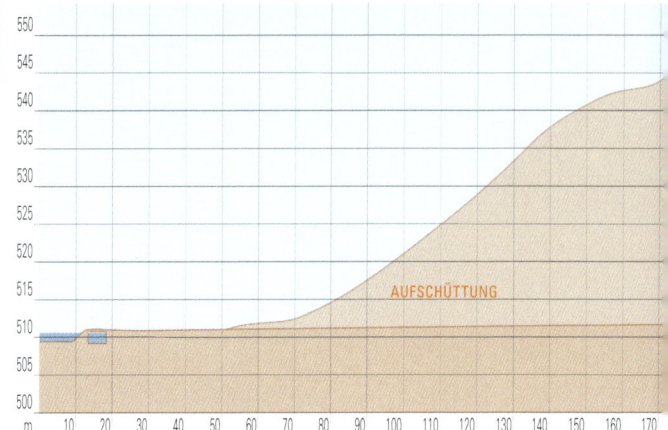

AUFSCHÜTTUNG

100 m

Der Olympiaberg in München ist der Münchner Stadtberg schlechthin und viel mehr noch: Er ist München. Aufgetürmt aus dem Trümmerschutt der im Zweiten Weltkrieg zerbombten Stadt erhebt sich das zerstörte und hier wie ein Berg abgelagerte alte München mahnend und erinnernd.

Der Große Schuttberg entstand 1947 bis 1958 zunächst als Trümmerberg. Im Bild links unten der Schuttberg 1955 im Entstehen mit einem Blick auf das Gaswerk in Moosach und die Flugzeughalle auf dem Oberwiesenfeld.

Am Oberwiesenfeld, Siegfried Kühnel, 1955
In Bildmitte der Gasometer des Gaswerks Moosach

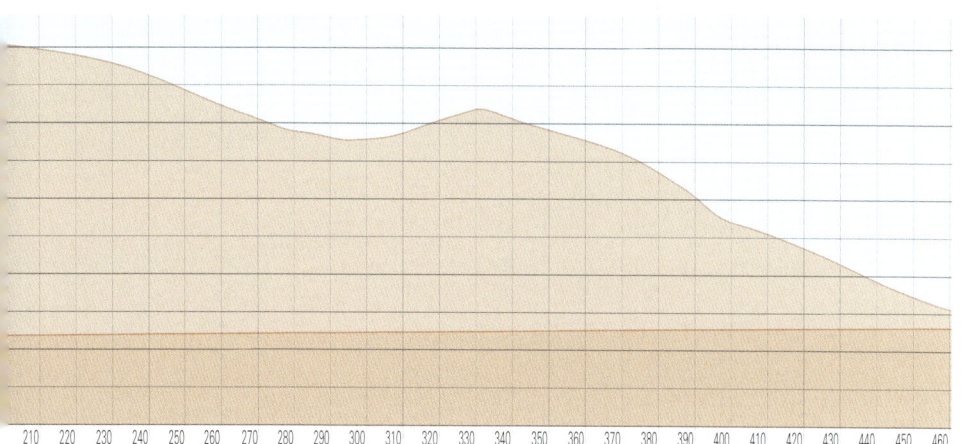

210 220 230 240 250 260 270 280 290 300 310 320 330 340 350 360 370 380 390 400 410 420 430 440 450 460

Durch den Abraum der Olympialinie U3 hat er seine heutige Höhe erhalten. Auf ihm befindet sich nahe eines hölzernen Gedenkkreuzes das Mahnmal Schuttblume von 1972 als Gedenkstätte für die zivilen Luftkriegsopfer des Zweiten Weltkrieges, gestiftet vom Deutschen Gewerkschaftsbund und der Landeshauptstadt München.
Inschrift:

> … Auf einem der Hügel,
>   die aus den Trümmern Münchens
> … aufgeschüttet wurden.

Schwabinger Schuttberg
(Luitpoldhügel)
Höhendifferenz:
545–511 m NN
34 m Höhe
Schuttberg, Gipfelkreuz

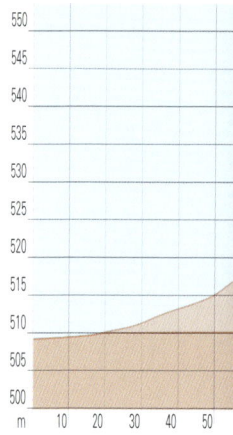

Der Kleine Schuttberg im Luitpoldpark hat ein Gipfelkreuz von 1958 mit der Inschrift:

*Betet und gedenket
all der unter den
Bergen von Trümmern
Verstorbenen!*

In den Schuttbergen liegen gleichwohl keine Verstorbenen.

Aussicht vom Schwabinger Schuttberg
Friedrich L. Heubner, 1961

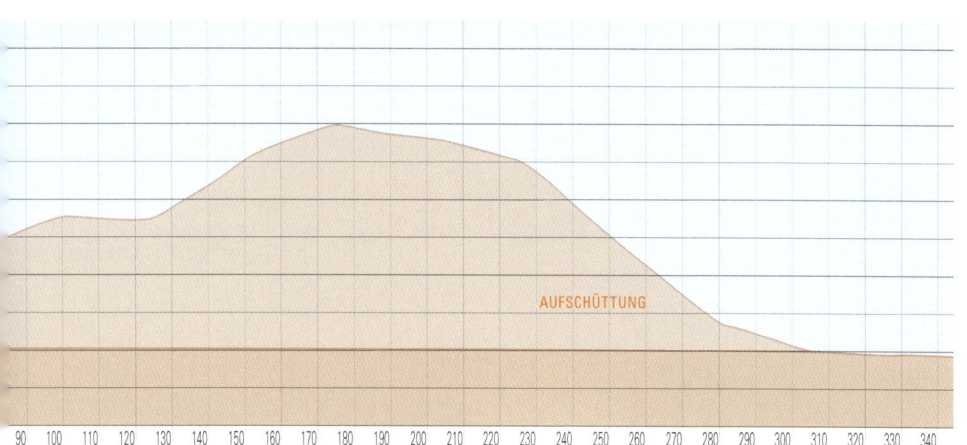

AUFSCHÜTTUNG

90 100 110 120 130 140 150 160 170 180 190 200 210 220 230 240 250 260 270 280 290 300 310 320 330 340

W.28 Fröttmaninger Berg

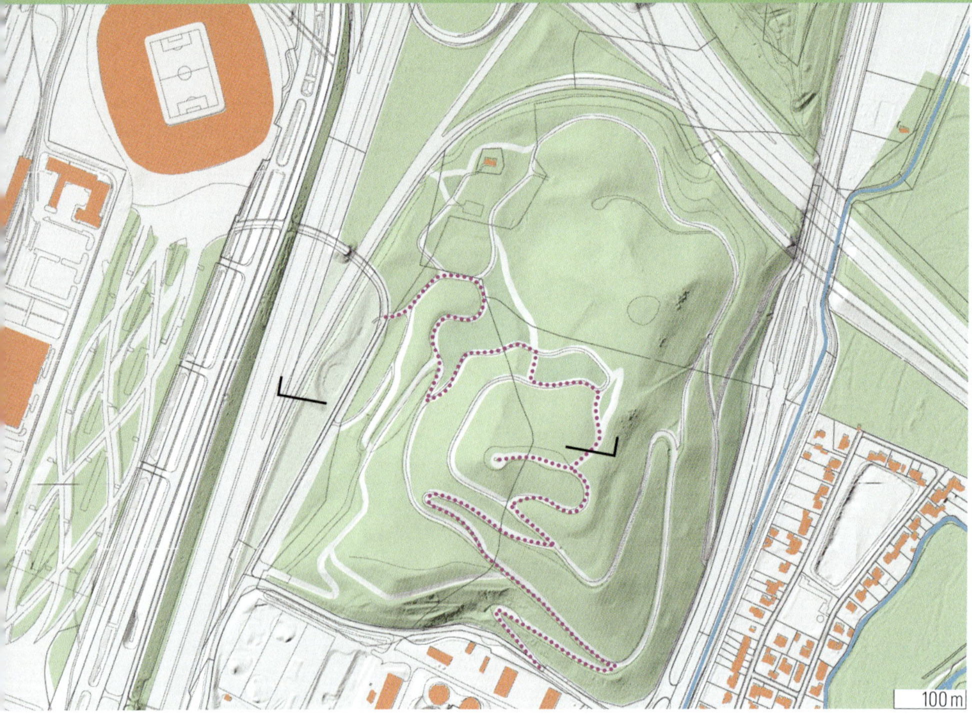

Fröttmaninger Berg / Karl-Landauer-Weg

Höhendifferenz:
562–492 m NN
70 m Höhe
Windkraftanlage

Die ehemalige Mülldeponie mit 12 Millionen Kubikmeter Müll entstand 1954 bis 1973. Begrünt ist sie nun ein Naherholungsgebiet und fast schon der Mont Ventoux der Münchner Hobbyradler.

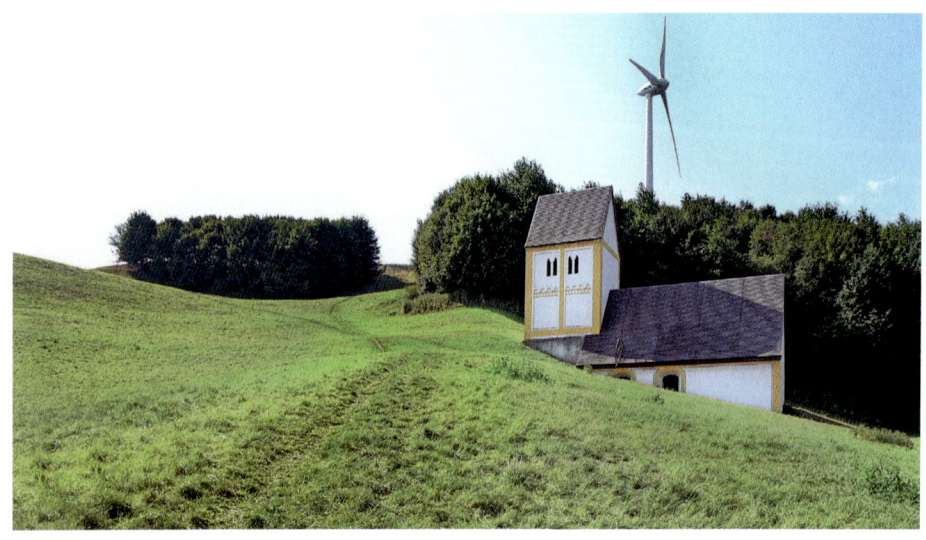

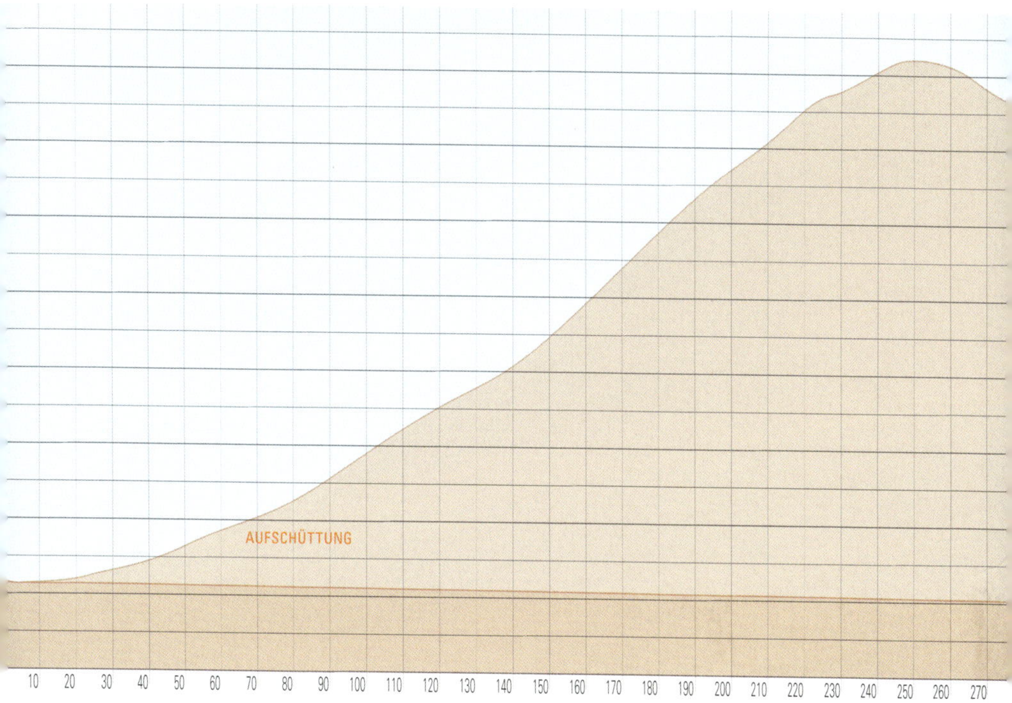

AUFSCHÜTTUNG

10 20 30 40 50 60 70 80 90 100 110 120 130 140 150 160 170 180 190 200 210 220 230 240 250 260 270

Warnberg (Baldehöhe)

Höhendifferenz:
579–572 m NN
7 m Höhe
Lehmberg
höchster natürlicher Punkt
der Stadt

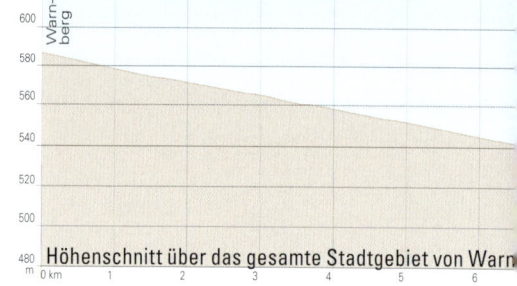

Höhenschnitt über das gesamte Stadtgebiet von Warn

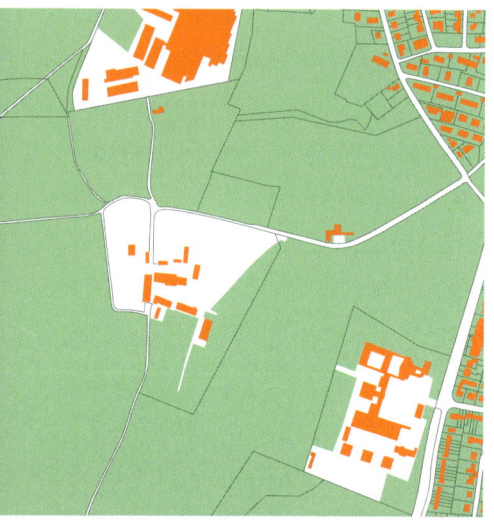

Der Fröttmaninger Berg ist die höchste vom Menschen aufgeschüttete Erhebung im Münchner Stadtgebiet bis zur absoluten Höhe von 562 m NN. Gelegentlich wird der Perlacher Mugl, ein mit Autobahnaushubmaterial überdeckter Bunker im Perlacher Forst als höchster natürlicher Punkt der Stadt bezeichnet (Bild auf der rechten Seite). Die absolute Höhe von 587 m NN ist respektabel, doch liegt der Perlacher Mugl schon jenseits der Stadtgrenze in gemeindefreiem Gebiet.
Die am höchsten liegende natürliche Geländeerhebung in München ist der Warnberg in Solln, knapp diesseits der südlichen Stadtgrenze. Wie bei den meisten natürlichen Erhebungen auf der Münchner Schotterebene hat auch hier eine Lößlehmschicht den Terrassenschotter nacheiszeitlich überdeckt und in Längsformation zum Bergl erhöht.

1

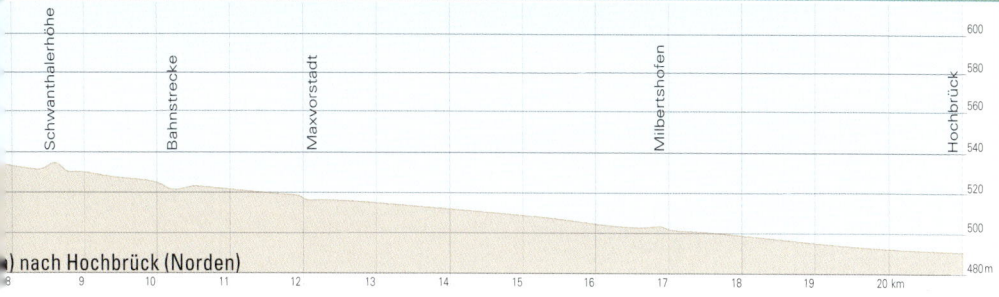

Schwanthalerhöhe
Bahnstrecke
Maxvorstadt
Milbertshofen
Hochbrück

) nach Hochbrück (Norden)

600
580
560
540
520
500
480 m

8 | 9 | 10 | 11 | 12 | 13 | 14 | 15 | 16 | 17 | 18 | 19 | 20 km

Nahe der Münchner Lehmberge wurden in der Regel Ziegeleien errichtet und die Lehmschicht nach und nach bis zum Schotter abgebaut.

Auf dem Warnberg stand um 1200 eine Burg zur Absicherung der Isarstraßen. Der erhaltene Burgstall trägt nach dem Dichter Jacob Balde die Bezeichnung Balde-Höhe.

Etwas nördlich der Höhe entstand der Bau des heute mächtig aufragenden Gutshofs Warnberg. Im Jahre 1862 begann eine am Nordhang der Anhöhe eingerichtete Ziegelei den Lehm auf dem Warnberg abzubauen. Nur die Bergkuppen unter den dort befindlichen Gebäuden blieben ausgespart.

Im nicht öffentlich zugänglichen Anwesen vermietet heute eine Schwesterngemeinschaft Räume und Parzellen an eine private Realschule, einen Pferdepensionsbetreiber und einen Tierarzt. Jedoch führt ein schmaler Feldweg um die Anlage herum. Von der Südseite her gesehen ist im Park eine kleine Anhöhe mit altem Baumbestand auszumachen, der Burgstall mit der Balde-Höhe, nicht spektakulär aber der am natürlich höchsten liegende Punkt in der Stadt München. Es konnte keine Höhenmessung im Burgstall vorgenommen werden. Dem Augenschein nach wird eine tatsächliche Höhe von etwas über 580 m NN vermutet. Die Höhe 579 m NN wurde am nördlichen Rand des Gutshofs sicher gemessen.

Das 69 ha große Areal des Westparks war bis 1976 Kiesgrube, baumloses Ödland, Brachfläche, stillgelegte Radrennbahn und Parkplatzzone für das alte Messegelände. Anlässlich der Internationalen Gartenbauausstellung (IGA) 1983 entstand ein großzügiges Parkgelände, eingerahmt von der Lindauer Autobahn im Norden, der Bahnstrecke München–Rosenheim im Osten und in der Mitte durchtrennt vom Straßenzug Mittlerer Ring. Zum Schutz vor Lärm und Abgasen erfolgten umfangreiche Aushubarbeiten im Inneren und wallartige Aufschüttungen entlang den Rändern des Parks. Die alten Eichen in der Mitte des Westparks, knapp östlich der Brücke über den Mittleren Ring, zeigen das ursprüngliche Niveau des gesamten Areals auf einer Höhe von 536 m NN.

Das Ergebnis der umfangreichen Geländemodellierung ist eine Parklandschaft wie eine voralpine Moränenlandschaft: grüne Wiesen, Wasserläufe und gewundene Teiche im tiefsten Bereich, terrassierte Stufen und längliche Zwischentäler über die Hänge der Aufschüttungen im Mittelbereich. Bewaldete Höhenzüge umgeben als *Randgebirge* mit Aussichtspunkten in den Park, auf die Orientierungszeichen der Stadt sowie bei Föhn bis zu den Alpen. Im Park dominieren große kegelförmige Aufschüttungen wie die Rosenhügel am Westrand oder der Rodelhügel am Südostrand das nie ebene Gelände. Für den Münchner Bergwanderer gibt es mehrere Einzelziele, eine Hügelkette und einen langen, kompletten Höhenrundwanderweg.

Nach der Internationalen Gartenbauausstellung entfaltete der Westpark seine eigentliche Bestimmung, als Park zur physischen und psychischen Rekreation, als Echo der Münchner Olympia-Landschaft, als meist-besuchter städtischer Park in München.

HÖHENWEG WESTPARK

An den Wochenenden merkt man die Bevölkerungsdichte in den umliegenden Wohnlagen, sieht Menschen, die hier ein ruhiges Plätzchen zu finden versuchen, grillen, chillen oder Fußball spielen. Zu jeder Tageszeit und selbst in den Dämmerungen ziehen Jogger ihre Bahnen.

Um ein vielfältiges, mitunter steiles Relief zu gestalten, liegt der innere Bereich des Talgrunds um sechs bis acht Meter unter dem ursprünglichen Geländeniveau. Das dort gewonnene Erdmaterial verschob man als hügelige Aufschüttung an die Ränder des Parks. Dieser Bereich wird von Fußwegen auf verschiedenen Höhenstufen erschlossen, z.T. mit Pflasterungen an großen Steigungen, bei Talquerungen, von einer Anhöhe zur nächsten.

Je nach Geländeprofil stehen dem Wanderer bis zu drei Höhenebenen zur Verfügung: gepflasterte Hauptwege im Tal, wassergebundene, schmalere Wege am Hang und unbefestigte Pfade auf der Höhe der Hügel. So ergeben sich mehrfache Auf- und Abstiege über zehn bis 15 Meter und als Krönung die Anstiege zu den fünf großen freistehenden Aussichtshügeln im Westteil und zum Rodelhügel im Ostteil des Parks.

Die oberen Bereiche der Höhen sind im Sommer in dichtes Grün gehüllt. Nach der Aufschüttung erfolgten 1978 erste Pflanzungen, z.T. waren es ältere, bereits große Bäume, die eine Grundstruktur legten. Bis zur Eröffnung der Gartenbauausstellung 1983 waren schließlich 6.000 Großbäume im Alter von 20 bis 40 Jahren und 100.000 Sträucher verpflanzt worden. Manche dieser Bäume sind (anno 2020) schon über 70 Jahre alt: junger Park mit alten Bäumen.

Literatur:
Peter Kluska: Der Westpark – Landschaft in der Stadt, in: Das Gartenamt, Jg. 32, 1983, S. 213–219.

Der fortgeschrittene Westparkbesucher geht in den schattigen *Bergwald*. Er benutzt den immer höchsten Pfad im Randgebirge als Höhenweg und legt so, teilweise erstaunlich einsam, auf einem Rundweg eine hügelige Wegstrecke über fünf Kilometer zurück. Wegen des steten Auf und Ab sind die vielen Rastbänke sehr willkommen. Der Höhenweg Westpark ist nicht markiert, streckenweise nur ein schmaler, wurzelüberzogener Pfad und mitunter von Senken mit Talstraßen durchbrochen. Dort muss ins *Tal* abgestiegen und am Gegenhang wieder die Höhe genommen werden. Die Spur ist deutlich sichtbar und wird im Frühjahr vor der Vegetationsperiode vom Gartenamt freigeräumt. Im Hochsommer kann die nachgewachsene Vegetation das Vorwärtskommen und die Orientierung erschweren.

Der östliche Einstieg in den Höhenweg erfolgt z. B. oberhalb der Brücke über den Mollsee und führt zum Audi-Dom. Wir steigen dabei 15 Meter auf und 13 Meter ab. Abstieg zum Biergarten und Aufstieg zur rechts liegenden Flanke des Farntals gleich neben den Sportplätzen. Nach einer Straßenunterbrechung gelangt man am kleinen Plateau der alten Eichen vorbei zur Brücke über den Mittleren Ring. Hinter ihr führen rechter Hand mehrere Wege nach oben. Wir nehmen den obersten, den Alfred-Ludwig-Weg.

Höhenweg Westpark

Höhendifferenz:
556–529 m NN
Länge
5 km
Dauer
90 Minuten für Fußgänger
35 Minuten für Jogger
für Radfahrer ungeeignet

Der 20 Meter über dem Tal verlaufende Höhenweg führt im langen Bogen nach Westen, bis zu einem steilen Abstieg auf eine Geländeterrasse mit dem historischen Garten. Man kann dort den schattigen Bogengang passieren, mehrere kleine Springbrunnen bewundern und am Nordrand des Plateaus durch den Obstbaumgarten im Hanganstieg wieder zum bis zu 14 m höher liegenden Höhenweg aufsteigen und diesem Richtung Rosengarten folgen. Vor den Parkplätzen steigen wir zum allgemeinen Fußweg ab und erklimmen als Höhepunkt der Wanderung den ersten Rosenhügel.

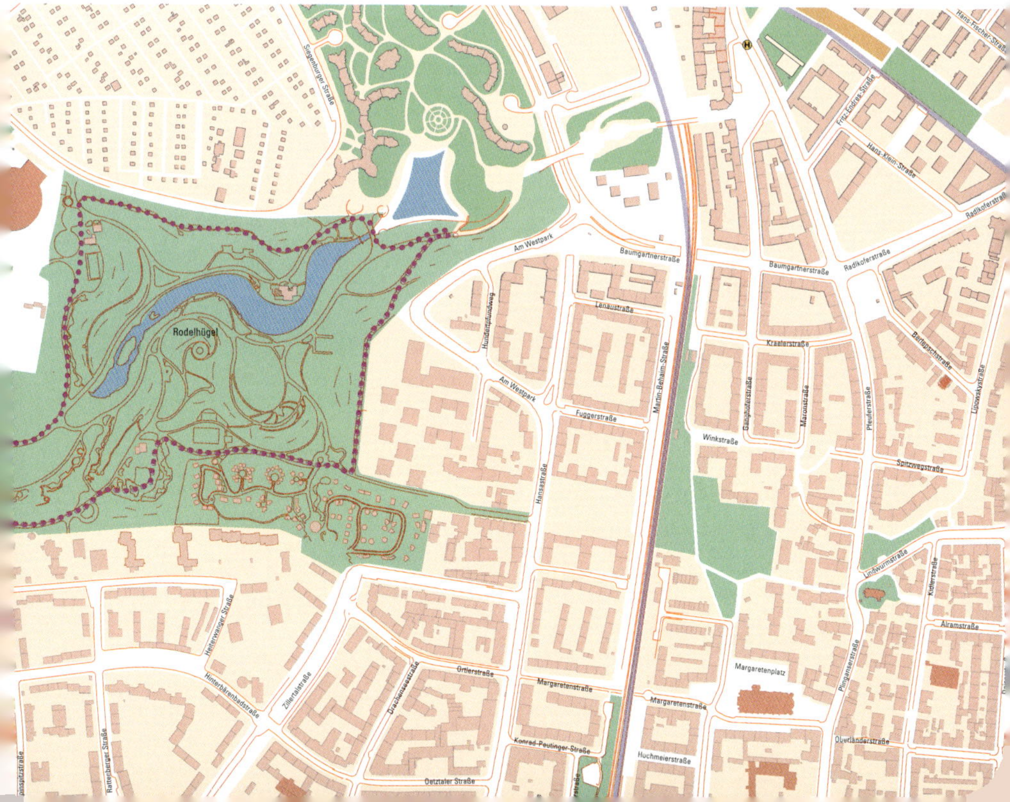

Rosenhügel und Jackl

Höhendifferenz:
556–531 m NN
zusammen 70 m Höhe
fünf Aussichtshügel

Der Rosenhügel (23 m) ist für manche der westliche Einstieg in den Höhenweg. Ihm folgen am westlichen Rand des Parks vier weitere Rundhügel zwischen Gasthaus, Biergarten und weißen Pavillons.

Vom Hangfuß des letzten Hügels führen mehrere Wege in den Park hinein. Der Höhenweg ist dort der oberste Pfad, manchmal etwas schwierig zu finden und im weiteren Verlauf von einem Talweg unterbrochen. Nach der Brücke über den Mittleren Ring wird der Höhenweg hinter dem Spielplatz erreicht. Er führt im Bogen weiter zum Wasserspielplatz und um diesen herum. Nach einem Abstecher zum 20 Meter hohen Rodelhügel am Mollsee geht es weiter entlang des östlichen Randes des Parks zum Ausgangspunkt der Rundwanderung. Hier erreicht das Randgebirge auch wieder Höhen um die 20 Meter.

Das sportlichste Ziel für Bergwanderer im Westpark ist die *Hügelkette* um den Rosengarten im Westteil des Parks. Der Aufstieg zum großen Rosenhügel im Norden geht von der Seeseite auf in Spiralform gezogenen Wegen über

Rodelhügel

Höhendifferenz:
548 – 528 m NN
20 m Höhe
Aussichtshügel

23 Höhenmeter zur Hügelspitze und belohnt
bei Föhn mit einem Fernblick bis in die Alpen.
Am Gasthaus Rosengarten vorbei gewandert
warten vier weitere Aussichtshügel mit 16, acht,
zehn und 13 Höhenmetern auf den Hügelwan-
derer: Der zweite Hügel ist ein mit Blumen
bepflanzter Rundkegel. Es folgen ein Hügel
mit mediterran anmutenden Treppenanlagen
und Krater sowie ein Hügel mit drei langen
Kinderrutschen. Manche nennen ihn Jackl.
Die vorgelagerten Spielhäuser hat Detlef
Schreiber 1982/83 entworfen. Sie greifen mit
spitzen prismatischen Dächern die Form der
umgebenden rundlichen Hügel auf. Auf dem
südlichsten Rosenhügel erreicht man den
höchsten Punkt im Westpark mit 556 m NN.
Bei der einmaligen Überschreitung der fünf
Hügel werden zusammen 70 Höhenmeter
erklommen, Intervallläufer sammeln entsprechend mehr Höhenmeter auf einfache Weise.

Im Ostteil des Parks ist der *Rodelberg* am
Mollsee die höchste Erhebung. Der Hügel ist
der Abschluss wallartiger Geländeaufschüt-
tungen, die vom Wasserspielplatz (gelegentlich auch *Am Jackl* genannt) und vom südöst-
lichen Parkrand herziehen.

Hugo-Fey-Weg

Höhendifferenz:
530–523 m NN
7 m Höhe
Würmtalhangkante

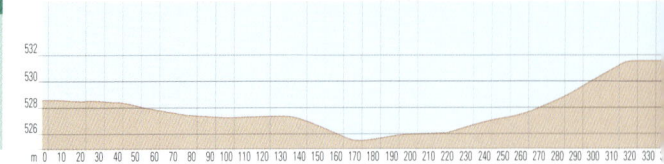

Der Siedlungskern der 763 erwähnten *villa Pasingas* lag entlang der heutigen Planegger Straße. Als 1156 die Isarquerung der Salzstraße bei Oberföhring nach München verlegt wurde, musste mancher Salzhändler westlich von München einen neuen Weg über Pasing und die Würm einschlagen. Wohl schon im 12. Jahrhundert lag die Würmfurt im Schutz einer Wasserburg. Zur ihr gehörte eine 1364 erstmals als Hofmark bezeichnete geschlossene Grundherrschaft. Letzter Besitzer der Hofmark war König Maximilian I., dessen Sohn Karl Theodor das Schloss 1817 bis auf den Burgstall abbrechen und die sogenannte Gatterburg nördlich des heutigen Hugo-Fey-Wegs bauen ließ. Dort haben Archäologen unlängst Siedlungsspuren freigelegt, die in die Römerzeit weisen. Der städtische Pasinger Stadtpark mit Würminseln, Steg und Würmkanal entstand teilweise aus den Gatterburg-Anlagen. Das Schloss Gatterburg ist heute ein zweigeschossiger Walmdachbau und dient den Passionisten St. Gabriel als Internat und Kloster sowie als Staatsinstitut der Ausbildung von Realschullehrern.

Der Hugo-Fey-Weg führt von der Planegger Straße in den Pasinger Stadtpark, mittig durch historisches Gebiet. Hugo Fey war Lehrer und 2. Bürgermeister der Stadt Pasing vor der Eingemeindung 1938.

Der unbebaute und baumlose Hang des Würmtals ist im Winter ein beliebter Rodelhügel. Die Geländeunebenheiten auf der Wiese unterhalb der Hangkante sind Relikte früherer Wasserbecken der ehemaligen Papierfabrik Pasing.

Teufelsbergrunde

Höhendifferenz:
543–515 m NN
zusammen 33 m Höhe
zwei Lehmberge

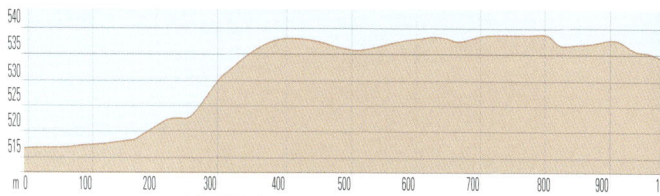

Am westlichen Rand von München erhebt sich im Gebiet der Aubinger Lohe ein über 1,2 km langgestreckter Lehmberg. Die Bezeichnung Lohe führt in die Irre. Dichter Mischwald und Forst überdeckt die Anhöhe. Sie ist die einzige natürliche Erhebung in der Münchner Schotterebene mit tertiären Sanden, abgelagert vor etwa 15 Millionen Jahren. Auf dem Lehmberg fanden Archäologen Spuren zweier Viereckschanzen sowie Siedlungsspuren aus der Bronze-, keltischen und römischen Zeit. Nur mit viel Phantasie entsteht im Kopf das frühere Landschaftsbild eines kahlen Bergzuges weit draußen vor der Stadt München. Eine Art Berggipfel markiert am Nordostrand der Anhöhe der Burgstall eines Turmhügels aus dem 10. oder 11. Jahrhundert. Der Volksmund fand dafür die Namen Teufelsburg und Teufelsberg. Der Überlieferung nach wurden Fundamente der Burg aus Tuffstein einem Aubinger Maurermeister im 19. Jahrhundert zur *Ausbeutung der Steine* überlassen. Den Job hat er gründlich erledigt.

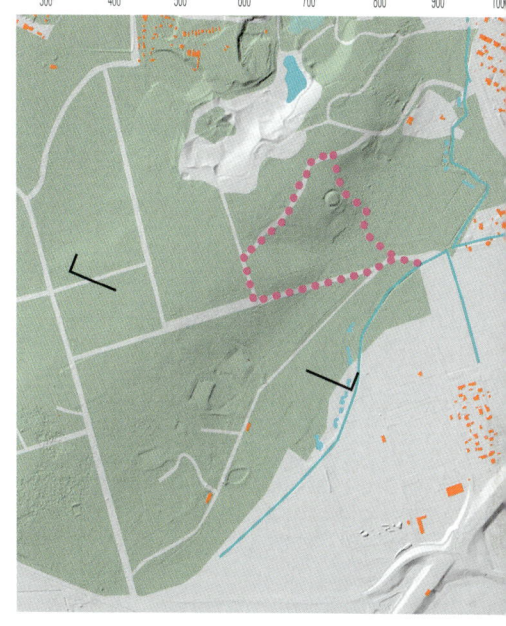

Zum Burgstall gelangt man vom Ende der Kolonie I durch die Teufelsbergstraße (515 m NN). Am Waldrand steigt man nach der Sitzbank rechts über einen lehmig-weichen Waldpfad zur östlichen Flanke des *Teufelsberges* hoch (537 m NN, 22 m Höhe absolut, 5 m Höhe vom Waldweg). Der Burgstall zeigt sich als Ringgraben um eine relativ weitläufige Anhöhe im Inneren. Wer nicht gleich zurückgehen will kann die 1 km lange *Teufelsbergrunde* gehen: Folgen Sie dem Waldpfad weiter nach oben, bis zum befestigten Burgstallweg. Diesen nach links bis zur Kreuzung mit dem Moossteig gehen und dort den Moossteig nach links zum Ausgangspunkt hinab steigen. An der Kreuzung vor dem Abstieg erreichen wir den höchsten Punkt der Aubinger Lohe: 28 m Höhe auf 543 m NN.

**VOM FRAUNBERG IN THALKIRCHEN
ZUM BURGSTALL IN SCHWABING**

Höhenweg Altstadtkante

Start
U-Bahn Sendlinger Tor
Ziel
U-Bahn Odeonsplatz
Länge
3 km
Dauer
(ohne Variante Monopteroshügel)
40 Minuten für Fußgänger
20 Minuten für Jogger
10 Minuten für Radfahrer

A.1

200 m

An der Altstadtterrasse gibt es 17 Anstiege mit Höhen zwischen 7 und 1 m mit zusammen 57 Höhenmetern. Im Durchschnitt sind die Anstiege 3 m hoch. Die Höhenlagen reichen von 527 – 503 m NN. Mit dem Monopteroshügel ergeben sich Anstiege mit zusammen 72 Höhenmetern.

Die Kurzstrecke entlang der Altstadtkante beginnt wegen der geringen Erkennbarkeit dieser Höhenstufe am Sendlinger-Tor-Platz, führt ins Rosental und endet nach Überschreitung des Petersbergl und den Erhebungen mit dem Alten Hof sowie der Residenz am Englischen Garten. Merkmale des Weges sind kurze Anstiege entlang der Sendlinger Straße, Passagen durch Hofräume der Innenstadt und Geländemodellierungen am Hofgarten.

Vom U-Bahnhof Sendlinger Tor geht es entlang der Sendlinger Straße über 550 m bis zum Rindermarkt. Nach rechts geblickt, sieht man nacheinander fünf kurze Abstiege zum Oberanger, mit Höhen von 4 – 1 m. Das Rosental entlang und westlich am Viktualienmarkt vorbei, baut sich bald das Petersbergl vor einem auf. An der Metzgerzeile vorbei erklimmen wir das 4 m hohe Bergl und überblicken den Viktualienmarkt und das Tal.

Der Weg führt weiter durch die Burgstraße zum Alten Hof. Wir steigen 3 m in den Hofgraben ab, etliche Meter zur Maximilianstraße wieder hoch und biegen nach rechts in diese Straße ein. Gleich hinter der Oper bringt uns die Alfons-Goppel-Straße an der Residenz vorbei in den Hofgarten, weiter zum Prinz-Carl-Palais am Ende der Prinzregentenstraße und zum Beginn der Königinstraße. Die Hangkante ist klar zu erkennen.

Der Weg zum U-Bahnhof Odeonsplatz führt uns durch den ca. 4 m hoch gelegenen Finanzgarten hinter dem Prinz-Carl-Palais. Diese Grünanlage ist der letzte in München verbliebene Rest der barockzeitlichen Festungsumwallung (Aufschüttung) der Stadt.

Variante Monopteroshügel: Der Radfahrer oder auch Fußgänger mit dem Ziel Biergarten am Chinesischen Turm macht noch einen Abstecher zum 15 m hohen künstlichen Monopteroshügel im Englischen Garten und erfreut sich an der prächtigen Aussicht.

A.17

A.18

A.16

A.15

A.14

A.13

A.12

A.11

A.10

A.9

A.4–8

A.3

A.2

200 m

Fraunberg

Höhendifferenz:
527–523 m NN
4 m Höhe
Wallfahrtskirche

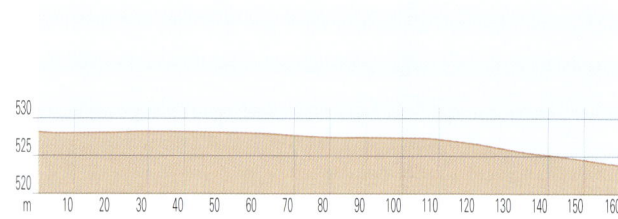

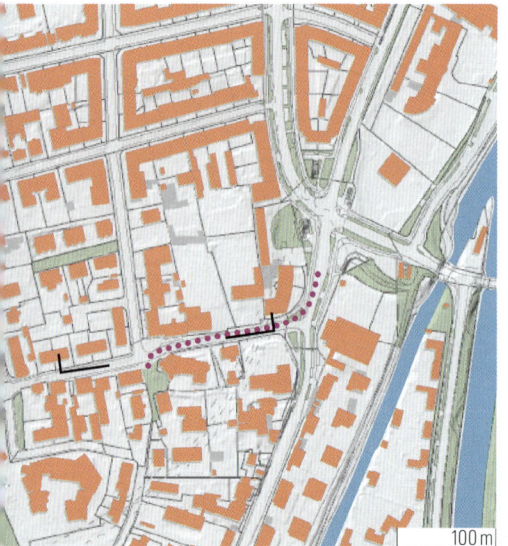

100 m

Die Altstadtterrasse zeigt sich in der Mitte Münchens am Alten Peter oder am Alten Hof sehr deutlich. Im Norden und Süden der Stadt hingegen sieht sie nur der informierte und aufmerksame Beobachter. Die Erkundung beginnt im Süden an der kleinen Anhöhe Fraunberg in Thalkirchen und endet in Schwabing an der Anhöhe mit der Filialkirche St. Sylvester.

Der Fraunberg liegt nahe der U-Bahn-Haltestelle Thalkirchen und wird wie selbstverständlich von der Pfarr- und Wallfahrtskirche St. Maria in Thalkirchen eingenommen. In früheren Zeiten muss sich die Anhöhe mit der Marienkirche wesentlich deutlicher abgehoben haben, oberhalb der Isaraue aber noch unterhalb des Sendlinger Hangs. Eine bedeutende Sichtbeziehung bestand zur Isar und dem dortigen Floßverkehr. Der Kirchturm kündete den Floßfahrern die Nähe Münchens an.

Die Isar bei Thalkirchen, Hermann Mitterer, 1812

Thalkirchen war ein Wallfahrtsort. Die Ausstattung der Kirche und die Lage der stattlichen Gasthöfe mit großen Gärten nahe den Steilauffahrten nach Obersendling Am Schmiedberg und Hoeckhstraße erzählen davon. Die Wallfahrt nach Thalkirchen begann 1460 mit der Stiftung eines Kreuzpartikels durch Herzog Albrecht III. für die Kirche St. Maria. In der Barockzeit etablierten sich zusätzlich eine Wallfahrt zum dortigen Gnadenbild Mariens und schließlich eine Flößerwallfahrt, immer am ersten Sonntag im September. Die Flößer erbaten und erbitten den Schutz und die Fürsprache der Gottesmutter Maria von Thalkirchen. Als Dauergabe befinden sich zu dem Zweck Zunftstangen der Flößer mit Darstellung des Hl. Nepomuk und des Hl. Nikolaus in der Pfarrkirche.

Der weitere Verlauf der Altstadtterrasse durch Thalkirchen ist nicht leicht zu erkennen. Die Hangkante verläuft durch die Grünanlagen der Kliniken Dr. Müller und Dr. Rinecker unter der

Wohnanlage an der Schäftlarnstraße, vorbei am Heizkraftwerk Süd, dem Roecklplatz, dem Kloster- und Kirchenkomplex St. Anton, dem Alten Südlichen Friedhof und oberhalb der Pestalozzistraße bis zum Sendlinger Tor. Die untere Pestalozzistraße wird von der Mauer des Alten Südlichen Friedhofs und vom Lauf des Glockenbachs begleitet. Aus der Grünanlage entlang des Glockenbachs führen Fußwege und kleine Anstiege über die Hangkante hoch zur Pestalozzistraße.

Stephansbergl

Höhendifferenz:
520–515 m NN
5 m Höhe
Friedhofskirche

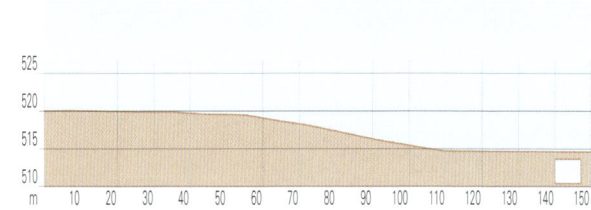

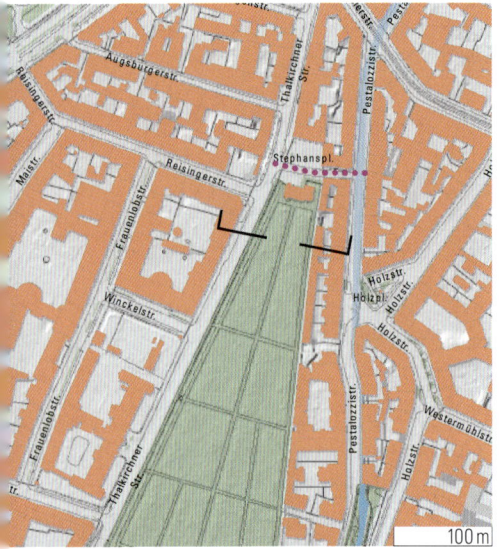

100 m

Der Alte Südliche Friedhof war von 1788 bis 1868 die einzige und allgemeine Begräbnisstätte für die Toten aus dem gesamten Stadtgebiet. Am nördlichen Rand des Friedhofs, bei der Friedhofskirche St. Stephan, tritt die Hangkante wieder deutlich in Erscheinung: Die vorgelagerte Stephanstraße bietet eine sehr kurze, aber heftige Berganfahrt, die Radfahrern schon arg zu schaffen macht.

Für Autofahrer gilt eine Geschwindigkeitsbegrenzung von 30 km/h, da das Einrollen in die Pestalozzistraße ampelfrei erfolgt. Die Hangkante wird im Straßenverlauf sichtbar beim Überqueren der Blumenstraße mit Blickrichtung Sendlinger Tor, entlang der Straße An der Hauptfeuerwache und am Oberanger mit Blick zum Sendlinger Tor.

Sendlinger-Tor-Platz Pestalozzistraße

Höhendifferenz:
519–516 m NN
3 m Höhe

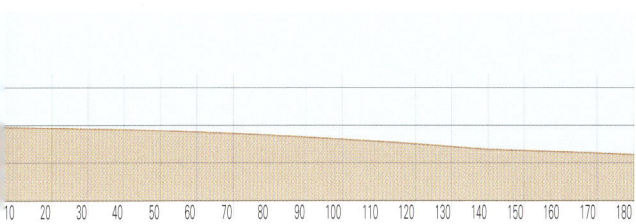

Das Sendlinger Tor war der alte Stadteinlass und ist der Beginn der Sendlinger Straße. Ab hier ist die Altstadtterrasse als überbaute Geländestufe wahrnehmbar und wird endlich ihrem Namen gerecht: Eine bebaute Geländeterrasse der Altstadt. Sie ist die früh besiedelte hochwassersichere Geländestufe oberhalb der Isaraue,[33] auf der die urbanen Kerne der Stadt angelegt wurden, sich ausdehnten und schließlich zur Stadt verschmolzen.

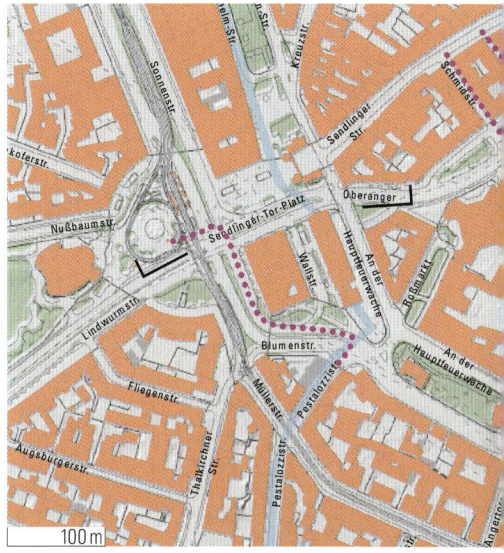

Wohn-, Geschäfts- und Gewerbeanwesen stehen hier Wand an Wand. Nur kleine, kurze und steile Straßenabschnitte der Schmidstraße, Singlspielerstraße, Hermann-Sack-Straße, Dultstraße und des Rosentals am Rindermarkt verbinden die Sendlinger Straße mit der Ebene der Isaraue. Der Autofahrer, wenn er überhaupt in die engen Gassen einfahren darf, merkt die Niveauunterschiede kaum. Radfahrer und Fußgänger spüren und sehen die Anstiege von unten und oben deutlich.

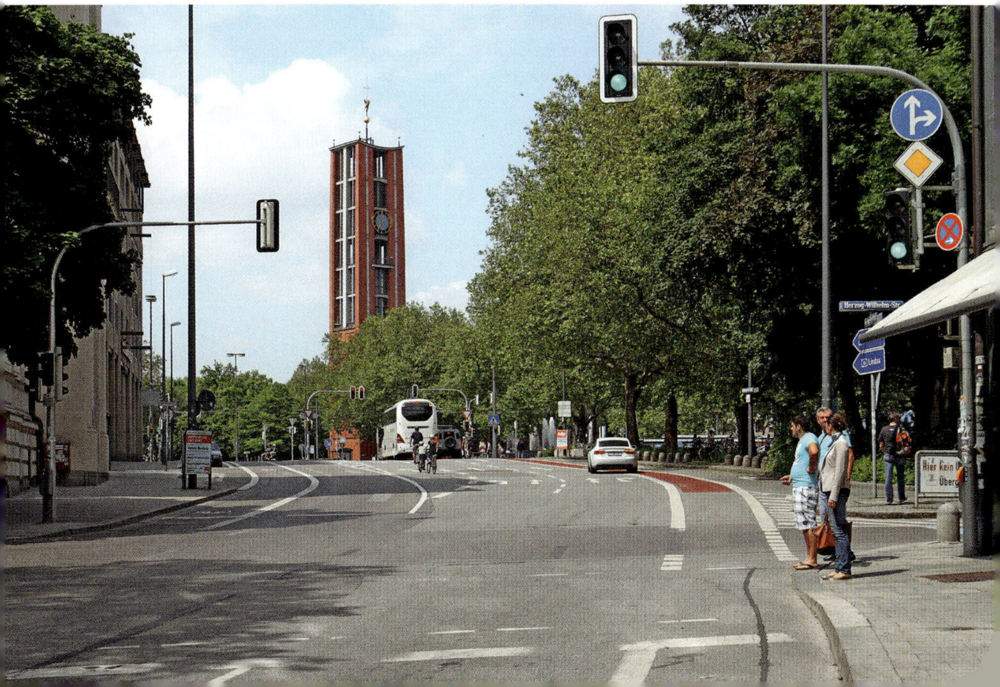

A.4 Schmidstraße

Höhendifferenz:
516–513 m NN
3 m Höhe

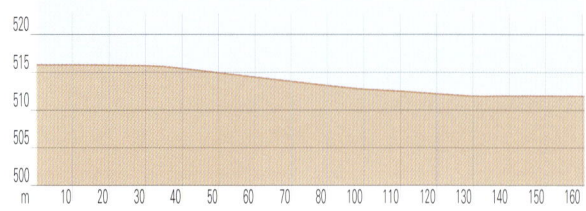

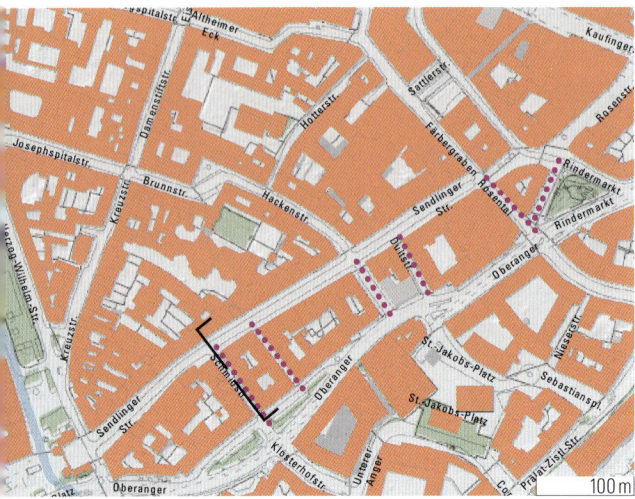

100 m

Manche Wohn- und Geschäftshäuser liegen zwischen beiden Geländeniveaus und haben verbindende Aufzüge, sodass Kunden etwa des Modehauses Konen eine *Bergfahrt mit Aufstiegshilfe* von der Isaraue hoch hinauf auf die Altstadtterrasse unternehmen können. Der Lift hat für jedes Geländeniveau getrennte Zugänge.

Der Oberanger, der St.-Jakobs-Platz, das Rosental und der Viktualienmarkt liegen im Einzugsbereich der Altarme der Isar. Erst deren Zähmung als Stadtbäche ermöglichte auf dieser Ebene der Isaraue eine Besiedelung.

Zur Zeit der Stadtgründung verlief über das Areal des Rindermarktes die erste Stadtmauer. Vor der Stadtmauer und zugleich unterhalb der Hangkante

der Altstadtterrasse befand sich ein Wassergraben als Teil eines Systems gewerblich genutzter Nebenarme der Isar, ein Teil des Systems der Stadtbäche. Auf der Freifläche des Rindermarkts kann man gut den Geländeanstieg zur Altstadtterrasse beobachten. Interessant sind auch die unterschiedlich hohen Sockelzonen der Schaufenster der Geschäfte des so bunten Hauses Ruffiniblock.

Die Hangkante der Altstadtterrasse war in das Verteidigungssystem der Stadt einbezogen. Die Lage der vielen kleinen und schmalen Grundstücksparzellen der Anwesen zwischen dem Rindermarkt und dem Viktualienmarkt dokumentieren noch den ehemaligen Mauerverlauf; ebenso die zwar moderne, aber noch immer geschlossen, rundlich verlaufende Fassadenlinie der Gebäude innen um die Straßenzüge Rosental, Viktualienmarkt und Sparkassenstraße.

Auch hier verbinden in manchen Wohn- und Geschäftshäusern Aufzüge oder Treppenhäuser die beiden Geländeniveaus, sodass weitere *Bergfahrten mit Aufstiegshilfe* unternommen werden können, etwa über die Treppenhäuser im Ruffini-Block (Rindermarkt 10), die Treppenhäuser und Hofpassage der Firma Kustermann (Viktualienmarkt 8) oder im Bereich des Alten Hofs. Einige Anwesen sind verbundene Passagenhäuser mit Innenhöfen und engen Durchlässen für Fußgänger, die privat erscheinen, aber öffentlich sind. Das wird bei der langen Kustermannpassage und der dunklen Viktualienmarktpassage besonders deutlich. Sie können mit Gittern verschlossen oder mit Barrieren blockiert werden.

A.5 Singlspielerstraße
Höhendifferenz:
516–512 m NN
4 m Höhe

A.6 Hermann-Sack-Straße
Höhendifferenz:
515–514 m NN
1 m Höhe

A.7 Dultstraße
Höhendifferenz:
515–514 m NN
1 m Höhe

A.8 Rindermarkt / Rosental
Höhendifferenz:
516–514 m NN
2 m Höhe
Brunnen

Petersbergl

Höhendifferenz:
517–513 m NN
4 m Höhe
Pfarrkirche
Stadtbalkon

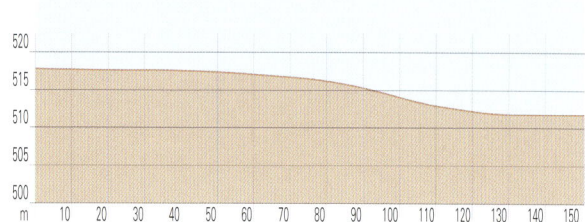

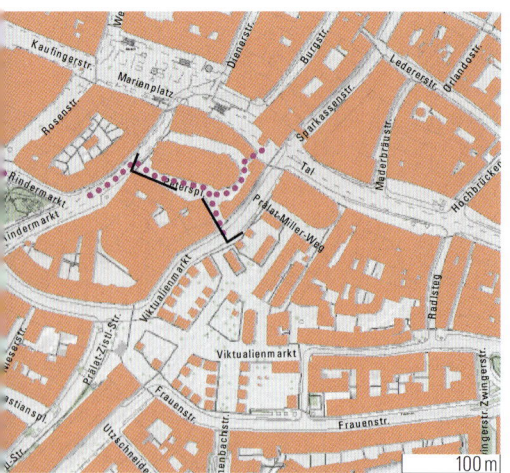

100 m

Die Hangkante der Altstadtterrasse ist am Rinder-markt 4 m hoch, an der Burgstraße 3 m. Besonders deutlich wird sie um Münchens älteste Pfarrkirche St. Peter auf dem Petersbergl. Alle Anstiege vom Viktualienmarkt führen steil hinauf auf das Bergl. Direkt hinter dem Ostchor der Kirche fassen Gebäude der Metzgerzeile die Hangkante ein. Die Metzger betreiben ihr Geschäft am und zum Teil im Bergl. Hier befand sich der traditionelle Standort des Metzgergewerbes der Stadt, solange der Pfisterbach noch davor vorbei-floss und kein zentraler Schlachthof der Stadt eingerichtet war. Heute bilden die um 1881 und nach 1945 dann wieder neu entstandenen Ver-kaufsstände Münchner Metzger eine geschlos-sene Bauzeile mit neugotischen und modernen Bauelementen.

Unter dem Tanzsaal des Alten Rathauses verbinden zwei Durchfahrten das Tal mit dem Marienplatz. Wer durch die Röhren blickt, sieht die Geländestufe. Wie die Sendlinger Straße liegt die Burgstraße auf der Altstadtterrasse und später sehen wir die Königinstraße in ähnlicher Situation exakt oberhalb der Hangkante.

Ende Lederergasse / Schlichtingerbogen

Höhendifferenz:
514–511 m NN
3 m Höhe

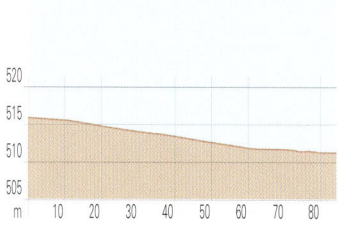

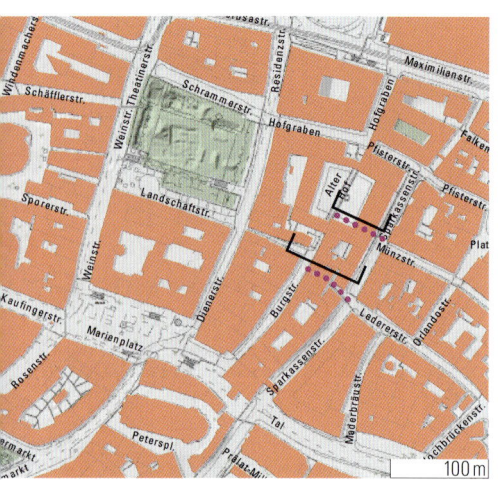

Durch die geschlossene Bebauung der Burgstraße führt nur ein schmaler Fußweg nach unten zur Lederergasse. Die Öffnung ist der seit mehr als 400 Jahren urkundlich bekannte Schlichtingerbogen, Teil eines Stadtmauerturms, genannt Thürmlein oder Thürl.

Gustav Steinlein, Schlichtingerbogen

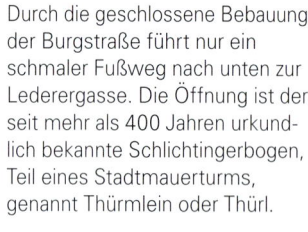

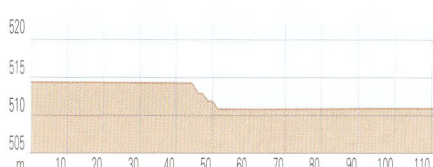

**Treppenanlage
Ende Münzstraße**

Höhendifferenz:
514–511 m NN
3 m Höhe

In der ungleich moderner gestalteten Weise durchbricht wenige Schritte weiter nördlich ein neuer Bogen des Geviert des Alten Hofs und verbindet über eine sich edel gebende Treppenanlage den Alten Hof mit der Münzstraße und dem Platzl.

Alter Hof / Hofgraben

Höhendifferenz:
514–511 m NN
3 m Höhe

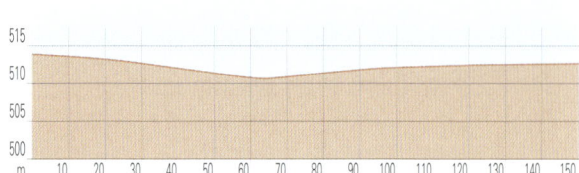

100 m

Ein weiterer Torbogen geht im Norden des Alten Hofs hinunter in den Hofgraben. Im Alten Hof wurde eine Besiedelung der Urnenfelderzeit (10. Jahrh. v. Chr.) archäologisch nachgewiesen. Der Baukomplex ist eine oft veränderte und mehrfach erweiterte Vierflügelanlage. Hier befand sich die erste Münchner Hofhaltung, später eine Kaiserresidenz.

Die Anhöhe auf der Hangkante wurde im Lauf der Jahrhunderte immer mehr abgetragen. Die ehemals umgebenden Gräben und Wasserläufe sind archäologisch untersucht, aber ebenso wie die ursprünglichen Geländehöhen im heutigen Stadtraum nur mit Phantasie vorstellbar. Als *castrum*, Wasserburg, Kaisersitz und schließlich Alter Hof waren frühere Baukomplexe mit Sicherheit machtvoll aufragende, beeindruckende Anlagen am damaligen Rande der Stadt. Die heutigen Neubauten an der Nord- und Ostseite beeindrucken immerhin noch durch ihre Massigkeit.

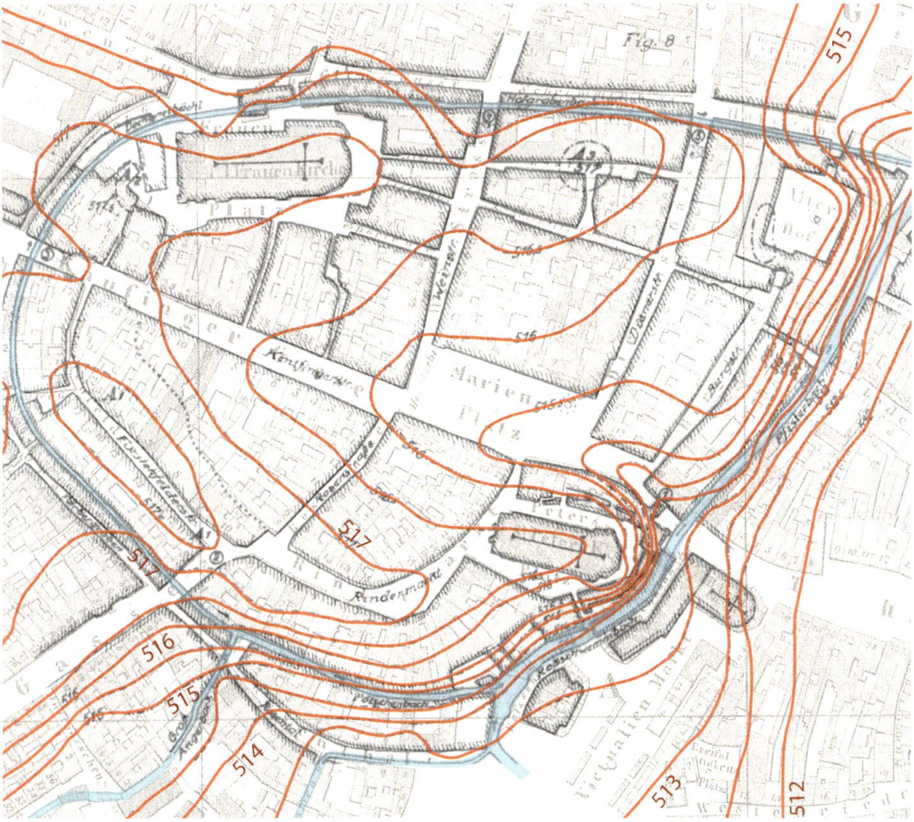

Gustav Schneider
Höhenschichten des Altstadtkerns
Kartengrundlage: Stadtplan von 1865

Wer an der Maximilianstraße steht, sieht zunächst nicht, dass diese Prachtstraße auf einem 1 – 7 m hohen Straßendamm geführt wird. Diese Aufschüttung war notwendig, um den Straßenverkehr auf der neuen Straße über die zahlreichen Stadtbäche und ehemals feuchten Gebiete in den Stadtteilen nahe der Isar zu bringen. Der Straßendamm trägt das Höhenniveau der Altstadtterrasse bis an das befestigte Ufer der Isar heran. An fast allen Zuführungen zur Maximilianstraße kann der Anstieg zum Straßendamm beobachtet werden. Das Nationaltheater wurde über die Hangkante hinweg errichtet.

Man bemerkt den Geländesprung beim Flanieren entlang des Theaterbaus an der Maximilianstraße und entlang der Alfons-Goppel-Straße: Nach Osten gesehen wird die untere Geschoßzone immer höher.

Residenz
(Jägerpühel)

Höhendifferenz:
513–510 m NN
3 m Höhe

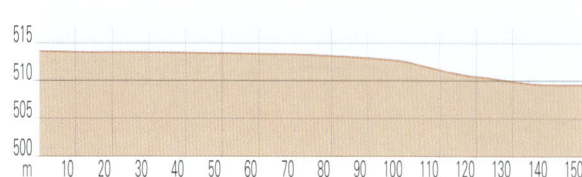

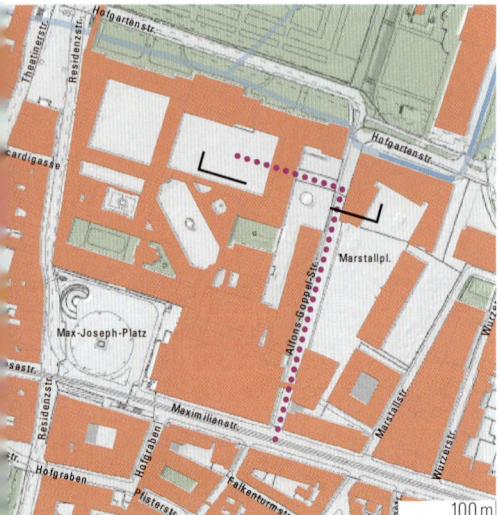

100 m

Zwischen der Residenz und der Marstallstraße sowie zwischen dem Hofgarten und der Staatskanzlei hat die Hangkante der Altstadtterrasse eine Gesamtveränderung erfahren, deren topographisch-geschichtlicher Ursprung im 15. und 16. Jahrh. liegt. Diese Entwicklung ist durch die heutigen Höhenverläufe, Grundstücksgrenzen, ehemalige und bestehende Stadtbachläufe, Straßenzüge und Baulichkeiten gerade noch ablesbar geblieben. Am damaligen Rand der Stadt entstand im späten 14. Jahrh. die herzogliche Neuveste, eine Wasserburg. An der Stelle der Wasserburg und ihres umlaufenden Wassergrabens befindet sich heute der Baukomplex der Residenz.

Der wellige Verlauf der Freifläche vor den Bauten der Residenz deutet die mehrfachen Erdbewegungen an. Ebenso wundert sich der Beobachter über den hohen Aufstieg zum Eingang der

Allerheiligen Hofkapelle. Es gab umfangreiche Erdarbeiten über 260 m Länge, 30 m Breite und ca. 3 m Tiefe. Die Hangkante mit den darauf stehenden Bauten (heute der Residenz) erhob sich früher markant höher aus dem Geländeniveau der Isarauen und verlief dabei etwas weiter östlich als heute. Für den Bau der Residenz wurde das Gelände dann teilweise wieder aufgeschüttet, insbesondere unter dem östlichen Eckbau des heutigen Festsaalbaus.

Am Hangfuß und getrennt von der Neuveste lag der sogenannte *Baumgarten auf dem Bach*. Das war eine von Zeitgenossen gerühmte Gartenanlage mit hochwertiger Ausstattung. Auf dieser Fläche entstanden seit dem 17. Jahrh. bis heute und nacheinander Zeughaus- und Marstallbauten des Wittelsbacher Hofes, die Hofreitschule, eine kleine Grünanlage und schließlich der Neubau der Max-Planck-Gesellschaft.

Von den Gartenanlagen unterhalb der Residenz ist nichts erhalten geblieben. Lediglich ein klassizistischer Felsenbrunnen mit wasserspeiendem Löwenkopf von 1790, der Löwenbrunnen, findet sich am Rande des Geländes, verloren, beziehungslos und ohne historische Ortsbindung. Er stand früher vor der Residenz und wurde erst 1963 in die kleine Grünanlage transferiert.[34]

Hofgarten / Staatskanzlei

Höhendifferenz:
514–510 m NN
4 m Höhe

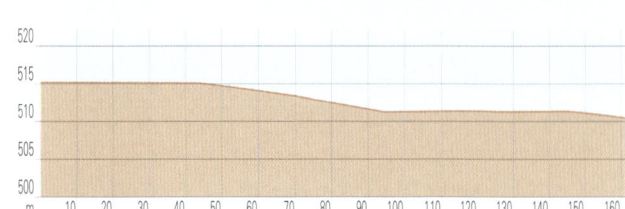

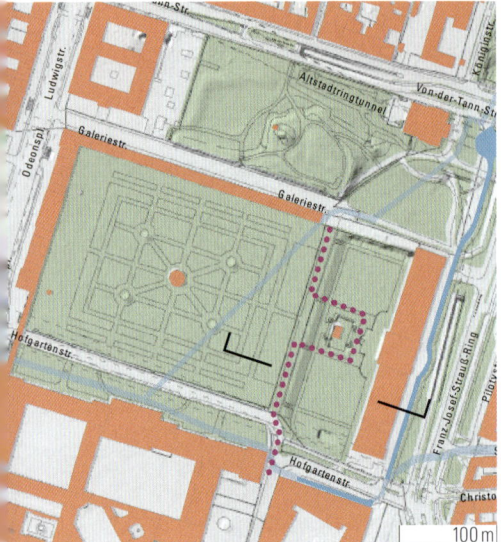

100 m

Der Hofgarten verbindet die Altstadt mit dem Englischen Garten, die versiegelte Stadt mit dem Grün der Bäume und Wiesen im englischen Landschaftsstil. Zwischen diesen Stadträumen verläuft die Hangkante der Altstadtterrasse. Wir begegnen ihr am Rand des Hofgartens an der steilen Böschung vor der Staatskanzlei. Die Böschung geht auf Erdbewegungen kurz nach 1800 zurück. Mit der Anlage des Hofgartens im frühen 17. Jahrhundert wurde das umliegende Areal mit der Hangkante in die Befestigung und Umwallung der Stadt miteinbezogen. Zeichnungen und Stiche, etwa von Michael Wening von 1701, zeigen eine Böschung mit regelmäßig gestalteten Pflanzgärten und dahinter ruhenden großen Weihern. Kurfürst Karl Theodor gab den Hofgarten 1780 für die Allgemeinheit frei.

Ein Weg führte vom Hofgarten zum neu angelegten Englischen Garten. Ab 1807 entstand an Stelle der Weiher die Hofgartenkaserne mit Exerzierplatz. Um genügend Fläche für den Exerzierplatz zu erhalten, wurde die ursprünglich flachgeneigte, in sechs Felder gegliederte Rasenfläche zum Teil eingeebnet, zum Teil in eine 4 m hohe, nunmehr steile Böschung verwandelt.[35] Diese hat sich bis heute erhalten, auch nach dem Abbruch der Kaserne, der Existenz eines Armeemuseums an der Stelle bis 1904 und schließlich dem Neubau der Staatskanzlei.

Michael Wening, Hofgarten und Residenz, 1701

Finanzgarten

Höhendifferenz:
517–510 m NN
7 m Höhe

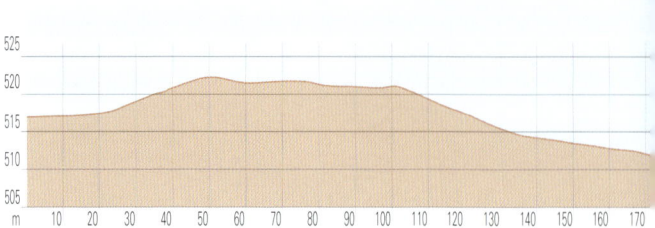

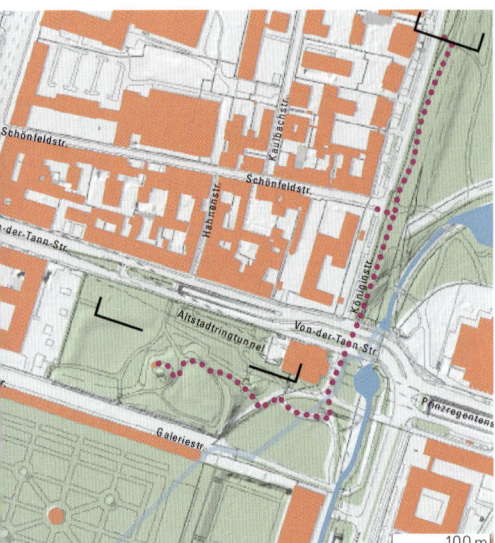

100 m

Den Übergang vom Hofgarten zum Englischen Garten bezeichnen alte Karten als Königinstraße. Heute stehen dort die Arkaden des ehemaligen Hofgartenbrunnhauses, die Schwanthaler-Statue des *Harmlos* und das Prinz-Carl-Palais.

Hinter dem Palais erheben sich letzte Reste der barocken Festungsumwallung Münchens mit dem zum Landschaftsgarten umgestalteten sogenannten Finanzgarten. Der Fußgängertunnel unter und die Wasserkaskade hinter der Prinzregentenstraße zeigen noch einmal deutlich den Geländesprung von der Altstadtterrasse zur Ebene der Isaraue.

Königinstraße

Höhendifferenz:
510–508 m NN
2 m Höhe

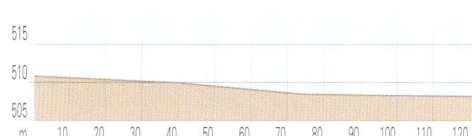

Im Verlauf der Königinstraße, der Mandlstraße und der Biedersteiner Straße präsentiert sich die Altstadtterrasse in Schwabing als deutlich wahrnehmbare, begrünte und baumbestandene Geländestufe mit der Hangkante nach Osten zum Englischen Garten.

Vielleicht muss es noch einmal geschrieben werden: Vor der Errichtung des Riedldamms (Ifflandstraße) war der Englische Garten Bestandteil der Isaraue. Bis zur Gegend der Autobahnauffahrt am Frankfurter Ring bleibt die Hangkante vor allem in den unbebauten Grünzügen Am Biederstein, Isarring, Niebuhrstraße, Rohmederstraße und Libellenstraße gerade noch erkennbar und verschwindet dann unter moderner Verkehrsinfrastruktur.

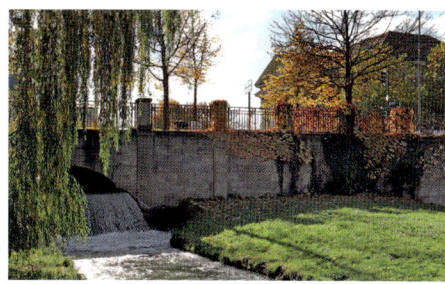

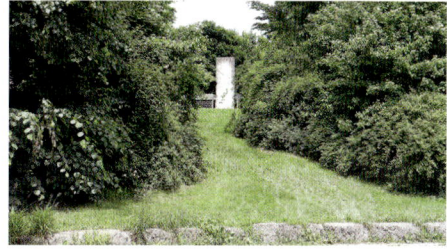

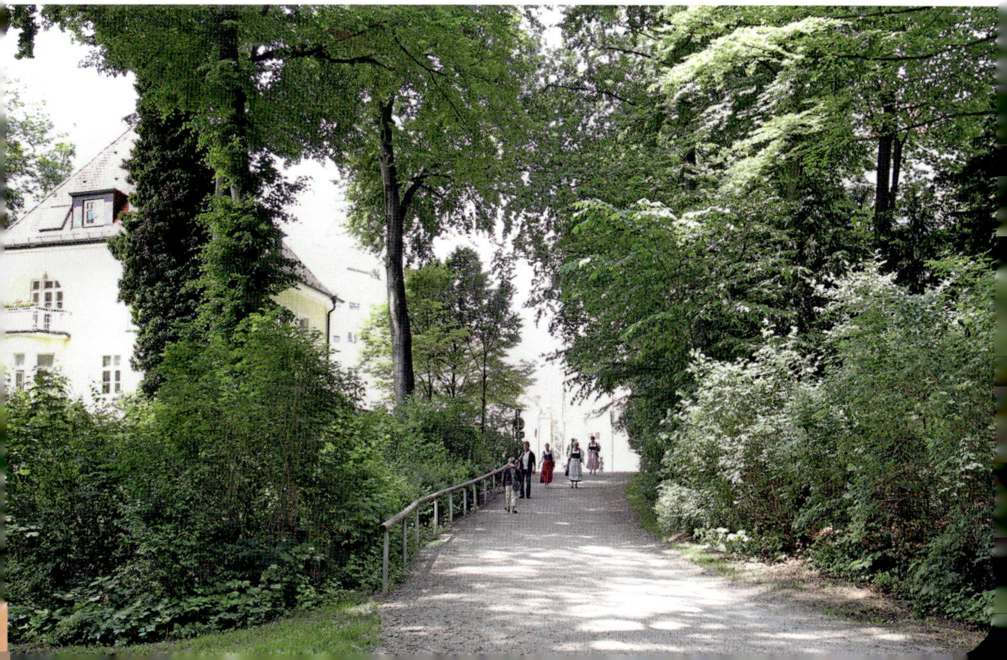

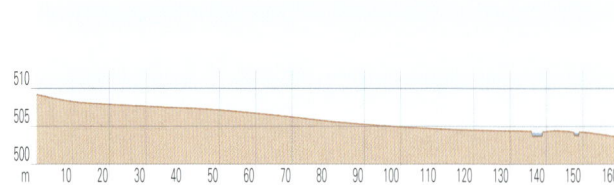

Burgstall Schwabing und St. Sylvester

Höhendifferenz:
508–503 m NN
5 m Höhe
Kirche

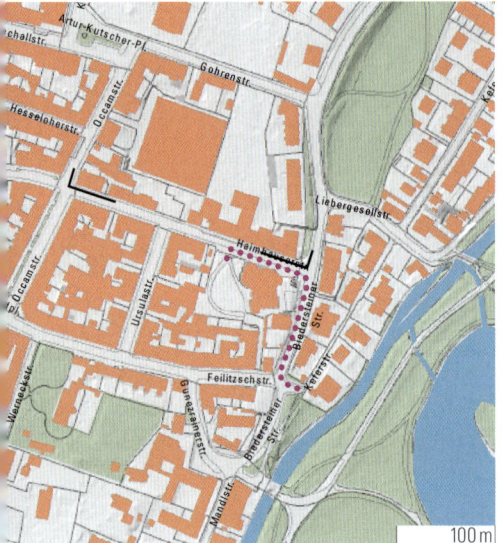

100 m

Der Anfang, die Mitte und ein Endpunkt des wahrnehmbaren Verlaufs der Altstadtterrasse in München werden von Kirchen eingenommen. War es in Thalkirchen die alte Wallfahrts- und Pfarrkirche St. Maria, im Stadtzentrum die älteste Pfarrkirche Münchens St. Peter, so ist es in Schwabing die Filialkirche St. Sylvester, die wie selbstverständlich eine erhöhte bevorzugte Lage einnimmt.

Die Anhöhe bei St. Sylvester umschließt den Kreuzungsbereich der Biedersteiner Straße mit der Haimhauser Straße und wirkt wie ein breites Podest, wie ein Sockel für den freistehenden Kirchenbau. Der umgebende alte Kirchhof, mächtige Bäume und ein breiter Treppenaufgang machen es deutlich: Wir sind in der Mitte des früheren Dorfkerns von Schwabing.

Auf dieser Geländestufe erhob sich der Überlieferung nach auch ein kleiner burgartiger Ansitz, wohl im Winkel zwischen der heutigen Haimhauser- und Occamstraße. Die Kirche St. Sylvester gehörte lange Zeit als Kuratie zur weit entfernt liegenden Pfarrei Sendling. Obwohl sich die Schwabinger Dorfkirche auf einem der mutmaßlich ältesten Kirchenstandorte im heutigen Stadtgebiet erhebt, wurde sie erst 1811 zur Pfarrei für damals 650 Seelen in Schwabing erhoben.

Mit der Einweihung der neuen Stadtpfarrkirche St. Ursula am Kaiserplatz erfolgte 1897 für St. Sylvester eine Herabstufung zur Filialkirche. Die beeindruckende Lage der Kirche ist dank der Hangkante geblieben. In den 1920er Jahren erhielt der kleine Kirchenbau eine neubarocke Erweiterung, die den Altbau umrahmt und fast verdeckt. Man muss schon genau hinsehen, will man beide Kirchen erkennen.

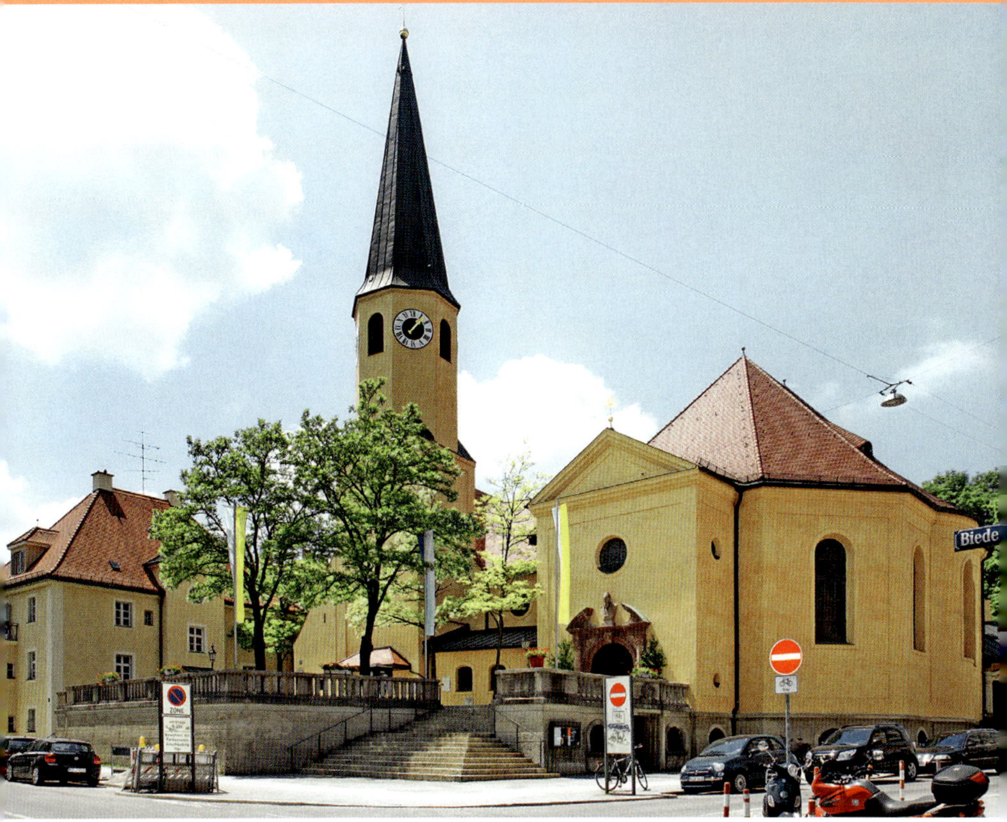
Biede

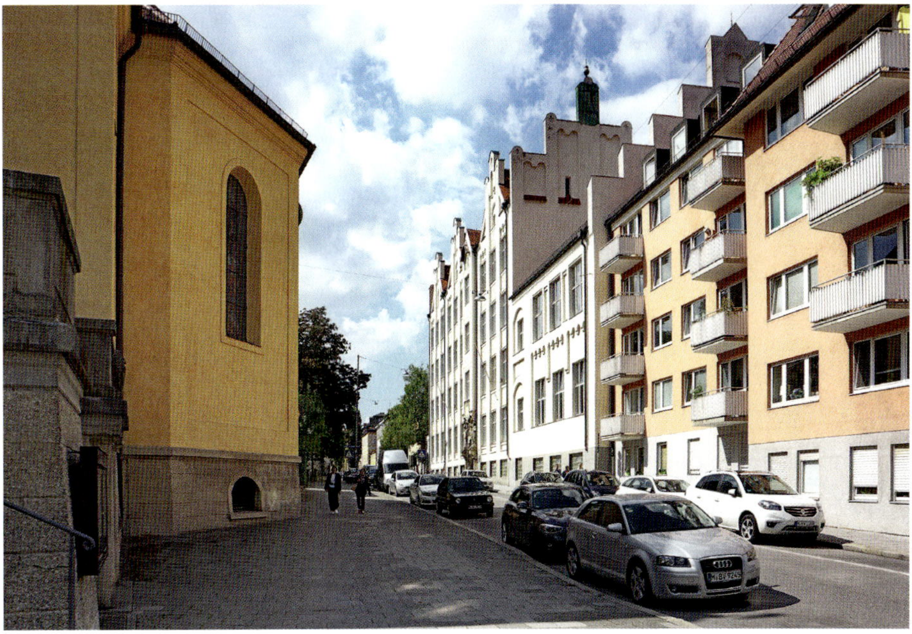

Monopteroshügel

Höhendifferenz:
520–505 m NN
15 m Höhe
Stadtbalkon

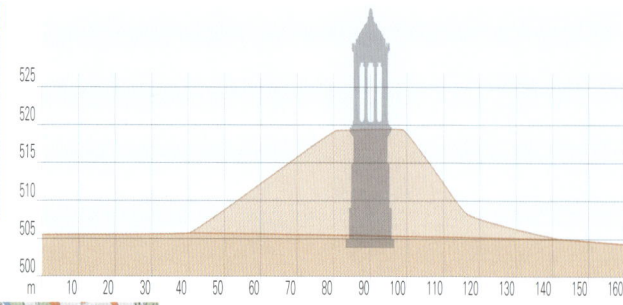

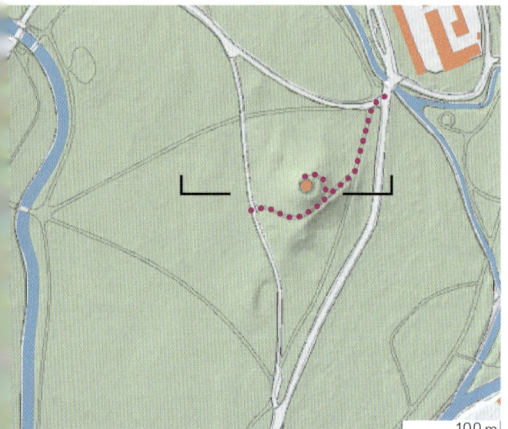

100 m

Der Bereich des heutigen Englischen Gartens war bis 1788 Auenlandschaft, Überschwemmungsgebiet der Isar. Dann verfügte Kurfürst Carl Theodor, es wären hier Militärgärten anzulegen. Die Gärten sollten den Soldaten landwirtschaftliche Fähigkeiten vermitteln und Gelegenheit zur Erholung bieten, aber sie sollten auch der Allgemeinheit zugänglich sein. Am 13. August 1789 ordnete Carl Theodor an, das Gebiet östlich der Militärgärten in einen Volkspark umzuwandeln, für den sich schließlich der Name Englischer Garten durchsetzte. Im Volkspark wurden in der Folge klassizistische Bauten errichtet, die dem Volk Weltreisen ermöglichten, ein chinesischer Turm, ein griechischer Rundtempel oder Monopteros.

Der Beschluss zum Bau des Monopteros wurde 1831 gefasst. Am Anfang entstand auf dem flachen Auengelände ein 15 m hohes Fundament aus Ziegeln. Carl August Sckell gestaltete den darüber in Stufen aufgeschütteten Hügel. Auf ihm ließ König Ludwig I. zu Ehren von Kurfürst Carl Theodor 1836/1837 das nochmals 16 m hohe klassizistische Monument von Leo von Klenze errichten.

Monopteros um 1840, Joseph Pötzenhammer

Der Hügel des Monopteros entwickelte sich in den 1960er Jahren zum Treffpunkt von Alternativen, Kleinkünstlern, Hippies und *Gammlern*. Kurioserweise gilt der Monopteroshügel in manchen Kreisen als historische Stätte der Geschichte des alpinen Skisports in Bayern. Der Buchhändler August Finsterlin soll sich in den späten 1880er Jahren über 3 m lange Skier in Skandinavien besorgt haben, mit denen er auf diesem Stadtbergl Fahrversuche unternahm. Er gehörte dann zu den Pionieren, die um Schliersee den alpinen Skilauf bekannt machten.

HÖHEPUNKTE

Turmbesteigung Alter Peter

Höhendifferenz:
574–518 m NN, 56 m Höhe
Turmspitze 91 m
Öffnungszeiten:
Mo–Fr 9.00–18.30 Uhr,
Sa/So 10.00–18.30 Uhr
(im Winter bis 17.30 Uhr)

Wer das Petersbergl am Viktualienmarkt erklommen hat, sollte bei gutem Wetter weiter aufsteigen, über 306 Treppenstufen zur Aussichtsplattform des Turms der Pfarrkirche St. Peter, genannt der Alte Peter. Die Galerie führt vollständig um den Turm herum und bietet herausragende Sicht auf die Innenstadt bis zur Isar und in das Alpenvorland.
St. Peter war ursprünglich eine romanische Basilika, die 1181 erweitert und 1278 durch einen gotischen Bau ersetzt wurde. Nach Brandschäden erfolgte bis 1386 der Umbau der ursprünglichen Zwei-Turm-Anlage der Kirche zu einem Turm, mit heute offener, rundumlaufender Aussichtsgalerie.

Turmwächter am Petersturm, 1860

Von dieser beobachtete bis 1901 ein Brand-
wächter die Stadt. Am Ende des Zweiten Weltkrieges trafen Sprengbomben den Turm und
hinterließen einen ausgebrannten Turmstumpf,
der 1945 zum Abriss freigegeben war. Von
1948 an erklang als Pausenzeichen des
Senders Radio München die erste Zeile des
Liedes *Solang der alte Peter*. Dabei brach die
Melodie vor dem letzten Ton, in der Mitte des
Wortes *Peter* ab, als Erinnerung an die
Zerstörung und Notwendigkeit des Wiederaufbaus der Kirche. Am 28. Oktober 1951
erklang endlich wieder das Lied als vollständiges Pausenzeichen.

Spenden Münchner Bürger und aus aller Welt
hatten den Wiederaufbau des Wahrzeichens
ermöglicht: *Solang der alte Peter am Peters-
bergerl steht, solang die grüne Isar durchs
Münchner Stadterl geht. Solang da drunt am
Platzl noch steht das Hofbräuhaus, so lang
stirbt die Gemütlichkeit in München niemals
aus, so lang stirbt die Gemütlichkeit in München
niemals aus.*

Turmbesteigung Frauenkirche

Höhendifferenz:
603–517 m NN, 86 m Höhe
Turmspitze 98,45 m
Öffnungszeiten:
Täglich 10.00–17.00 Uhr,
(bei Bauarbeiten
geschlossen)

Der Dom zu Unserer Lieben Frau, also die Frauenkirche, ist die Kathedralkirche des Erzbischofs von München und Freising. Die Türme überragen mit 98,57 m (Nordturm) und 98,45 m (Südturm) die Stadtlandschaft. Von April bis Oktober kann die Feuerwächterstube im Südturm besucht werden. Die Besteigung beginnt an einer schmalen Treppe mit 96 Stufen. Danach übernimmt ein Aufzug den Aufstieg bis in 86 m Höhe.

Die Türme der Frauenkirche sind die höchsten Gebäude innerhalb des Altstadtrings. Außerhalb des Altstadtrings verhindert ein Bürgerentscheid seit 2004 den Bau höherer Gebäude. Die erste Frauenkirche an dem Standort wurde um 1240 errichtet. Im 15. Jahrhundert erfolgte ein spätgotischer Neubau, dessen Türme 1488 bis auf die Spitzen fertiggestellt waren. Erst 1525 konnten die Türme oben abgeschlossen werden, durch das Aufsetzen der an der italienischen Renaissance orientierten *Welschen Hauben*. Ein Vorbild der Welschen Hauben war die Kuppel des Salomontempels in Jerusalem.

Im Volksmund haben der Nordturm und der Südturm der Frauenkirche seit den 1950er Jahren die Spitznamen *Stasi* (von Anastasia) und *Blasi* (von Blasius). So benannt nach Charakteren in der damals sehr beliebten Radiosendung *Die weißblaue Drehorgel*, mit Volksschauspielern wie dem Roider Jackl, Beppo Brem, Gustl Bayrhammer, Elfie Pertramer, Kathi Prechtl oder Bally Prell. Die bekanntesten Darsteller der Stasi und des Blasi waren wohl Trudl Guhl und Georg Blädel beim Salvatoranstich am Nockherberg: *Ja griaß de Gott, Stasi! Ja griaß de Gott, Blasi! Mia ham uns scho lang nimmer g'seng, und seit mia uns ned g'seng mehr ham, was is da Neues g'scheng?*

Panorama vom nördlichen Turm der Frauenkirche, Johann Gabriel Friedrich Poppel, 1840

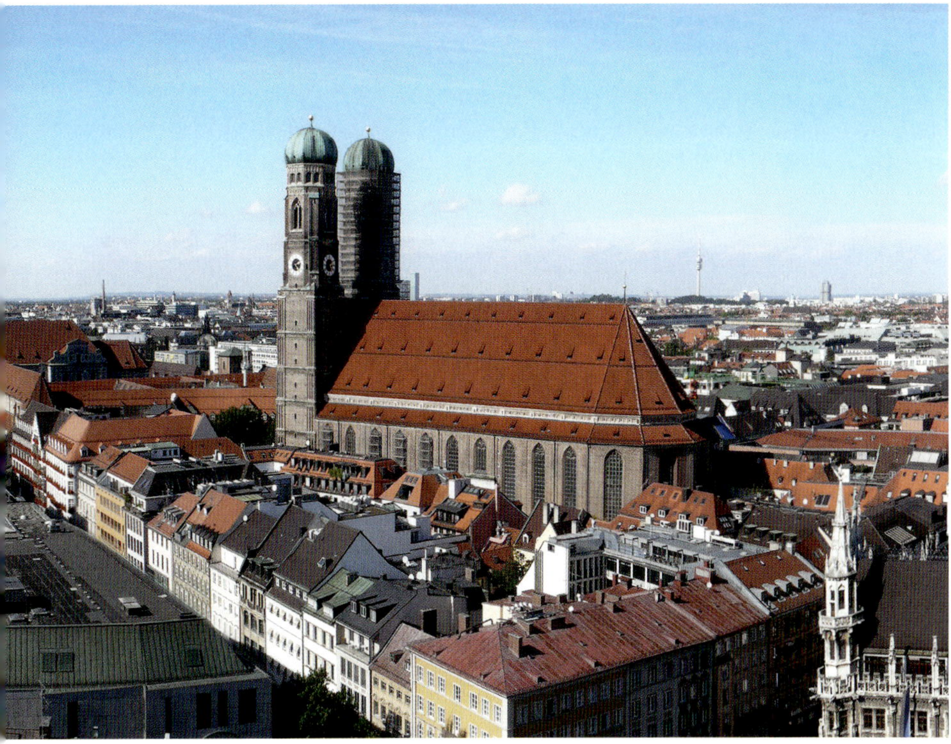

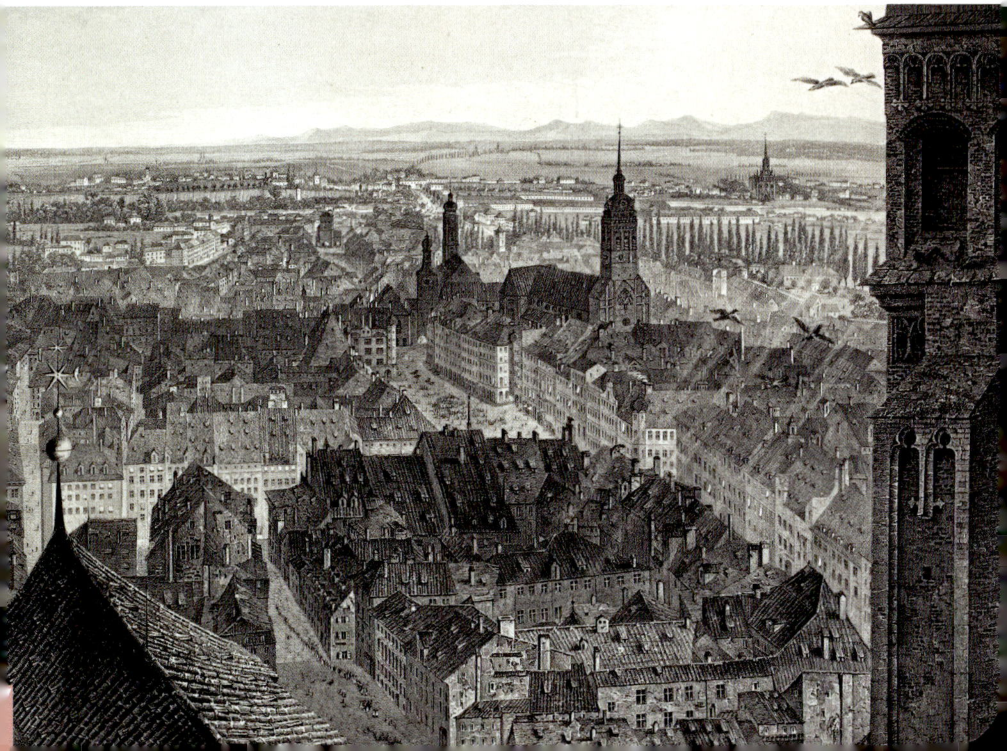

Turmbesteigung Rathaus

Höhendifferenz:
569–518 m NN, 61 m Höhe
Turmspitze 85 m
Öffnungszeiten:
Mo–Fr 10.00–19.00 Uhr,
(im Winter bis 17.00 Uhr)

Das Neue Rathaus ist ein Dokument des Bürgerstolzes und des gewaltigen Wachstums der Bürgerstadt im späten 19. Jahrhundert. Es entstand von 1867 bis 1909 in drei Bauabschnitten, die man dem mächtigen neugotischen Bau von rechts nach links und in die Tiefe zum Marienhof hingehend ablesen kann. Das Setzen des Schlusssteins auf dem Rathausturm im Winter 1905 beendete den Rohbau des dritten Bauabschnittes. Die architektonische Gestaltung auch des Turms entspricht weitgehend der Gestaltung des Brüsseler Rathauses von 1455.

Mit dem Rückgriff auf eine gotische Baugestaltung will das Neue Rathaus an die bürgerliche Hochblüte während der Gotik erinnern und sich von den königlichen Bauten in München, im Stil des Klassizismus und Historismus absetzen. Die Aussichtsplattform des Rathausturmes ist die so genannte dritte Galerie. Sie befindet sich in 61 m Höhe und ist über zwei Aufzüge, mit einem zwischenliegenden Kassenhäuschen und kleinen verbindenden Treppenanlagen zu erreichen. Auf dem Turm stehend, zwischen Wand, Brüstung, Eckfialen und Strebebögen liegt uns München zu Füßen.

Panorama vom Turm des Neuen Rathauses, 1910

Die Aussichtsplattform führt vollständig um den Turm herum, so dass Blicke in alle Richtungen möglich sind: Marienplatz, Altes Rathaus, Alter Peter, Heilig-Geist-Kirche, Isartor, Gasteig; Theatinerkirche, Ludwigsstraße, Monopteroshügel, Maximilianeum, Friedensengel, Olympiaturm; Frauenkirche, St. Pauls Kirche und die Voralpen mit den *Münchner Hausbergen.*

Die Rathausspitze in 85 m Höhe bildet die mehr als zwei Meter hohe Figur des *Münchner Kindls.* Der Bildhauer Anton Schmid gestaltete die Figur nach seinem damals neun Jahre alten Sohn Ludwig, der später als Volkschauspieler Ludwig Schmid-Wildy bekannt wurde. Man meint, er zwinkert immer wieder seinen Nachbarn Alter Peter, Stasi und Blasi zu und erzählt wie man als Brandner Kaspar aber auch als Münchner mit dem Tod umgehen sollte: *Boandlkramer, I will Dir was sagn, mei Vater selig is neunzg Jahr alt worn und so alt will I aa wern, na kost mi abholn. Aber i glaab, es is gscheiter als die Rederei da, wann D'mit mir a Glaasl Kerschngeist trinkst, i hon an recht an guatn und Du schaugst ja so elendi aus und sper, daß Dir a Glaasl gwiß guat doa werd und a paar Kirtanudl hon i aa no dazua.*

Turmbesteigung Paulskirche

60 m Höhe
Turmspitze 97 m
Öffnungszeiten:
Während des Oktober-
festes

Die Pfarrkirche St. Paul entstand 1892–1906
zur Entlastung der Altpfarrei St. Peter auf städ-
tischem Schulgrund, am Rande der Ludwigsvorstadt. Städtebauliche Lage und Dimension
des Kirchenbaus von Georg von Hauberrisser
mit dem in der Planung schließlich bis auf 97 m
Höhe gezogenen, barock anmutendem
Vierungsturm sind außergewöhnlich. Der Bauplatz für St. Paul wurde rechtzeitig in den
Baulinienentwurf für die Ausläufer des Wiesenviertels gestellt. So liegt der Bau in der Straßen-
flucht der Landwehrstraße, in Anbindung an
die Altstadt und in direkter städtebaulicher
Ausrichtung auf die Mutterkirche St. Peter
weiter im Osten. Die Patronsnamen zeigen
die Zusammengehörigkeit: Peter und Paul.

Obwohl die Kirche die mittelalterliche
Ost-West-Ausrichtung, mit dem Portal als
Schauseite im Westen hat, bietet die
Ostansicht in die Ferne ein vollständiges Bild
als wuchtige, plastische Masse, mit in der
Höhe abgestuften und übereinander gestaffel-
ten Polygonen von Chor, Nebenkapellen,
hoch aufragendem zentralen Hauptturm und
schlanken, seitlichen Westtürmen.

Theresienwiese und Paulskirche im Bau, um 1900

Der Kirchenstandort markiert am Rande der Isartalkante den westlichen Zugang zur Stadt. Mit seinen drei Türmen hat St. Paul eine beherrschende Sichtbarkeit über die und von der baufreien Theresienwiese.

Während des Oktoberfestes wird die in etwa 60 m Höhe liegende Aussichtsplattform um den Hauptturm für die Allgemeinheit geöffnet. Das Angebot nutzen Jahr für Jahr mehr als 6.000 Besucher. Wie aus dem Himmel kann man dann auf das Volksfest-Treiben auf der Wiesn und bei gutem Wetter bis zu den Alpen schauen. Zum tragischen Flugzeugabsturz am 17. Dezember 1960 über dem Turm der Paulskirche siehe W.22 Hackerberg.

Olympiaturm

Höhendifferenz:
707–518 m NN
189 m Höhe
Turmspitze 291 m
Öffnungszeiten:
Täglich 09.00–24.00 Uhr

Der Olympiaturm ist mit 291 Metern das mit Abstand höchste Gebäude in München. Er birgt im unteren Turmkorb Fernmeldeeinrichtungen und im oberen verglasten Korb ein Drehrestaurant mit zwei Aussichtsplattformen in 181 und 189 Metern Höhe. Die Grundsteinlegung erfolgte im August 1965, Monate vor der Entscheidung des Internationalen Olympischen Komitees, die Olympischen Sommerspiele 1972 nach München zu vergeben. Die Integration des Turmbaus in die Münchner Konzeption der *Olympischen Spiele im Grünen* gelang problemlos. Er ist seit seiner Fertigstellung am 22. Februar 1968, vor 50 Jahren, das Wahrzeichen des Olympiaparks.

Der Aufstieg zu den Aussichtsplattformen erfolgt in der Regel mit einem Besucheraufzug in 30 Sekunden. Im Rahmen von Sonderveranstaltungen ist jedoch auch das Treppenhaus mit seinen 1.230 Stufen zum Aufstieg geöffnet. So gab es 1993 bis 2011 den *Olympiaturmlauf* und so gibt es aktuell einmal im Jahr den vom Radiosender Gong 96,3 ausgerufenen *Turmrun*. Die schnellsten Vertikal-Sprinter ersteigen das Treppenhaus in weniger als fünf Minuten. Respekt!

Der Blick von den Aussichtsplattformen ist überwältigend. Auf die Fenster der unteren Aussichtsplattform wurden Grafiken und Schriftzüge angebracht, zur Erklärung und dem Auffinden in der Ferne aufragender Gebäude, Landschaftsmerkmale und der *Münchner Hausberge*.

Eine Widmung im Grundstein des Olympiaturms gibt den Apollo-Zeitgeist des Jahres 1968 wieder: *Möge dieses große technische Werk, der höchste Turm Deutschlands, gleichzeitig höchster Stahlbetonturm Mitteleuropas, ein neuer Blickpunkt in der Stadtsilhouette, vor Zerstörung durch die Natur oder menschliche Gewalt verschont bleiben, in einem Zeitalter, in dem der Mensch sich anschickt, immer mehr in das All vorzudringen und andere Planeten zu erforschen und zu erobern.*

Bau des Olympiaturms, Juni 1966

VON DER MENTERSCHWAIGE
ZUR BRUNNBACHLEITE

0.7

0.6

0.5

0.4

0.3

0.2

0.1

200 m

Östlich der Altstadt gibt es 54 Anstiege mit Höhen zwischen 33 und 6 m, zusammen 893 Höhenmeter. Im Durchschnitt sind die Anstiege 17 m hoch. Die Höhenlagen reichen von 566 – 503 m NN.

Der Höhenweg Harlachinger Hochleite ist die südliche Etappe entlang der östlichen Hangkante Münchens. Er führt von der Großhesseloher Brücke bis zum Gasthaus Siebenbrunn und von dort zum Bahnhof Thalkirchen der U3. Merkmale des Weges sind steile Anstiege von der Hochleite ins Isartal und die Überwindung des Harlachinger Berges. Vom S-Bahnhof Großhesselohe-Isartalbahnhof (Ausschilderung durch gelbe Wegweiser für Radfahrer; Verlauf: Sollner Straße, Pullacher Straße) ist es 1 km weit bis zur Großhesseloher Brücke.

Nach der Überquerung des Isartals auf der Großhesseloher Brücke kann man zunächst den höchsten Punkt des Höhenwegs ansteuern, die Fußgängerbrücke über der Eisenbahntrasse. Dann führt uns der Weg über mehrere Treppenanlagen insgesamt 33 m tief zur Isar hinunter. Durch den Abstieg bekommt man eine Vorstellung von der schon erheblichen Höhe der Hangkante am südlichen Stadtrand von München. Wir unterqueren die Brücke.

Vom Schlichtweg (Damm) führen mehrere Wege nach rechts hoch zur Menterschwaige. Einer gleich wenige Meter hinter der Brücke, ein letzter mit Beschilderung nach ca. 600 m. Diesen folgen wir und erreichen wieder die Hochleite und ihr entlang nach ca. 1 km den schönen Fußweg zur Marienklause. Hier ist ein Abstecher nach unten gewiss lohnend. Auf der Hangkante führt die Hochleite weiter bis an die Mauern der St.-Anna-Kirche.

Ein kleiner Weg schlängelt sich zwischen Friedhofsmauer und Hang entlang zum Kirchenvorplatz und zum Harlachinger Berg. Wir befinden uns über dem Tierpark Hellabrunn. Das hört man gelegentlich und das riecht man gelegentlich auch.

Höhenweg Harlachinger Hochleite

Start
S7 Großhesselohe-Isartalbahnhof
Ziel
U3 Thalkirchen
Länge
6 km, mit Hangwegrunde 10 km
Dauer
(ohne Variante Hangwegrunde)
1 Stunde, 15 Minuten
für Fußgänger
35 Minuten für Jogger
20 Minuten für Radfahrer

Der Harlachinger Berg gilt als unfallträchtig. Bitte Vorsicht beim Abstieg bzw. bei der rasanten Abfahrt durch die engen Kurven. Im langen Auslauf des Berges erkennt man das Gasthaus Siebenbrunn. Zum ca. 1 km entfernten Bahnhof Thalkirchen der U3 geht es entlang der Tierparkstraße und über die Thalkirchner Brücke.

Variante Hangwegrunde
Der ambitionierte Fußgänger und Jogger lässt sich vor Inangriffnahme des Höhenweges eine Begehung aller Hangwege zwischen der Großhesseloher Brücke und der Marienklause in einem Rundweg nicht entgehen. Über die hohe Treppenanlage an der Großhesseloher Brücke geht es zur Isar hinunter. Auf dem folgenden Hangweg wird aufgestiegen, oben auf dem dann im Verlauf der Hochleite folgenden Hangweg wieder abgestiegen etc. Am Missionskreuz (Gipfelkreuz) des Fußweges über der Marienklause angekommen, beginnt der Rückweg zunächst mit dem erneuten Abstieg zur Klause und dann Richtung Großhesseloher Brücke im gleichen Schema wie hierher: Auf dem folgenden Hangweg wird aufgestiegen, oben auf dem folgenden Hangweg wieder abgestiegen.

Am Ende der Runde über sechs Hangwege wurden entlang einer Strecke von 4 km zusätzlich 300 Höhenmeter überwunden, 150 Höhenmeter nach oben und 150 Höhenmeter nach unten. Gratulation.

Das Isartal am südlichen Rand von München entwickelte sich um 1900 zum dankbar angenommenen Ausflugsgebiet der Städter. Zu Fuß, ab 1891 mit der Isartalbahn oder nach 1910 mit der Grünwalder Straßenbahn, gelangte man nach Maria-Einsiedel, zum Hinterbrühler See, zur Großhesseloher Bücke, zur Thalkirchner Brücke, auf die hohen Leiten Harlachings, zur Menterschwaige, zur Gaststätte Harmoniepark und nach Grünwald. Es gab dort an der Isar einfache Wege für den Ausgang, den Spaziergang oder den längeren Landausflug. Zeitgenossen nannten das Gasthaus und Gut Hardhausen: Menterschwaige, weil ein Besitzer zugleich die Brauerei und Gaststätte Menter in München betrieb. Es war ein *einsames Wirtshaus, wo uns das herrliche Gebirge zum ersten Mal einen vertraulichen Blick in seinen Schoß gestattete.*

Die Stadt München war bemüht, den gesamten rechtsseitigen Isarhang zwischen Grünwald und der Marienklause in Eigenbesitz zu bekommen. Gegen Interessen der erschließenden Terraingesellschaft Heilmann & Littmann gelang das dann auch. Die Hangkante konnte der Bebauung entzogen werden. Die Grundstücksbesitzer mussten sogar einen angemessenen Geländestreifen zur Hangkante hin abtreten.

Das hat die freie Zugänglichkeit der Hänge gesichert, sicher sind diese aber nicht: Im unregelmäßig gebundenen Terrassenschotter gab und gibt es lose und feste Partien, ausgewaschene Höhlen, Quellaustritte und Abschnitte mit starken Hangrutschungen. Regenableitungen, Eisenträger, Stützmauern und Überbrückungen aus Eisenbeton mussten die Hänge oben, ein Hochwasserdamm diese unten stabilisieren. Die Stützbauten aus Beton erhielten damals durch Verblendung das Aussehen natürlicher Felsenpartien. Diese Maßnahme ist besonders gut am Hangweg oberhalb der Marienklause zu erkennen, der sich an die Hangkante schmiegt und von verkleideten Betonbögen gestützt die Höhe entlang der zum Teil überhängenden Nagelfluhfelsen gewinnt.

Auch der Hochwasserdamm, ansonsten ein ebener Ingenieursbau, erhielt am südlichen Stadtrand von München eine gewisse Höhenbewegung und wurde daher als *Panoramaweg* bezeichnet. Die feuchte Mulde zwischen Hang und Damm bepflanzte man mit heimischen Baumarten und Sträuchern. Sie blieben sich selbst überlassen, was gewollt zu teilweise urwaldähnlichen Zuständen führte. Die Arbeiten zur Hangstützung und Hangerschließung erfolgten erstmals von 1904 bis 1928 und erreichten schließlich auch Grünwald.

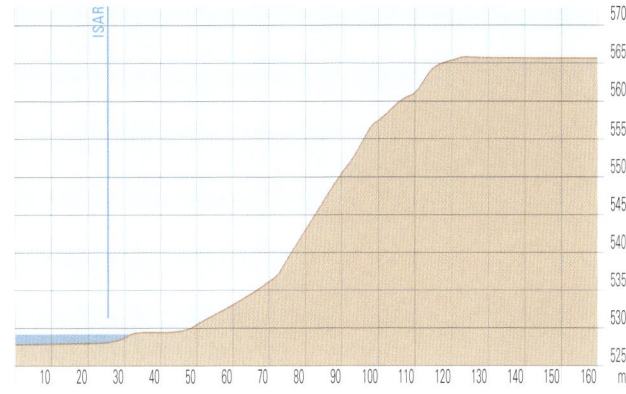

ISAR

570
565
560
555
550
545
540
535
530
525

10 20 30 40 50 60 70 80 90 100 110 120 130 140 150 160 m

**Treppenanlage Groß-
hesseloher Brücke /
Fußgängerbrücke**

Höhendifferenz:
566–533 m NN
33 m Höhe

Die Hangleite Menterschwaige ist als Landschaftsschutzgebiet und Fauna-Flora-Habitat-Gebiet
anerkannt. Insbesondere die Nagelfluhsteilwände
sind einzigartige Kleinlandschaften im Münchner
Stadtgebiet, die über Jahrtausende von direkten
menschlichen Einflüssen verschont geblieben
sind. Sie stellen ein Relikt von Naturlandschaft dar,
das selten ist. Sie zeigen ihre Unberechenbarkeit
in Form von unvorhersehbaren Hangrutschungen.
Üppiges Grün ist auf dem Vormarsch und verdeckt zunehmend die ehemals gerühmte Fernsicht von diesem Höhenweg auf die Berge im
Süden sowie die Innenstadt im Nordwesten.

Das Nebeneinander von Naturschutz und Erschließung, langsamen Fußgängern und schnellen
Sportradlern kann an schönen Wochenenden
dem Erholung suchenden Großstadtbewohner
bewusst machen: Man ist nie allein unterwegs,
Erholung hat verschiedene Geschwindigkeiten,
gegenseitige Rücksichtnahme ist geboten.

Von der Großhesseloher Brücke bis zum Gelände
des Tierparks Hellabrunn überwinden kleine
Hangwege und sechs weitgehend durch Wege-
bau, Schwellen, Bohlen und Geländer gesicherte
Steige die hohe Hangkante. Diese ausgebauten
Steige befinden sich an der Großhesseloher
Brücke (Wunderhornstraße), auf Höhe der Sutner-
straße, bei der Menterschwaige, auf Höhe der
Hermine-Bland-Straße, auf Höhe der Braunstraße
und schließlich als doppelter Hangweg bei der
Marienklause. Sie erweisen sich für Wanderer,
Jogger und (wo erlaubt) auch für Radfahrer als
wahre *Klettersteige*, wollen sie doch sportlich
bezwungen werden. Wenn man das Auf und Ab,
Hin und Zurück auf sechs Hangwegen bewältigt,
kommen schnell 300 Höhenmeter zusammen.

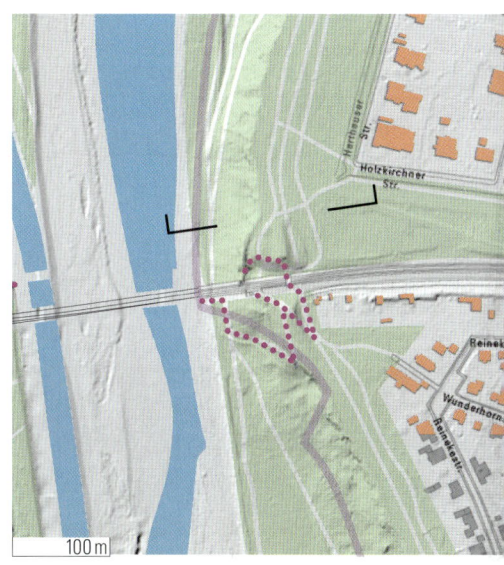

100 m

Hangweg bei der Sutnerstraße

Höhendifferenz:
558–532 m NN
26 m Höhe

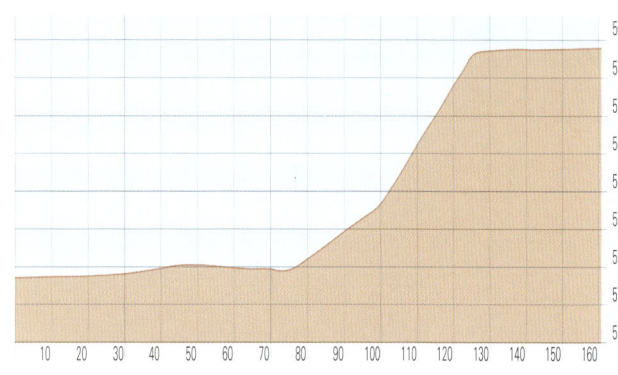

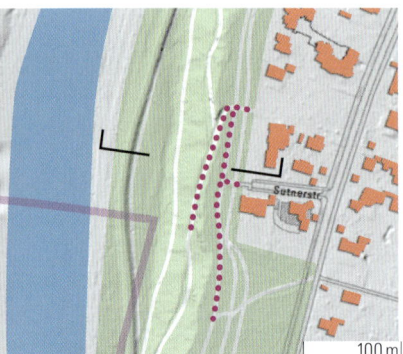

100 m

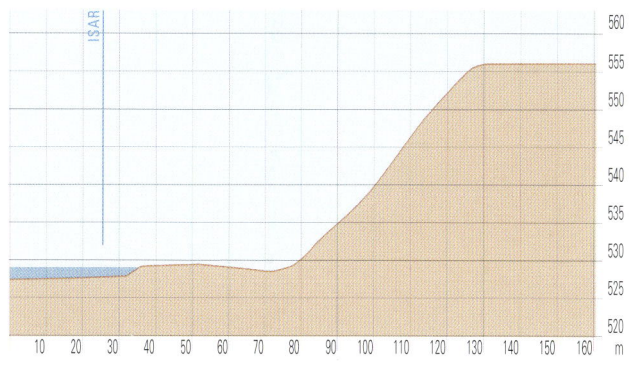

Hangweg bei der Menterschwaige

Höhendifferenz:
556–531 m NN
25 m Höhe

100 m

Hangweg bei der Hermine-Bland-Straße

Höhendifferenz:
554–531 m NN
23 m Höhe

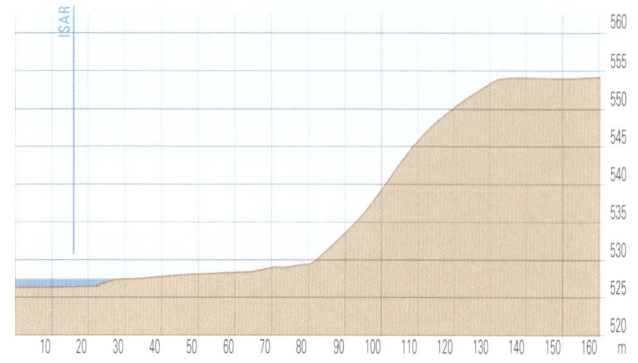

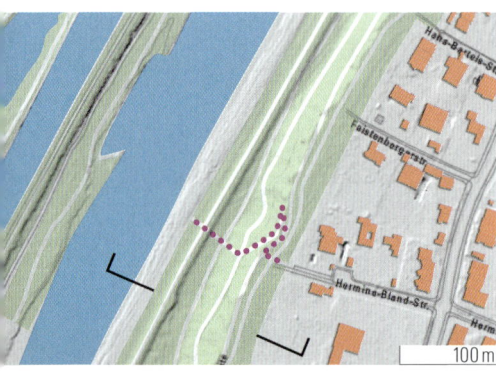

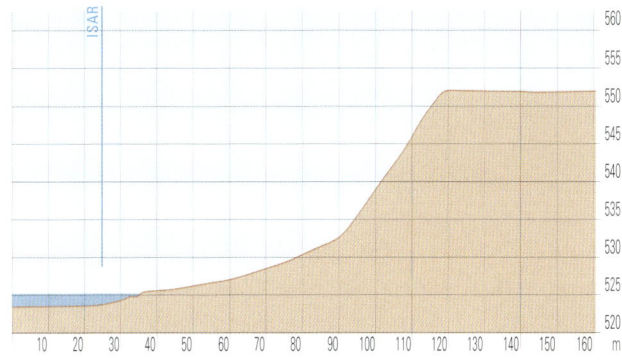

Hangweg bei der Braunstraße

Höhendifferenz:
552–529 m NN
23 m Höhe

Hangweg bei der Marienklause

Höhendifferenz:
552–529 m NN
22 m Höhe

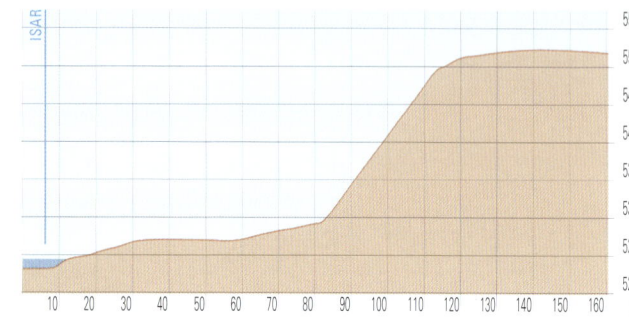

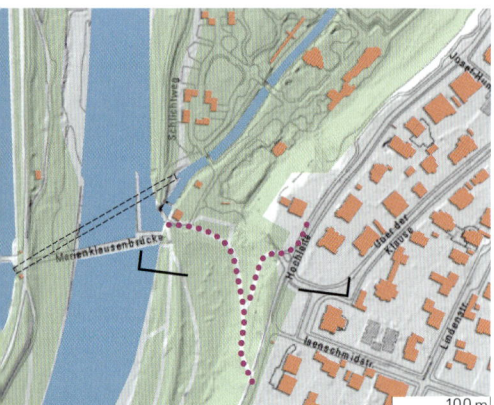

Nahe der Ableitung des Auer Mühlbachs in das Gelände des Tierparks Hellabrunn und dem Schleusenwärterhaus errichtete der Wasserbaumeister und Schleusenwärter Martin Achleitner 1866 die Marienklause. Die kleine Kapelle aus Nagelfluh-Steinen mit Holzverkleidung sorgt für eine romantisch-religiöse Stimmung. Achleitner erfüllte mit dem Bau ein Gelübde seines Vaters und eines Onkels. Das Floß der Brüder war bei Hochwasser verunglückt und an den Schleusensteg getrieben worden. Es zerbrach, die Flößer aber konnten sich retten. Achleitner drückte mit dem Votivbau auch seine Dankbarkeit aus, dem häufigen Steinschlag aus den Nagelfluhfelsen und die wiederkehrende Flutgefahr der Isar überlebt zu haben. Eine angeschlagene Gedenktafel nennt weitere Wasseraufseher und bittet: *Fromme Wanderer die Ihr vorüber geht, gedenkt ihrer im Gebet.* In der Kapelle finden sich Votivbilder und Danksagungen. Sie ist das Ziel von Maiandachten und Marienprozessionen. Häufig brennen Kerzen am Eingang und bringen etwas Licht in den verschatteten Bau.

Unter der Kapelle besteht seit 1865 eine künstliche Grotte mit Fassung der *Jakobsquelle*. Häufig brennen auch in den Nischen der Grotte Kerzen. Sie geben dem stillen Ort mit dem sanft pulsierenden Wasserspiegel der Quellfassung eine wunderbare Stimmung. Es ist dort aber eng, feucht und ohne Sitzmöglichkeit. Man verlässt die Grotte bald wieder, vorbei an einer Inschriftentafel des Martin Achleitner und kleinen Wandhöhlen mit Andachtsbildern:

> *Ist auch die Quelle eng und klein*
> *So ist doch's Wasser klar und rein.*
> *Gesundheit bringt's und Lebenskraft,*
> *Wohl mehr als mancher Gerstensaft.*
> *Das merkt euch Pilger lobesan!*
> *Seid meine Gäste dann und wann.*

Zur Marienstätte gehören ein offener Naturhof mit Kreuzwegstationen, ein Freiluftaltar unter hohen Bäumen und etwas abseits ein Baum mit halbkreisförmig umlaufender Steinbank. Im Zuge der Arbeiten zur Hangsicherung und dem Anlegen von Wegen nach 1904 erfolgte gegen 1912 eine Erneuerung der Kapelle und des darüber verlaufenden wunderbaren Hangwegs im steilen Fels. Schon Martin Achleitner hatte mit der Anlage von Wegen durch die Isarhänge begonnen.

Im anstehenden Nagelfluh stützen seither Mauern und Bögen den schmalen Serpentinenweg, der zu den schönsten kleinen und unbekannten Sehenswürdigkeiten Münchens zählt. Er ist ein Hindernis für zu forsche Radsportler. Nasses Laub, Wasser aus den überhängenden Felspartien und Eis im Winter machen ihn gefährlich. Das Rad darf daher nur geschoben werden.

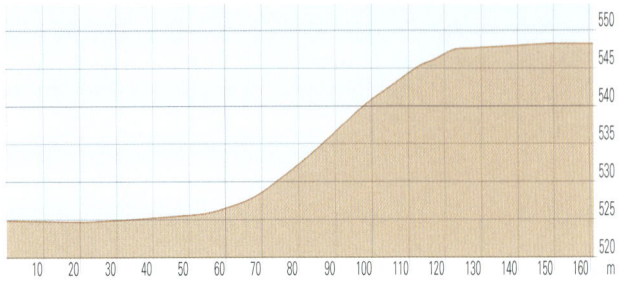

Harlachinger Berg
Höhendifferenz:
547–522 m NN
25 m Höhe,
13 % Steigung,
anfangs lange Rampe

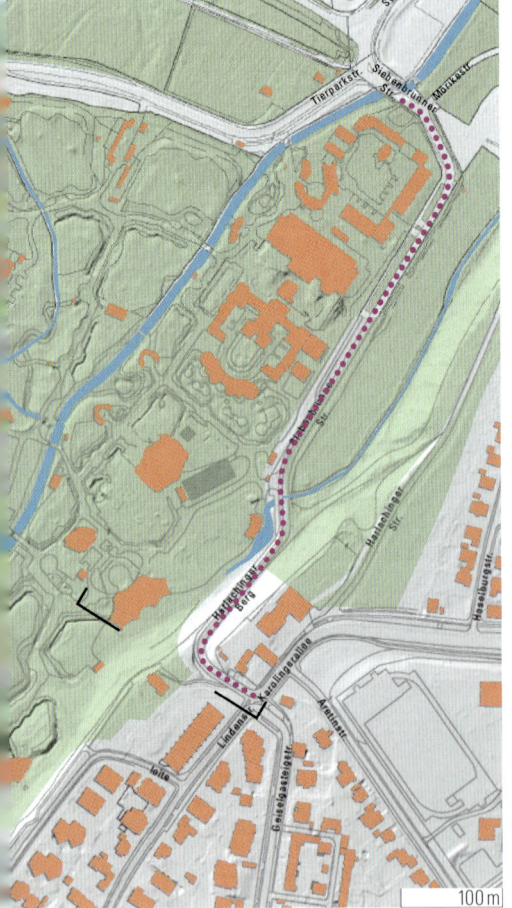

100 m

Seit 1330 wird der Auer Mühlbach, ein ehemaliger Nebenarm der Isar, kontrolliert aus der Isar abgeleitet. Im Jahre 1907 übernahm eine *Unterquerungsdruckleitung* die Zuführung des Wassers aus dem Werkkanal. Das Leitungsbauwerk liegt unter dem Marienklausensteg. Im Areal des Tierparks Hellabrunn gab es verschiedene gewerbliche Einrichtungen bis zur Widmung als Zoologischer Garten: ein landwirtschaftliches Anwesen, die Edelsitze Siebenbrunn und Hellabrunn, eine Mühle.

Schließlich erwarb die Stadtgemeinde München das Areal, um es von Bebauung frei zu halten und richtete darin 1911 den Tierpark Hellabrunn ein. Der Tierpark ist im Kern ein gegen Bezahlung öffentlich zugängliches Auenwaldgelände geblieben. Aus dem Areal gibt es keine Wege über die Hangkante auf das Hochufer. Der Hang wird als Kulisse der Einrichtungen und Bauwerke des Tierparks genutzt. Lokaler Nagelfluh und alpine Felsen dienen der abwechslungsreichen Gestaltung von Steinformationen in den Gehegen, z.B. der Schneeziegen oder als Affenfelsen der Paviane. Die Arme des weit aufgefächerten Wasserlaufs überqueren 25 Brücken, etliche stammen noch aus der Erbauungszeit des Zoos von 1911.

Das alte Elefantenhaus von 1914 war damals die erste freitragende Beton-Glas-Kuppel der Welt, Höhe 18 m und erinnerte eher an eine östliche Kirche als an ein Elefantenhaus. Aus statischen Gründen musste diese 2014 zurückgebaut werden. Großbauten wie die Voliere fügen sich leicht und transparent in die Auenlandschaft ein. Die Eisbärenanlage gehört zu den größten und modernsten Anlagen dieser Art in Europa.

Hier nimmt man Bezug zu den angrenzenden Nagelfluhfelsen. Trotz des Betonkerns der Wandbauten wirkt die Eisbärenanlage wie eine natürliche glatte Felslandschaft aus Nagelfluh. Sie soll an Eisberge erinnern. Die Nagelfluhoptik ist das Ergebnis von Pigmenteinfärbungen im Stampfbeton, der nach römischem Vorbild grob aufgemischt und schichtweise in die Schalung eingebracht wurde. Die noch weiche Betonoberfläche wurde sodann weiter modelliert, mit natürlichen Gesteinbrocken fixiert und abschließend mit Hammerschlägen und einem harten Wasserstrahl bearbeitet. Dadurch ergab sich das Aussehen von Gesteinsschichten und Verwitterung.

Für die Herstellung der Form des *Mutter-Kind-Hauses* der Eisbärenanlage verwendete man den Abdruck einer rund 50 qm großen Nagelfluhformation bei Salzburg.

Auf der Höhe über dem Tierpark Hellabrunn führt ein schmaler Pfad unmittelbar an der Hangkante entlang zum St.-Anna-Kircherl. Es nimmt die Spitze des Harlachinger Berges ein.

Der Harlachinger Berg war ein beliebtes Motiv der Münchner Landschaftsmaler vor 1800. Georg von Dillis, Jakob Dorner, Matthias Heim haben ihn gemalt und gern frei die Szenerie ergänzt. Mal gab es zusätzlich die Zugspitze zu sehen, mal das Harlachinger Schloss, mal das St.-Anna-Kircherl. Die kleine Kirche war der Kern des Ortes Harlaching. Ein Vorgängerbau ist für das 12. Jahrhundert verbürgt.

Vor der 1761 umgebauten Kirche lag von ca. 1700 bis 1796 das Harlachinger Schloss in landschaftsbeherrschender Situierung. Freiherr Marx Christoph von Mayr war der letzte Schlossbesitzer. Alte Stiche und eben die Bilder der Landschaftsmaler zeigen einen frei auf der Hangkante stehenden hohen Schlossbau, die *Gutshofkirche St. Anna* und die bedeutende Anlage eines prächtigen Schlossgartens in Hang- und Tallage mit Wasserfontänen am Fuß des Harlachinger Berges. *Hellabrunn* erscheint in diesen alten Ansichten nur als eine das Schlossgut im Tal ergänzende Wiese.

Isartal mit Blick auf Harlaching, Simon Warnberger, 1798

Der Gartenarchitekt Matthias Diesel verfasste 1710 prächtige Stiche eines barocken Parterregartens unterhalb des Steilhangs. Dieser Garten bestand wohl auch zeitweise so. Erstaunen weckt dann aber eine von ihm dargestellte, über den Hang verlaufende Kaskade gewaltiger Dimension. Der Schriftsteller Karl Trautmann beschrieb 1888 diese einzigartige Kaskade: *Wie das schäumt und rauscht und sprudelt! Über neununddreißig Stufen stürzen die Wasser von der Höhe herab, dazu gesellen sich auf der untersten Brüstungswand dreizehn Fontänen, jede wieder zu einer kleinen Kaskade ausgestaltet und weitere zwölf Fontänen in dem Kanale, welcher all diese Wasserfülle zu sammeln bestimmt ist.*

Schön beschrieben, gleichwohl: Diese Kaskade gab es nicht. Angesichts der topographischen Verhältnisse des Steilhangs über dem Tierpark müssen der Stich und die Beschreibung der Kaskade als Entwurf einer barocken Bühnenkulisse und phantasievolles Wunschbild betrachtet werden. Bayern geriet 1795 zwischen die Fronten der Krieg führenden Länder Frankreich, Preußen und Österreich.

Plünderungen französischer Revolutionstruppen 1796 und ein nachfolgender Brand vernichten das Schloss Harlaching auf dem Hochufer, seinen höfischen Glanz und seine Ausstrahlung in die umliegende Landschaft. Nach 1796 zeigten die Landschaftsbilder der Maler nur mehr eine Ruine und auch die verschwand auf späteren Bildern. Das Innere des wundersam erhalten gebliebenen Kirchleins, ein prachtvoller Hochaltar mit dem Gnadenbild von 1500, das Deckengewölbe, Fresken der Rokokozeit, der kleine Friedhof und dort zahlreiche Eisenkreuze mit Sinnsprüchen erfreuen einen umso mehr. Der nahe Isarhang nagt an den Fundamenten der Kirche. Zuletzt 1989 verankerte man die Friedhofsmauer erneut mit Stahlnägeln im anstehenden Gestein.

Matthias Diesel, Entwurf zu einer barocken Gartenanlage für das Harlachinger Schloss, 1710

Harlaching wurde 1854 als Ortsteil von Giesing nach München eingemeindet. Dadurch nahm der Verkehr über den Harlachinger Berg zu. Die Bergstraße ist mit 13 % Steigung ein Superlativ in München, ein wahrer Klettersteig für Fußgänger, Rad- und Autofahrer. Der Isartalverein verhinderte 1903 den Ausbau der damaligen Thalkirchner Brücke, was unweigerlich zum Ausbau der Bergstraße geführt hätte. Mitte der 1970er Jahre gab es Pläne der Stadt, den Berg autogerecht zu bezwingen. Eine vierspurige Rampe sollte durch die Isarauen über den Hang hoch nach Harlaching geführt werden. Auch dieses Mal setzte sich der Naturschutzgedanke durch.

Der Kernbau der heutigen Stützmauer stammt aus den späten 1950er Jahren und wurde 2009 grundlegend saniert. Ein Abbruch der alten Konstruktion war nicht möglich. So ein Unterfangen hätte den ganzen Hang über dem Tierpark instabil gemacht. Also umfasste die Sanierung das Einsenken von Betonbalken bis in 5 m Tiefe mit gleichzeitiger Verbreiterung des kombinierten Geh- und Radweges auf 3 m. Dem Verkehr wurden dafür 24 Bäume geopfert. Für sportliche Radfahrer ist der Harlachinger Berg eine Herausforderung.

Sie zählen ihn wegen der langen Geraden und dem Schlussanstieg in der Kurve zu den besten Münchner *Trainingsbergen*, an denen sich Intervalle lohnen. Nicht jeder ist dem Berg gewachsen. Regelmäßig wird die Abfahrt unterschätzt, die Unfälle häufen sich.

O.29

O.28

O.27

O.26

O.25

O.24

O.23

O.22

O.21

O.19

O.20

O.18

O.17

O.16

O.15

O.14

O.13

O.12

O.11

O.10

O.9

O.8

200 m

Auf Giesings Höhen

Start
U3 Thalkirchen
Ziel
S-Bahn Rosenheimer Platz
Länge
6 km (mit Variante Drumberg 7 km)
Dauer (ohne Variante Drumberg)
1 Stunde, 15 Minuten für Fußgänger
35 Minuten für Jogger
20 Minuten für Radfahrer

Östlich der Altstadt gibt es 54 Anstiege mit Höhen zwischen 33 und 6 m, zusammen 893 Höhenmeter. Mit den Höhen von fünf Lehmbergen und Parkhügeln im weiteren östlichen Stadtgebiet werden sogar 976 Höhenmeter erreicht. Im Durchschnitt sind die Anstiege 17 m hoch. Die Höhenlagen reichen von 566 – 503 m NN.

Der Höhenweg *Auf Giesings Höhen* ist die mittlere Etappe entlang der östlichen Hangkante Münchens. Er führt über den Drumberg, Candidberg, Giesinger Berg, Nockherberg, die Gebsattelbrücke, Lilienberg und Rosenheimer Berg zum Gasteig. Merkmale der Route sind zunächst schattige einsame Hangwege in Siebenbrunn und Birkenleiten, der Aufstieg *Auf Giesings Höhen* über die Candidstraßen sowie der Aufstieg zum Giesinger Berg, abgeräumte Flächen ehemaliger Herbergsviertel und die finale Ersteigung des Rosenheimer Berges/Gasteig über gut frequentierte Hangwege.

Vom Bahnhof der U3 Thalkirchen ist es ca. 1 km weit über die Thalkirchner Brücke und die Tierparkstraße zum Gasthaus Siebenbrunn.
In der Verlängerung der Mörikestraße, sie führt um das Gasthaus Siebenbrunn herum, beginnt ein kleiner Hangfußweg. Der Einstieg ist nicht ganz leicht zu finden. Wir steigen nach einer Passage an etlichen Quellaustritten vorbei, über einen der beiden auf die Hangkante führenden Bergsteige zum Fußweg neben der Harlachinger Straße auf und folgen dieser insgesamt auf 2 km Länge bis zur Fußgängerbrücke am Sechzger-Stadion *Auf Giesings Höhen.*

Wer will, kann hier einen Rundweg einfügen: nördlich der Brücke den 23 m hohen Schrafnagelberg zur Lohstraße absteigen, die Candidstraßen unterqueren und über den Oxnerweg wieder zum 25 m hohen Drumberg (Brücke) aufsteigen.

Unmittelbar hinter den Parkplätzen am Hangfuß des Bergls sammelt der Harlachinger Quellbach das Wasser zahlreicher Hangwasseraustritte. Manche erscheinen zwischen Wurzelstöcken der Bäume, manche quellen einfach aus dem Erdreich hervor. Dieses feuchte Areal gehörte zum Gut Birkenleiten und dem Adelssitz Siebenbrunn. Der Name Siebenbrunn bedeutet *nicht versiegender Brunnen.* Im frühen 19. Jahrhundert erfolgte die Wandlung des Adelssitzes zur Gaststätte. Gleich hinter ihr führt in der Verlängerung der Mörikestraße ein Serpentinenweg über die Hangkante hoch zur Harlachinger Straße. Ein romantischer steiler Fußweg, den man in der Herbstfärbung erleben muss, *Harlaching Summer* in München. Bis zum Drumberg mit dem Sechzger-Stadion queren weitere Steige den Hang.

Hangweg Siebenbrunn Süd

Höhendifferenz:
543–523 m NN
20 m Höhe

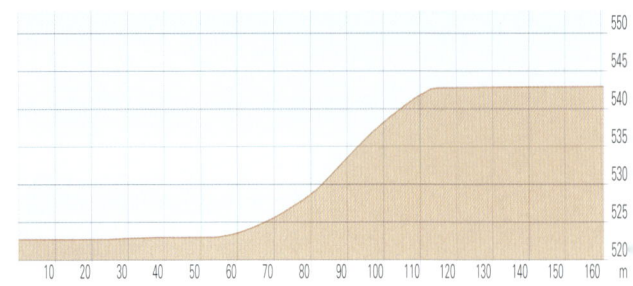

Es ist für den weiteren Weg nach Giesing sinn-
voll, auf das Hochufer hochzusteigen, da sich der
Hangfußweg bald schon in einer Schrebergarten-
anlage verliert und erst wieder vor der 2009
stillgelegten Krämermühle gut begehbar ist.

Wer sich dennoch einen Weg am Bach entlang
sucht und an der ehemaligen Krämermühle
ankommt, betritt eine stille, dem Alltag der Großstadt scheinbar entrückte Welt, umstanden von
Bäumen und dezent umrauscht vom Auer Mühlbach und dem *Kunstmühlnebenbach II*.

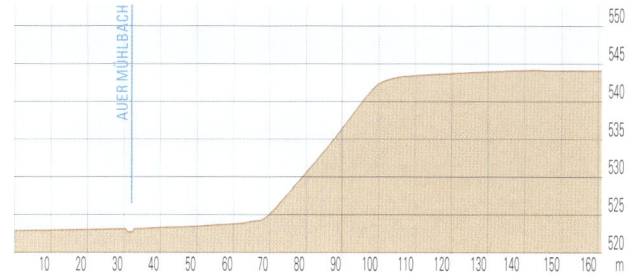

Nur ein paar Meter weiter gibt es wieder eine andere Welt: Die Gebäude der Komturei des Templerordens um einen 87 m hohen Wohnturm bauen sich vor einem auf. Das Trinitarion des orientalisch-orthodox-katholischen und kreuzritterlichen Chor- und Hospitalier-Ordens der Templer e. V. wird als Kloster genutzt.

Etwas weiter nördlich wieder eine andere Welt: Die Gebäude des Edelsitzes, dann Gut und schließlich Industriebetriebes Birkenleiten. Gebäude mit großer Vergangenheit und heute kaum noch auffallend. Zum Besitz gehörte u. a. das Weiderecht in den Isarauen bis zur Reichenbachbrücke.

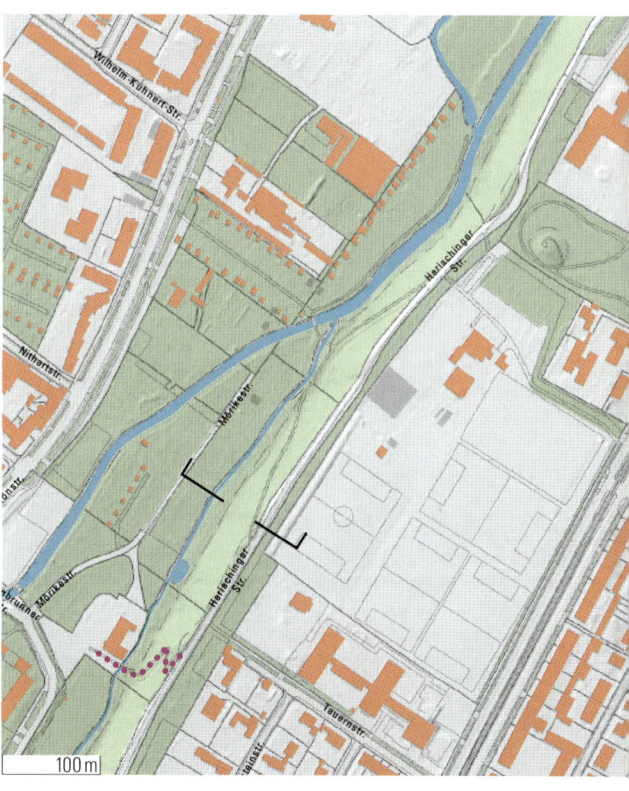

100 m

Drumberg

Höhendifferenz:
547–522 m NN
25 m Höhe
Stadtbalkon

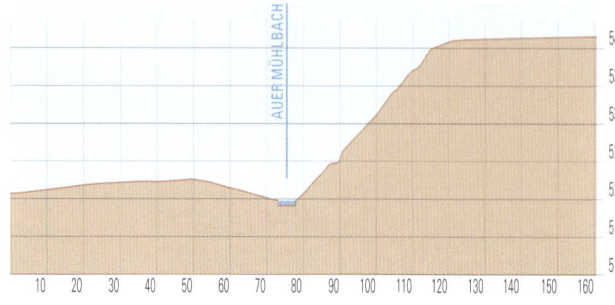

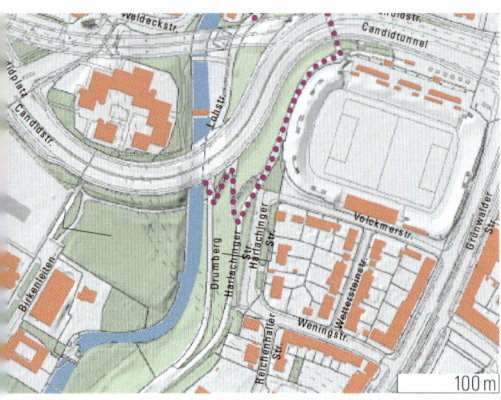

100 m

Und nochmals ein paar Meter weiter: Der vom Verkehr umtoste Candidplatz mit der sechsspurigen Candidstraße von 1955/1957 hoch zum Drumberg und der Rampe des vierspurigen Mittleren Rings von der Brudermühlbrücke zum Candidtunnel von 1967/1969. Wo ist hier noch Platz für Fußgänger und Natur? Im Verborgenen, unter den Straßen! Die Verbindung Drumberg – Lohstraße führt ganz unten, im tiefen Schatten der Brücken, nach Untergiesing. Der Weg geht vorbei am Kraftwerk Bäckermühle, dem alten Standort der Schrafnagel-Mühle. Sie war schon verloren, abgebrochen im Zuge des Straßenbaus.

Dann wagte Günter Tremmel an der Stelle den Neubau eines Kleinkraftwerkes mit zwei Turbinen. Eine Inschriftentafel erzählt von der Tat in den Jahren 1987/1988.

Etwas verloren und unpräzise wirken die Bezeichnungen für die Hangkante oberhalb des Candidplatzes: Schrafnagelberg, Drumberg, Candidberg, Auf Giesings Höhen. Schrafnagel war der Name eines Besitzers der alten Bäckermühle. Ein Drum ist ein Teil, das Trum eines Grundstücks. Der 1628 in München gestorbene flämische Maler Peter Candid gab ungefragt seinen Namen für diesen verkehrsumtosten Ort. Sein bekanntestes Werk in München ist wohl der zeichnerische Entwurf für die Mondsichelmadonna auf der Mariensäule. Ein Akt der Versöhnung mit dem ungefragten Namensgeber ist hoffentlich die Farbgebung im U-Bahnhof Candidplatz: Der Bahnsteigbereich ist in Regenbogenfarben gehalten, die ineinander von unten nach oben übergehen. Von unten nach oben kann man auch auf Giesings Höhen gelangen: Die beste Übersicht zur Lage der Hangkante und der Straßenzüge hat man von der Fußgängerbrücke (Heinrich-Zisch-Weg) vor dem Fußballstadion an der Grünwalder Straße.

Auf Giesings Höhen, hoch über der Isaraue, der Birkenau und Untergiesing regiert *Sechzig*. *Sechzig* muss man brüllen, schreien, skandieren, nur nicht leise. *Sechzig* ist Emotion. *Sechzig* ist die Fußballabteilung des *Turnvereins München von 1860* (TSV 1860) und das Städtische Stadion an der Grünwalder Straße ist die wohl traditionsreichste Sportanlage in der Stadt, das Grünwalder, das Sechzger-Stadion, die Höhle der Löwen, die alte Heimat von *Münchens großer Liebe*.

Das Stadion ist seit 1937 im Besitz der Stadt München und war bis zur Einweihung des Olympiastadions 1972 die bedeutendste Sportstätte der Stadt. Das letzte Bundesligaspiel sah das Stadion jedoch 1995, das letzte Zweitligaspiel 2005. Dann wurde es still auf Giesings Höhen. Nach umfangreichen Sanierungen und dem Neubau der Ostkurve wird das Stadion seit 2013 wieder bespielt durch die Profi-Frauen des *FC Bayern München*, Regionalliga-Spiele von *FC Bayern II* und *TSV 1860 II* (Männer), die A-Junioren des *TSV 1860* sowie die erste Mannschaft der *Löwen* im Wiederaufstieg von der 4. Liga in die 3. Liga (2018) und ggf. höher vor 15.000 Zuschauern. Nach der Rückkehr der Profimannschaft in das

Stadion ist es auf Giesings Höhen wieder laut geworden. Viele Löwenfans begrüßen das Fußballspektakel im angestammte Revier auf der Hangkante und das Gefühl wieder zu Hause zu spielen. Die Stadt denkt über den zweitligatauglichen Ausbau des stadteigenen Stadions nach.

Hoch oben regiert *Sechzig* und tief unten lagen die ausgelöschten Siedlungen Lohe, Untergiesing, Pilgersheim und Birkenleiten.

Candidstraße
(Candidberg)

Höhendifferenz:
538–525 m NN
18 m Höhe
lange Rampe

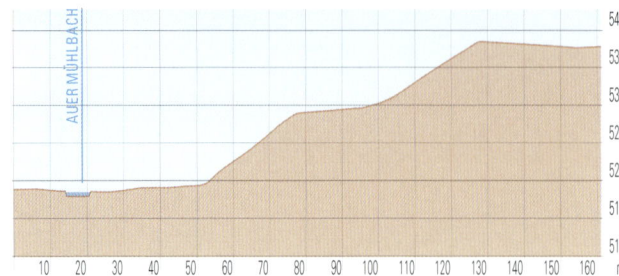

Momentaufnahmen: Merkwürdig leer kommt einem die Lohstraße nach der Bäckermühle vor. Kaum Häuser, dichter Bewuchs im Isarhang und hier und da Mauerreste im Grünen. Einsam, ja surreal tropft es aus einem grün gestrichenen Brunnen am Wegesrand in ein Steinbecken. Warum, für wen, wozu?

Ein paar Meter weiter ragt ein Rohr aus einer Brunnenfassung im Hang mit klarer Ansage: *Kein Trinkwasser*. Weiter oben erstrahlt ein silberfarbig umfasster Brunnen im Mittagslicht, unbeachtet, von Granitpoldern gerade noch geschützt. Unkraut wächst um ihn herum. Auch hier steht *Kein Trinkwasser*. Auf einer nahen Parkbank liegen ein altes T-Shirt und eine zusammengeklappte Brille. Vergessen, verloren, abgelegt, nicht vermisst? Hier ist nach 1945 ein Stück altes München gestorben: An der Lohstraße lag das alte Untergiesing, auf dem leidlich hochwasserfreien Rand des Auwaldes unterhalb der Giesinger Hangkante. Die heute abgeräumte Siedlungsfläche war schmal, karg, dunkel und feucht. Später übertrug sich die alte Bezeichnung Untergiesing neu auf das Areal unterhalb des Nockherbergs. Die 10 – 16 m hohe Hangkante überragte das alte Untergiesing, die Herbergen unter dem Nockherberg, um den Mariahilfplatz und entlang der Quellenstraße bis zum Lilienberg am Gasteig deutlich.

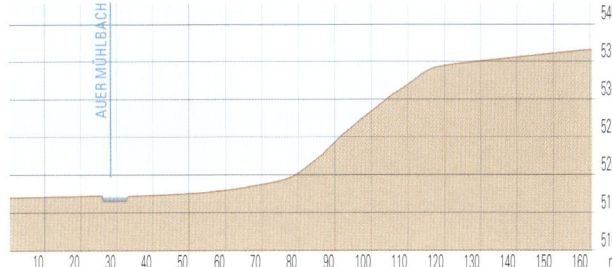

Rückblick: Als München im Jahr 1210 zur Stadt erhoben wurde, waren diese Ränder des Auenwaldes eigentlich unbewohnbare Flurstücke im Überschwemmungsgebiet der Isar. Im frühen 14. Jahrhundert setzte dort dennoch eine wilde, da weitgehend ungeregelte, aber von den Grundbesitzern geduldete Bebauung ein. Es waren vor allem in der Stadt dringend benötigte Handlanger, Bauarbeiter, die nach Arbeitsschluss die Stadt verlassen mussten, da sie kein Bürgerrecht hatten und in Herbergen vor der Stadt Unterkunft fanden. Durch den Erwerb eines Bruchteileigentums an einer Behelfswohnung, ein Haus konnte bis zu 50 Eigentümer haben, erhielten die Tagelöhner ein Wohnrecht und durften auch ein Gewerbe ausüben. Diese Praxis führte zur wilden Zersiedlung der schmalen Ränder von Überschwemmungsgebieten und unfruchtbaren Böden vor der Stadt, v. a. in Untergiesing und in der Au. In Ermangelung besseren Baugrunds wurden manche Herbergen übereinander in die Hänge des Hochufers gestellt.

Die Armenhäuser aus dem 16.–19. Jahrhundert hatten zumeist mehrere dicht nebeneinander liegende Eingangstüren zu den verschiedenen abgeschlossenen Wohnungen, teilweise auch Außenaufgänge zu den oben befindlichen Eigentumswohnungen, niedrige Raumhöhen, z. T. Zwischenwände aus Blech und Pappe. Nach der Bannung der Überschwemmungsgefahr durch Dämme an der Isar und nach der Eingemeindung der Vororte Giesing und Au versuchte die Stadtplanung, die weitere Ausdehnung der Herbergen an der östlichen Hangkante einzuschränken. Mit den Baumaßnahmen zur Begradigung der Bergstraßen auf den Giesinger Berg und auf den Nockherberg setzte schließlich die Beseitigung nahezu aller Herbergen unter diesen *Bergen* ein. Nach dem Zweiten Weltkrieg räumte die Stadt München, wo es ging, die baulich mangelhaften Kleinhäuser bis auf ganz wenige Relikte flächenhaft und endgültig ab.

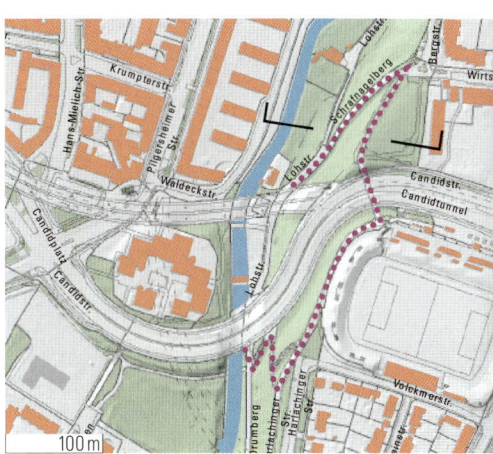

100 m

Die Bauparzellen an der Lohstraße und an der Quellenstraße wurden nicht wieder bebaut, die Leere ist spürbar, alte Hausbrunnen stehen noch da, sie werden nicht mehr gebraucht. Eine letzte Traditionsinsel bilden die Kleinanwesen Am Mühlbach 4a, 4b, 4c und 5, gleich zu Beginn der Lohstraße. Es sind somit nur noch die Fußsteige *Schweitzertreppe* und der *Poißlweg*, von der Lohstraße hoch zur Bergstraße und auf den Giesinger Berg, die als Infrastruktur an die ausgelöschten Siedlungen erinnern.

Treppenanlage Schweitzertreppe

Höhendifferenz:
535–518 m NN
17 m Höhe

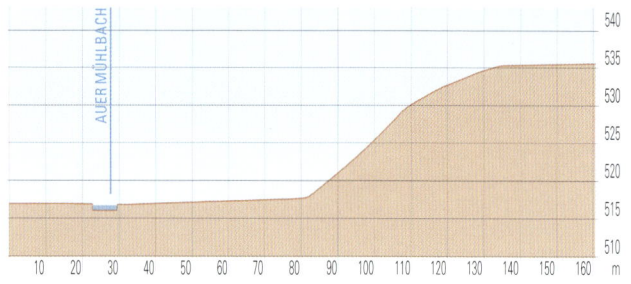

Der Ausbau der Schweitzertreppe ist eine Stiftung Münchner Bürger. Die Serpentinen des alten Poißlwegs enden an der Unterführung des Giesinger Bergs, an der Heilig-Kreuz-Kirche und der Lutherkirche.

100 m

Schweitzertreppe (Stiege)

Gespendet ...er

Münchner Bevölkerung

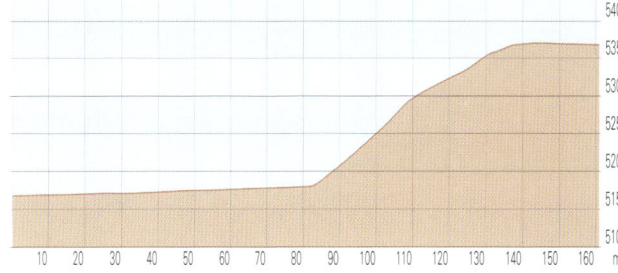

Der Poißlweg ist die direkteste und zentrale Verbindung zwischen unten und oben in Giesing geblieben, der kurze Weg für Fußgänger, Kirchgänger, Einkaufende – unterwegs zur Tegernseer Landstraße. Namensgeber des Weges ist Johann Nepomuk von Poißl, ein 1865 in München gestorbener Komponist und Intendant am *Königlichen Hof- und Nationaltheater zu München* (Oper). So viel Ehre für einen so kleinen Weg!

Giesinger Spaßvögel verwirren gelegentlich den Stadtwanderer durch den Hinweis, eine eher ungebräuchliche bayerische Form des Begriffs kleine Rast oder Pause lautet *Poißl* und diese sollte man vor dem Erklimmen der Hangkante auf einer der einladenden Sitzbänke einlegen. Auch wenn der Hinweis falsch ist, der Ratschlag ist gut. Innehalten, sich umschauen. Hangkanten!

Giesinger Berg

Höhendifferenz:
537–518 m NN
19 m Höhe
Steigung 5 %
lange Rampe
Kirche
Stadtbalkon

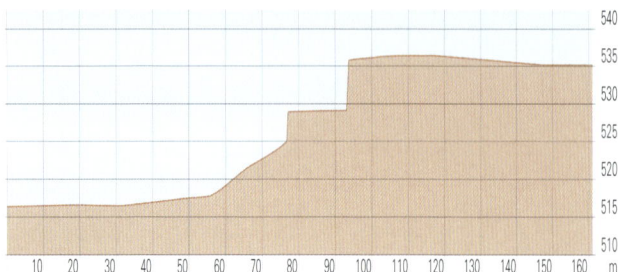

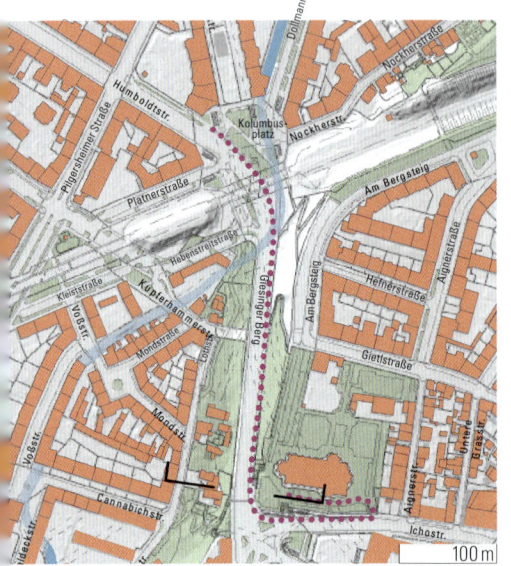

Das alte Zentrum von Obergiesing befand sich in einer ähnlichen Lage wie die historischen Orts-kerne von Harlaching, Haidhausen und Bogen-hausen: Hoch über der Isaraue, an einer steil ins Isartal führenden Bergstraße. Das alte Zentrum von Giesing lag südlich der heutigen, die Szenerie beherrschenden Heilig-Kreuz-Kirche. Dort stand bis 1888 der Vorgängerbau, die alte Dorfkirche von Giesing. Es war eine Schutzlage mit Ausblick. Im Volkslied heißt es so treffend: *Wer si wenig auf Zeha stellt, hat vor sich de ganze Welt.*

Wie in Harlaching, Haidhausen und Bogenhausen führte die Eingemeindung der Vororte zum Aus-bau der Straßen von der Altstadt über die Isar und über die Hangkante in die hinzugekommenen Quartiere. Bei der Begradigung des steilen Anstiegs auf den Giesinger Berg von 12 % auf 5 % Gefälle ist das alte Giesing gleich mit abgegraben worden.

Am Giesinger Berg, Carl Friedrich Heinzmann, 1836

Auffahrt zum Giesinger Berg, 1892

In die Mauer um die Ichoschule von 1916 sind Darstellungen der alten Heilig-Kreuz-Kirche, der Herbergen unter der ehemals steilen Bergstraße und eines sich darauf quälend hochziehenden Pferdegespanns eingelassen. Es ging langsam voran auf der Bergstraße, bei Wind und Wetter, durch Morast und Schlamm.

Nur zwei Jahre stand die alte neben der neuen heutigen Heilig-Kreuz-Kirche und markierte einen Übergang, eine Zeitenwende. Der Kirchenneubau demonstrierte eine neue Zeit für Giesing: nicht mehr Dorf, sondern Vorort, nicht mehr eigenständige Verwaltung, sondern aufgenommenes Stadtviertel. Der Neubau im Stil des dogmatischen Historismus hat eine deutlich klarere Architektursprache als noch der nur wenige Jahre zuvor errichtete Kirchenbau am Mariahilfplatz im Stil der Romantik. Zeitenwende. Die Fundamente der alten Heilig-Kreuz-Kirche aus der Zeit um 1200, der bis 1888 erhaltene Nachfolgerbau und Teile des alten Giesinger Friedhofs wurden alle Opfer des Straßenbaus. Im Kreuzungsbereich kam dabei ein großer Bajuwarenfriedhof des 6./7. Jahrhunderts zum Vorschein und war dann auch bald verloren. Für die Bergstraßenregulierung musste zum Isartal hin eine Stützmauer errichtet werden, nachdem das dafür erforderliche Gelände 1892

durch den Abbruch von 54 Herbergen und Häuser verfügbar geworden war. In den Jahren 1934/35 gab es eine weitere Bergstraßenregulierung als Arbeitsbeschaffungsmaßnahme des NS-Stadtrats.

Im Grundsteindokument der neuen Heilig-Kreuz-Kirche von 1886 steht als schöne Reminiszenz geschrieben:

In jener Gegend, wo jetzt Münchens Vorstädte Au und Giesing liegen, fluthete einst, in wechselnden Sandbetten, die Isar, und nur die östliche Anhöhe, in der Vorzeit Isarrain genannt, hemmt das weitere Vordringen dieses unstäten, reißenden Gebirgsstroms.[38]

Dem zunehmenden Straßenverkehr haben die Anhöhen nicht Stand gehalten. Lassen wir einen Zeitzeugen zu Wort kommen. Josef Scharrer schrieb in seinen Jugenderinnerungen:

Der Giesingerberg war steil und eng. In der Mitte und am unteren Ende bei der rechtwinkeligen Kurve wurde er von vorspringenden Häusern eingeengt. Als 1842 Baron Utzschneider, der Besitzer der Zuckerfabrik an der Wirtstraße (jetzt Malzfabrik und Kino) mit seinem Freunde dem Dechant Silberhorn bei einer Spazierfahrt auf dem Berge verunglückte, entschloß sich die Dorfgemeinde Giesing zur ersten Regulierung. Eines der 2 Häuser in der Mitte der Westseite des Berges wurde gekauft und abgebrochen. Auch wurde der Grashang an der Ostseite etwas zurückgesetzt. Jahre nach der Einverleibung Giesings mit München schritt der Stadtmagistrat zur ersten größeren Regulierung. Es wurde das zweite Haus in der Mitte der West-seite des Berges entfernt und an der Ostseite von der Kirche bis zu den Kuchenbauerhäusern eine hohe Stützmauer aufgebaut. Auch wurde die Straße gegen Westen erweitert, indem von der Lohstraße hohe Stützwände heraufgebaut wurden. Es führten schmale, steile Fußsteige von der Bäckerstraße zum Friedhof und von der Lohstraße zur Bergstraße. Sie wurden zu schönen, leicht ansteigenden Serpentinenwegen umgebaut. (...)

Im Jahre 1871 verunglückte der junge Sohn des Weinwirtes Kanzler mit seiner Mutter an der Loherwirtskurve. Daraufhin kaufte der Magistrat das die Straßenbiegung einengende Haus an und verbreitete dadurch die gefährliche Kurve. Im Jahre 1883 zeigte sich die Notwendigkeit, den Berg wieder zu verbessern. Es wurde die Stütz-mauer an der Ostseite v. J. 1861 weggenommen und um 1 1/2 m hineingerückt und einige Verbes-serungen der Fahrbahn erzielt. Der Verkehr wurde immer reger und die Unglücksfälle mehrten sich stetig, da bei allen Verbesserungen das steile Gefälle des Berges nicht verringert wurde. Endlich nach jahrelanger Bemühung und Agitation des Giesinger Bezirksvereins beschloss der Stadt-magistrat eine durchgreifende Regulierung mit 5 % Steigung vorzunehmen. Zu diesem Zweck wurden 54 Häuser und Herbergen angekauft und abgebrochen. Auch die alte Pfarrkirche und der schöne Pfarrhof mussten geopfert werden. Die Bäckerstraße verschwand. Der offene Mühlbach wurde überwölbt. Die Arbeiten währten vom 1. März bis November 1892.

Als Gegenüber der hoch aufragenden Heilig-Kreuz-Kirche etablierte sich 1927 die evangelische Lutherkirche (Wiederaufbau 1953). Bis zum Beginn des Ersten Weltkriegs war die Zahl der

Protestanten in Giesing so sehr angestiegen, dass die dortige evangelische Gemeinde einen eigenen Kirchenbau zu planen begann. Zunächst wollte man die in Haidhausen abgebrochene Notkirche St. Johannis am Candidplatz wieder aufbauen, aber das Grundstück dort erwies sich als zu klein. Am Hochufer gegenüber der Heilig-Kreuz-Kirche besaß der Evangelische Verein seit 1920 die Gastwirtschaft *Zum Weinbauern.* Er erwarb 1925 den angrenzenden Grund des ehemaligen Lehner Bauernhofes an der Bergstraße. Auf dem nun verfügbaren Bauareal gestalteten Hans Grässel und Ulrich Ros schließlich den Kirchenbau mit talwärts gerichtetem Portal und Turm im Stil der evangelisch-fränkischen Markgrafenkirche. Eine weitere Landmarke war an der östlichen Isarhangkante entstanden.

Was ist vom Giesinger Berg erhalten geblieben, einem einst gern gemalten Aussichtspunkt mit Kirche oberhalb von München? Es ist windig auf dem *Gipfel* des Giesinger Bergs, vor der Heilig-Kreuz-Kirche. Kaum Besucher. Die kleine Grünfläche mit einer gerade noch erhaltenen Baumallee und dem wuchtigen Kriegerdenkmal mit einem wie vergessen am Boden liegenden Stahlhelm endet einer Bastion gleichend an den einschneidenden, tiefer unten verlaufenden Straßenzügen. Eine Inschrift an der Stützmauer des Berges erzählt von der *Minderung des Steigungs-Verhältnisses.* Gleichwohl war ein Berg abgetragen worden. Geblieben sind um die Kirche die wunderbar wahrnehmbare Höhe der Hangkante, ein Kirchturm wie ein Ausrufezeichen in der Stadtlandschaft: Hier ist Giesing. Geblieben ist eine vorzügliche Fernsicht.

Erhalten geblieben ist auch ein besonderes Fragment, das mit der Namensgebung der Heilig-Kreuz-Kirchen in der Au und in Giesing zu tun hat. Lassen Sie sich erschüttern! Im Vorraum zwischen Turm und Kirchenschiff hängen an der nördlichen Wandseite verkohlte Beinstümpfe, an den Balken genagelt, Wunde von Hass und Krieg. Wohl 1463 schwemmte ein Hochwasser der Isar das Holzkruzifix in der Au an. An der Fundstelle erbaute man eine Kapelle. Von dort kam das Kreuz an die Fassade der Herberge Krämerstraße 23 und dort zerstörten Fliegerbomben und Feuer das Kruzifix 1944 bis auf die Beine des Gekreuzigten. Seine Aufstellung in der Heilig-Kreuz Kirche verstört, erinnert, erschüttert und ermahnt.

Treppenanlage Am Bergsteig Süd

Höhendifferenz:
537–529 m NN
8 m Höhe

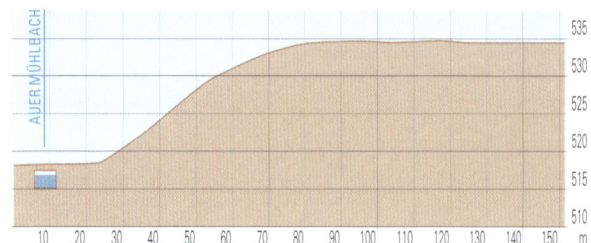

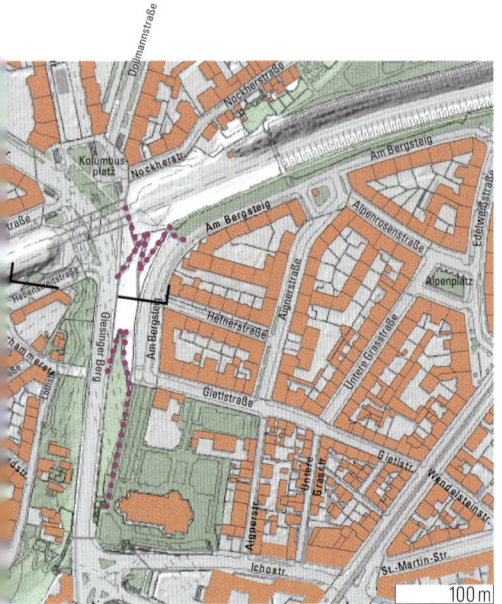

100 m

Die nunmehrige Sackgasse Am Bergsteig vor der Heilig-Kreuz-Kirche war die obere Serpentine der alten Bergstraße. Zu ihr führen nun zwei Fußwege steil über die Hangkante hinauf. Am Kolumbusplatz überquert die Eisenbahntrasse nach Rosenheim und Braunau auf einer Brücke die Bergstraße und schneidet danach stark in die Hangkante nach Osten ein. Die erste Eisenbahnbrücke an der Stelle von 1869 ersetzte man 1963 durch die gegenwärtige. Sie ist ein Fremdkörper geblieben. Die Brücke ist Teil eines bis zu 7 m hohen Eisenbahndamms mit nachfolgendem Graben, der Giesing regelrecht in zwei Hälften zerschneidet. Josef Scharrer schrieb weiter in seinen Jugenderinnerungen:

> Die Eisenbahn durch Giesing wurde im Jahre 1866 vermessen. (...) Da gab es viele Prozesse und schließlich Expropriationen. Von der Columbusschule bis zur Kupferhammerstraße wurden 8 Häuser abgebrochen. 1867 begann der Bau mit der Aufstellung eines hohen,

Treppenanlage Am Bergsteig Nord

Höhendifferenz:
536–523 m NN
13 m Höhe

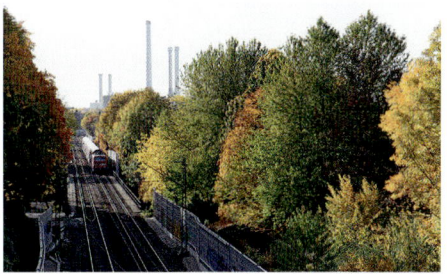

festen Gerüstes vom Berghang bis zur Isar. Auf ihm verkehrten die Rollwagenzüge zur Auffüllung des Dammes. Das ganze Gerüst blieb im Damme. Beim Brückenbau über die Isar wurde zum erstenmale in München Beton und zur Beleuchtung bei der Nachtarbeit elektrisches Licht verwendet. Neben der hölzernen Werkbrücke war ein hoher hölzerner Turm aufgestellt, auf welchem sich eine elektrische Sonne befand, deren Licht durch untenstehende Lokomobile erzeugt wurde. Da gab es Tag und Nacht Zuschauer. Am 15. März 1871 war die Eröffnung der neuen Bahnlinie. Früh 6 Uhr fuhr der erste Zug vom Südbahnhof ab. Eine große Menschenmenge war unten und oben am Berghang versammelt, um dieses Schauspiel zu genießen. [40]

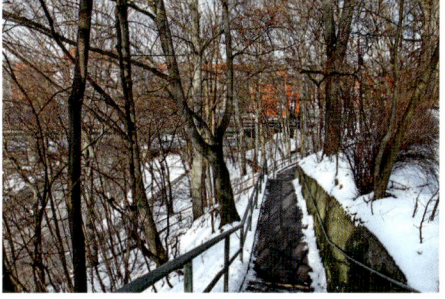

Viel Grün verdeckt den unmittelbaren Blick auf die Eisenbahnstrecke: Jeder vorbeifahrende Zug bringt sie in Erinnerung.

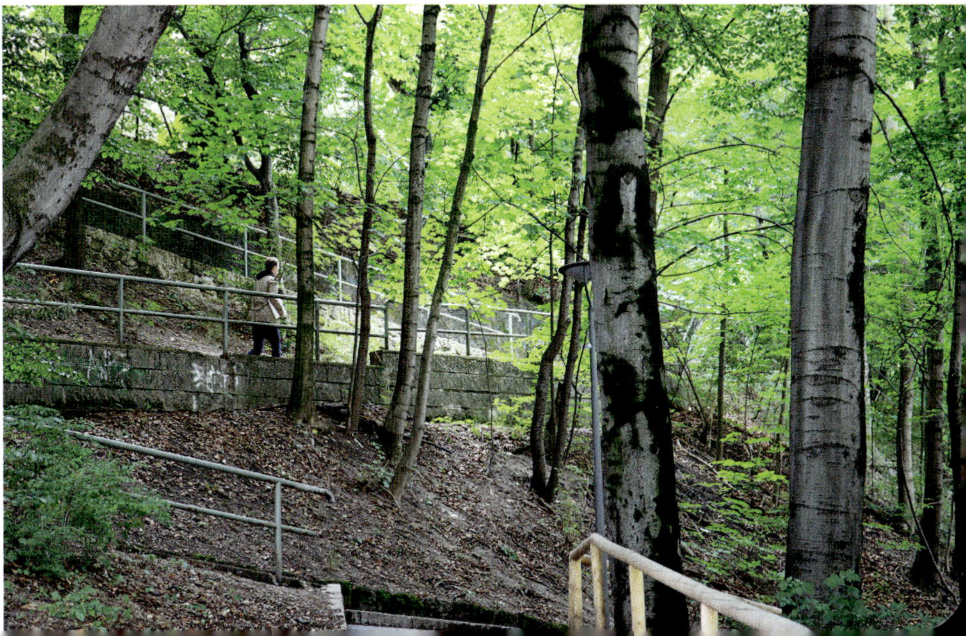

Schmederersteig

Höhendifferenz:
536–521 m NN
15 m Höhe

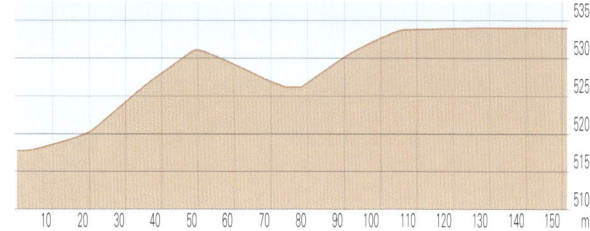

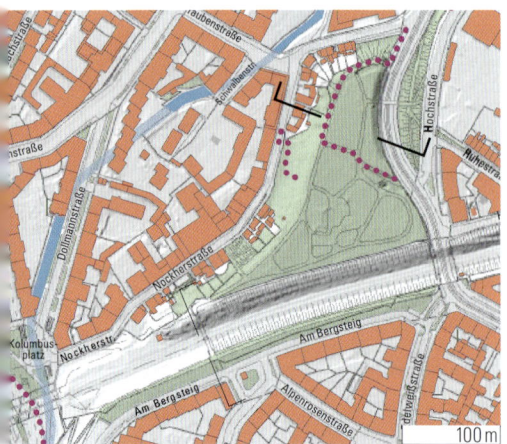

Vom Bergsteig zweigt auf Höhe der Aignerstraße die Brücke Schmederersteig mit Fußweg über die Bahntrasse zum Schmedererweg auf dem Nockherberg ab. Die Brücke von 1869, erbaut zwei Jahre vor Eröffnung der Bahnlinie, besteht aus genieteten Eisenfachwerkträgern. Die Stützen sind zwei rot-weiß zeichnende Pfeiler, rot vom Ziegel und weiß von abwechselnd verwendeten Steinplatten. Der Steg ist ein seltenes Zeugnis früher Eisenkonstruktionen des 19. Jahrhunderts in München. Nach Westen fällt die Bahntrasse zum Isartal ab und in der Ferne grüßen die Schlote des Heizkraftwerks Süd.

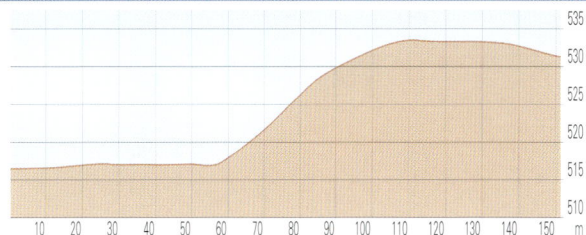

**Treppenanlage
Kronepark**

Höhendifferenz:
535–525 m NN
10 m Höhe

Vom Steg zum Steig: Folgt man dem Schmederer-weg weiter durch die Grünanlage Kronepark, erreicht man bald ein Schild, das zum *Schmederer-steig* zur *Nockherstraße* und zur U-Bahn am Kolumbusplatz weist. Entlang der Nockherstraße fallen sofort mehrere Kleinhäuser auf. Es lohnt sich zu verweilen und zwischen den Häusern die Treppenanlage mit den Augen nach oben zu ver-folgen. An und in den Hang gebaut erkennt man etliche Nebengebäude und bauliche Reste ehe-maliger Herbergen, die von den Treppenanlagen her erschlossen wurden. Manche Treppenstufen enden einfach im Gelände. Wohin führten sie früher, wer hatte sie benützt? Unter der Hangkante lebten die Herbergler. Wer wohnte oben, im Kronepark und auf dem Nockherberg?

Nockherberg

Höhendifferenz:
535–519 m NN
16 m Höhe
4 % Steigung
lange Rampe

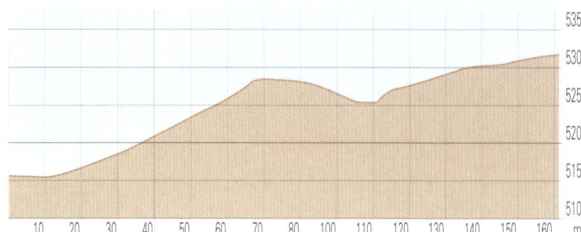

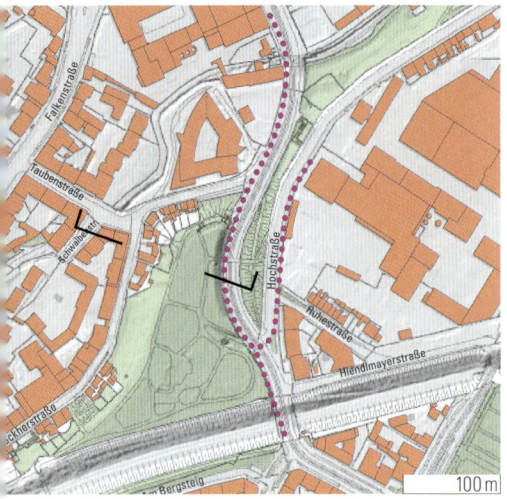

100 m

Im Namen Nockher steckt dem Grundwort nach der Begriff Nock oder Nocken, eine Nebenform zu Nacken oder Hügel. Das ist dennoch der falsche Ansatz zur Namensdeutung. Nockher ist in München der Name einer Bankiersfamilie, die 1798 auf diesem Stadtberg im östlichen Teil ein Sommerhaus besaß, das Nockherschlössl. Dort wurde später das Gasthaus zum Nockhergarten eingerichtet.

Auf der westlichen Seite des Nockherbergs, inmitten des städtischen Kroneparks stand 1882–1944 die Villa des Brauereibesitzers Schmederer. Zirkusdirektor Carl Krone kaufte die Villa 1932 und prägte die Bezeichnung Kronepark. Der Garten der Villa wurde um 1870 von keinem Geringeren als Carl von Effner gestaltet und konnte bislang von jedweder neuen Bebauung frei gehalten werden.

Vom Straßenzug Am Nockherberg führt eine wohlgestaltete Treppenanlage mit auffallendem Torbau hoch zur Grünanlage. An der Treppenanlage berichtet eine Tafel:
Im Jahre 1904 / hat die Stadtgemeinde München / diese Straße an Stelle der alten / Straße über den Nockherberg / unter Minderung d. Steigerung / von 11 auf 4 von Hundert / neu hergestellt.[41]

Nebenan steht ein Bildstock für Johannes den Täufer, *Patron der Wegmacher.*

Die Bergstraße durchschneidet den Nockherberg. Eine Fußgängerbrücke verbindet seit den 1950er Jahren den Kronepark mit der Hochstraße und mit dem Salvatorkeller der Paulanerbrauerei. Der Anstieg Nockherberg hat nach der Bergstraßenregulierung seine Schrecken verloren. Die Straßenbahn erklimmt ihn ohne Probleme. Radfahrer sollten sich vor allem bei der Bergabfahrt von den direkt eingelassenen Schienen fern halten.

Die Begriffe Nockherberg und Salvatorkeller sind in München untrennbar mit der Paulaner-Brauerei verbunden. Die Hochbauten der Brauerei sind in der Au unübersehbar. Die Produktion ist zu riechen und infolge der umfangreichen Logistik ist die An- und Auslieferung um den Nockherberg auch deutlich zu hören. Die erste Brauerei der Paulanermönche lag 1634 im Gelände hinter den Mauern der späteren Justizvollzugsanstalt *Am Neudeck* und verlagerte sich dann weiter nach Süden bis zur Falkenstraße. Nach der Privatisierung der Brauerei um 1813 entstanden 1822 eine neue Braustätte und Kelleranlage an der Hangkante, ab 1861 Bierkeller oben an der Hochstraße, das Betriebsgelände an der Ohlmüller-, Reger- und Welfenstraße. Die Verlagerung der Brauerei nach Langwied bis 2016 betrifft alle diese Standorte

und wird das Stadtviertel verändern. Es geht laut Stadtbaurätin Elisabeth Merk um nicht weniger als um die bauliche Behandlung eines *einzigartigen Stadtbalkons an der Isarhangkante*. Auf den Flächen der Paulaner-Brauerei soll bis 2018 eines der größten neuen Wohnquartiere der Stadt entstehen. Es soll viele öffentliche Zu- und Durchgänge geben, wie es schon die Brauerei bei der Erschließung des weitläufigen Geländes über die Hangkante um die vorletzte Jahrhundertwende vorgemacht hatte.

Eine großzügige Treppenanlage von 1904 führt vom Auer Mühlbach hoch zum Salvatorkeller. Der obere Zugang ist balkonartig ausgebaut, mit Balustrade und Sitzbänken. Wären da nicht zu hohe Bäume, die Sicht auf die Innenstadt wäre grandios. Noch 1986 konnte Franz Xaver Bogner auf diesem Stadtbalkon, von Bäumen unbehindert, auf die Innenstadt blicken und eine Szene der Fernsehserie *Irgendwie und Sowieso*, Folge *Manhattan*, drehen: Junge Männer vom Land versuchen eine junge Frau vom Land wiederzufinden und blicken auf die Großstadt München. So viele Häuser, so viele Menschen. Wo ist sie? [42]

Treppenanlage zum Salvatorkeller

Höhendifferenz:
535–522 m NN
13 m Höhe
Stadtbalkon

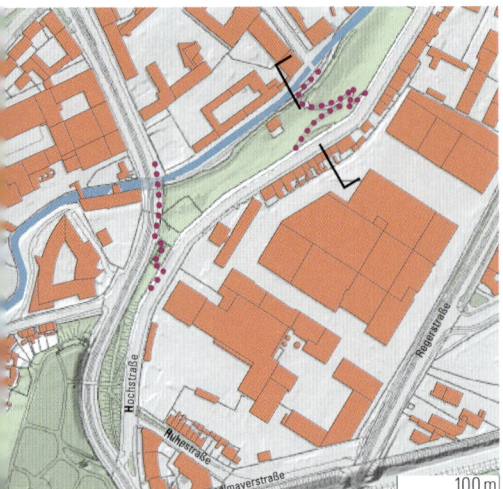

Am Hangfuß nahe der Treppenanlage befinden sich Eingänge in die Brauereikeller und weitere *bombensichere Räume*. Sie liegen 10 m unter der Hochstraße. Hier waren im Zweiten Weltkrieg die Befehlszentrale der Münchner Luftschutzleitung untergebracht und ein in Teilen öffentlicher Luftschutzbunker. Im Hang am Auer Mühlbach kann man wuchtige Betonklötze, weitere Teile der Luftschutzanlage sehen. Und auch jenseits des Mariahilfplatzes, am Beginn der Quellenstraße, geht es damit weiter. Dort erhebt sich im Schutz der Hangkante ein ehemaliger Hochbunker.

Dabei ging es in dem Areal früher feudal zu. Entlang der Straße Am Neudeck bestand im 16. Jahrhundert das Jagdschloss Neudeck der Wittelsbacher. Als Ersatzbau entstand 1904 ein Schutzgebäude ganz anderer Art: der neoklassizistische Baukomplex des *Zuchthauses München Au*. Die inzwischen ungenutzte Justizvollzugsanstalt hatte 124 Haftplätze für Frauen und Jugendliche. Für den Bau des Zuchthauses war der Auer Mühlbach 1902 mit Betonplatten überdeckt worden. Nach 97 Jahren, 1999, öffnete man die Überdeckung wieder und verschob zugleich den kanalartig gefassten Bach um 8 m Richtung Isarhang. Man machte Platz für die Straße. Der geöffnete Auer Mühlbach, Fußwege und Brücken haben diesen lange verschlossen wirkenden Winkel in der Au für Fußgänger und Flaneure wieder attraktiv gemacht.

Joseph-Holzer-Weg

Höhendifferenz:
533–518 m NN
15 m Höhe

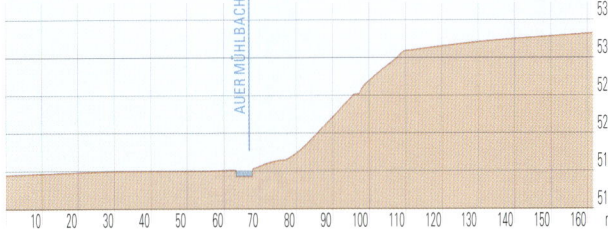

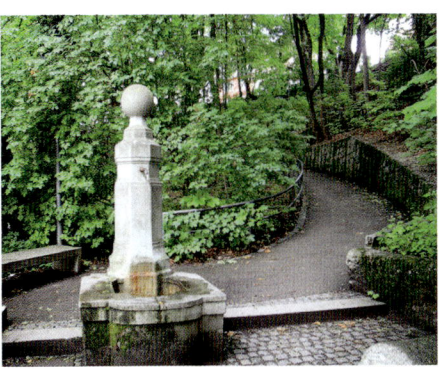

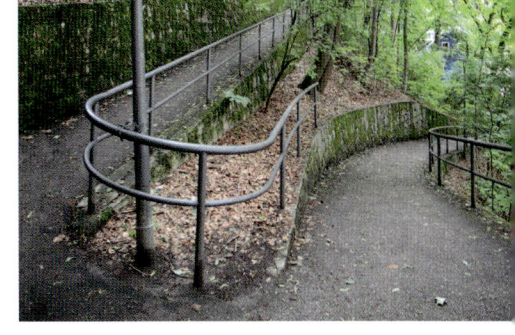

Über die Hangkante besteht hier ein weiterer Fußweg zwischen dem Mariahilfplatz mit seiner Auer Dult und der Hochstraße mit dem Salvatorkeller. Der Fußsteig Joseph-Holzer-Weg führt an einem Brunnen vorbei steil hinauf zur Hochstraße.

Sattes Grün umfängt einen dort: Entschleunigung! Vergleichsweise breite Serpentinen laden ein zum Schlendern und Verweilen.

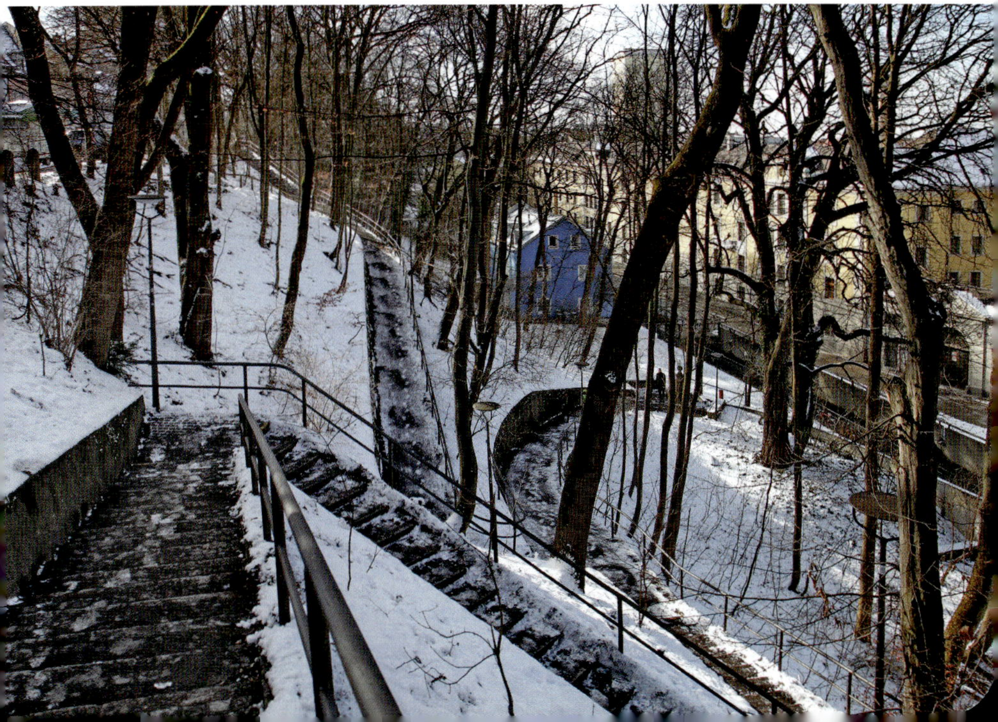

Gebsattelstraße

Höhendifferenz:
532–518 m NN
14 m Höhe
lange Rampe unter der
Gebsattelbrücke hindurch

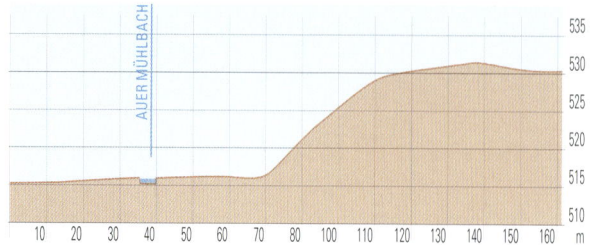

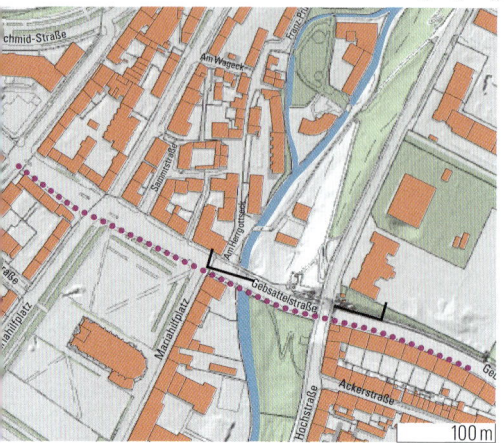

100 m

Mit dem Überschreiten des Mariahilfplatzes entfernen wir uns etwas von der Hangkante. Erst jenseits der Gebsattelstraße führen der Fischerweg, die Quellenstraße und der Riggauerweg wieder unmittelbar an die Hangkante heran. Verweilen wir zunächst auf dem Mariahilfplatz. Er ist nach der Theresienwiese die größte Freifläche in München. Er war Weideareal und Zentrum der 1818 zur Stadt erhobenen Gemeinde Au. Er ist der Jahrmarktsbezirk der Auer Dult. Bis zur Eingemeindung nach München 1854 wuchs die Au zur zehntgrößten Kommune im damaligen Bayern heran, mit erheblichen sozialen und baulich-hygienischen Problemen (Herbergen).

Die Mitte des Platzes nimmt seit 1839 die Mariahilfkirche ein. Sie ist ein bedeutender und deutlich vergrößerter Neubau einer Wallfahrtskapelle von 1639. Der Mariahilfplatz war das Zentrum der Stadt Au und schließlich des Stadtbezirks Au. Die östliche Platzwand bilden die Gebäude des Klosters der Armen Schulschwestern mit ihren Schulen und sozialen Einrichtungen. Leider führt kein öffentlicher Weg durch das Areal und hin zur Hangkante. Dazu muss man die Gebsattelstraße etwas hinaufgehen.

Und dann steht man davor: Was für ein baulicher Aufwand, was für eine Dramatik und was für eine bemühte Bildsprache. Auf 18 m Breite durchsticht hier die Gebsattelstraße die Hangkante, genannt Gebsattelberg, im direkten Anlauf bis zum Regerplatz. Geradeaus auf die Höhe. Auslöser dieser Bergstraße war die 1901 entstandene Corneliusbrücke und der Bau einer Verbindungsstraße über die Hangkante zum Regerplatz. Der Durchstich wird überkrönt von der einbogigen Gebsattelbrücke mit monumentalem Äußeren, aufwändig geführten Treppenaufgängen, an der Seite Brunnen, Figuren des Münchner Kindls und eines lebensgroßen Bären, oben zwei Obelisken. Hier hat die Stadtverwaltung technische Überlegenheit und jugendstilnahe Verspieltheit demonstriert. Den Entwurf für diese in München frühe Eisenbetonbrücke fertigte Theodor Fischer.

Besonders auffallend beim Bauschmuck sind die beiden hohen Obelisken mit je einem Reiher, der einen Lilienzweig im Schnabel trägt. Die Lilie und der Lilienberg sind Symbole der Au. Der Bär dürfte wohl ein Hinweis auf die Stadt Freising sein und auf Lothar Karl Anselm Joseph Freiherr von Gebsattel. Dieser war 1812–1846 erster Erzbischof von München und Freising und Namensgeber für die Brücke. Es bietet sich ein wunderbarer Blick auf die Mariahilfkirche und die Au. Ein heiterer, luftiger Ort. Ein prächtiger Stadtbalkon.

Die einzigartige Direttissima des Hanganstiegs zum Gebsattelberg hat sportliche Aktivitäten ausgelöst: Seit 1948 findet am Gebsattelberg das Münchner Seifenkistenrennen statt. Das zunächst von der amerikanischen Militärverwaltung organisierte Kinderautomobilrennen mit selbst gebauten motorlosen Fahrzeugen hatte das Ziel, die Jugend nach dem Krieg vernünftig und nach amerikanischem Vorbild in der Freizeit zu beschäftigen. So starteten beim *1. Soapbox-Derby 1948* 150 Münchner Schulbuben und zwei Mädchen, Männersport.

Treppenanlage Gebsattelbrücke

Höhendifferenz:
532–518 m NN
14 m Höhe
Stadtbalkon

Zur Rennstrecke kamen 15.000 Zuschauer. Das erste deutsche Meisterschaftsrennen fand jedoch 1949 an der westlichen Hangkante Münchens statt. Vom Fuß der Statue der Bavaria führte eine 220 m lange Rampe und Holzbahn auf den Auslauf der Theresienwiese. Mit der Zeit gerieten die Seifenkistenrennen in Vergessenheit. Doch getragen vom Engagement zum 150-jährigen Jubiläum der Eingemeindung Giesings und der Au nach München finden seit 2004 wieder Seifenkistenrennen auf der Bergstraße statt. Es geht mit Spaß, aber auch mit Ernst um den *Großen Preis der Vorstadt Au*. Im Jahre 2013 fuhr man(n) hier um den Endlauf der bayerischen Meisterschaften im Seifenkistenrennen.

Gebsattelbrücke und Treppenanlage nach der Fertigstellung, 1901

Fischerweg
Höhendifferenz:
532–518 m NN
14 m Höhe

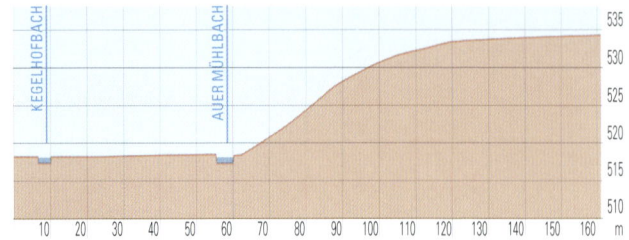

Gleich neben der Brücke und überhaupt nicht mehr spektakulär geradlinig führt der schattige, steile, mauergestützte Fußsteig Fischerweg von der Quellenstraße nach oben zur Hochstraße. Dort angekommen erdrückt einen fast die Mächtigkeit der Grund- und Mittelschule mit Tagesheim von 1888. Das ehemalige Kinderasyl mit Schule war bis 1961 Waisenhaus und wurde dann mit Tagesheimklassen belegt. Der Schulsprengel ist auf das Schulgelände begrenzt, sodass Schüler aus dem ganzen Stadtgebiet aufgenommen werden können.

Als Weg zum Gasteig kann man der Hochstraße die untere Quellenstraße vorziehen, da üppiges Grün den Blick nach unten verwehrt und keine Aussicht auf die Innenstadt besteht. Entlang der Quellenstraße gab es bis 1963 zahlreiche Herbergen in slumartiger Dichte und Situation. Zahlreiche Grundwasserquellen traten und treten direkt aus dem Hang aus.

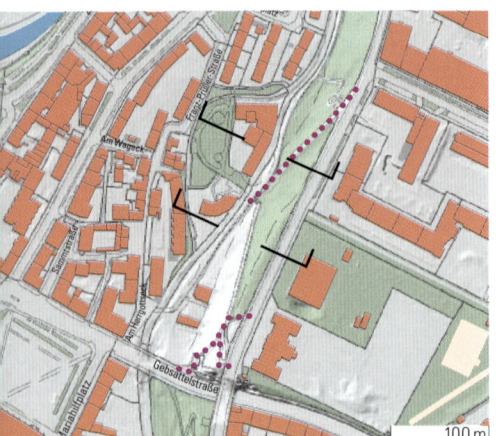

Ansichten und Schnitte der Herbergen in der Fischerstraße, um 1912

Quellenstraße um 1910 und 2015

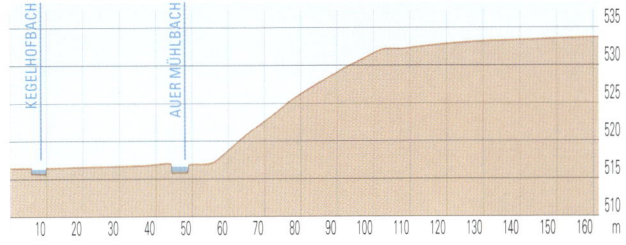

Sie waren teilweise gefasst und dienten der Bevölkerung als Brauch- und Trinkwasser. Einige der Häuser konnten wegen der Feuchtigkeit der Grundstücke nicht im Erdgeschoß bewohnt werden.

An der Hangseite der Quellenstraße standen einst mehr als 60 Herbergen. Manche waren direkt in den Hang bebaut und manche waren auch von der Hochstraße aus zugänglich. Die meisten Häuser hatten durchfeuchtete Wände. Der Abriss der Häuser begann 1934. Die letzte Herberge fiel schließlich 1963.

Karl Valentin darf als Zeitzeuge angeführt werden:
Wohnung kann man da eigentlich nimmer sagn, mir sagn halt so, weil wir bis jetzt noch keinen passenden Ausdruck dafür g'funden ham, wie wir unser Heim nennen könnten. „Loschi" mögn ma net sagn, weil das ein Fremdwort ist, und Dreckloch, das ist uns zu ordinär. Wir wohnen halt jetzt sechs Jahre in der Vorstadt in der Quellengasse (...). Mir ham ja nie über unser trautes Heim geklagt, aber – wie uns vor drei Jahr das letzte Hochwasser aus'n Zimmer an Fußboden rausg'schwoabt hat, von da an war un weiteres Ausharren unmöglich. Das einzige Schöne, was wir in der Wohnung ham, ist das laufende Wasser, – das läuft Tag und Nacht über d'Wänd runter, so feucht ist's in unserer Burg.

Der aufmerksame Spaziergänger nimmt die Dichte der Bergsteige zur Hochstraße wahr, vor allem hinter dem Wilhelm-Herbert-Weg (früher Kegelhof) und Am Lilienberg (Riggauerweg). Er nimmt die verbliebenen gefassten Quellaustritte wahr und wundert sich über eine sogar eingehauste, ergiebig sprudelnde Quelle hinter den Anwesen Paulanerplatz 1–3.

Kann er sich in den heutigen Grünanlagen und Berghängen mehr als 60 Herbergen vorstellen? Gute alte Zeit? Wohl kaum. Verschwundenes altes München, rausg'schwoabt aus der Erinnerung.

Lilienberg

Höhendifferenz:
532 – 517 m NN
15 m Anstieg

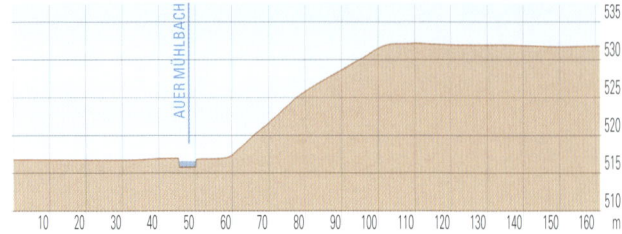

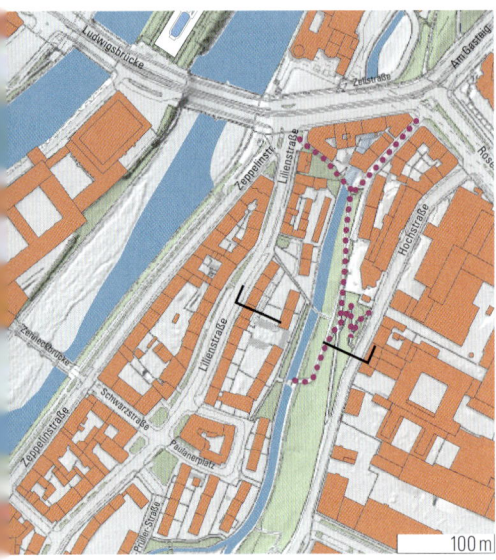

Michael Wening, Alberti-Haus, 1701

Über dem Riggauerweg, kurz vor dem Gasteig, erhebt sich der lang gestreckte Baukörper Am Lilienberg 15. Er birgt im Kern den Bau des 1749–1752 errichteten Benediktinerinnenklosters Lilienberg ob der Au. Nach der Aufhebung des Klosters 1803 wurden hier verschiedene Ämter und Institutionen untergebracht, das Bezirksamt München und 1970 das Haus des Deutschen Ostens. Die Hangsteige sind schattige und durchaus romantische Serpentinenwege, für Jogger bestes Terrain zum Intervalltraining. Dicke, dunkle Baumstämme liegen fast quer über dem Auer Mühlbach und streben dem Licht entgegen. Dichter alter Baumbestand. Die steilen Fußgängerwege sind viel frequentiert von Fußgängern und Radfahrern. Man merkt die Nähe großer Wohnquartiere, wir erreichen Haidhausen.

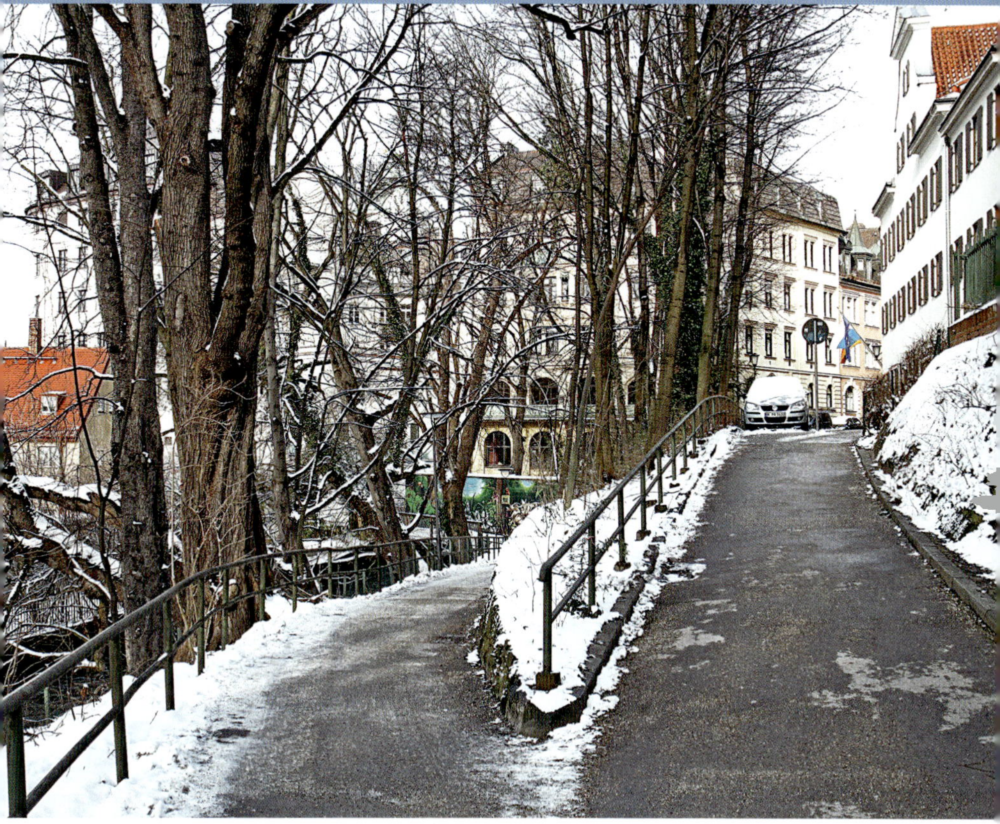

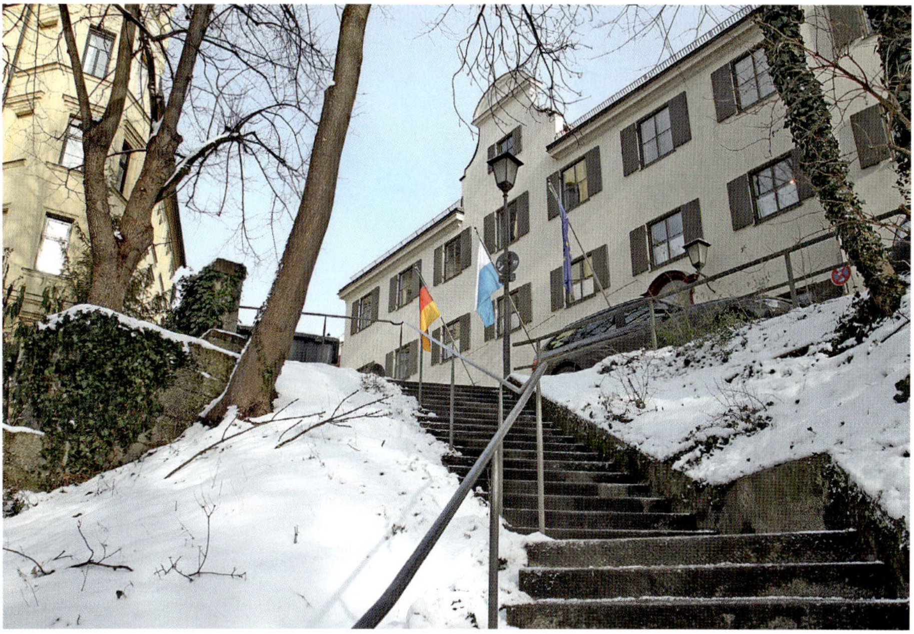

Riggauerweg

Höhendifferenz:
531– 517 m NN
14 m Anstieg

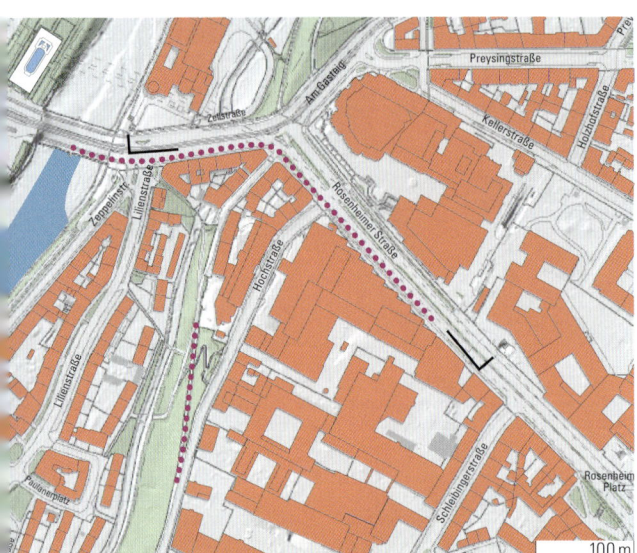

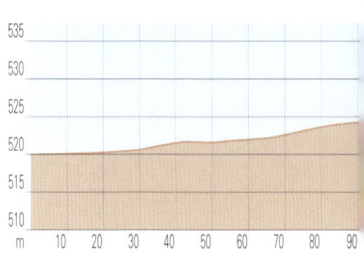

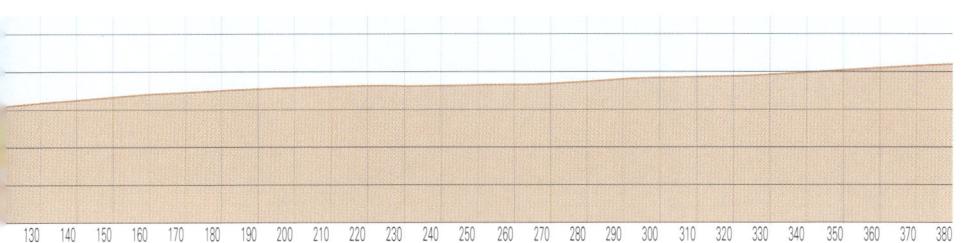

Rosenheimer Straße

Höhendifferenz:
531– 519 m NN
12 m Anstieg
lange Rampe

HÖHENWEG ISARBOGEN

Höhenweg Isarbogen

Start
S-Bahnhof Rosenheimer Platz
Ziel
St.-Emmeramsmühle nahe der
Bushaltestelle Oberföhringer Straße/
U4 Arabellapark
Länge
7 km ohne Varianten
Dauer (ohne Variante Hangwege)
1 Stunde, 30 Minuten für Fußgänger
45 Minuten für Jogger
30 Minuten für Radfahrer

Östlich der Altstadt gibt es 54 Anstiege
mit Höhen zwischen 33 und 6 m, zusammen
893 Höhenmeter.
Im Durchschnitt sind die Anstiege 17 m hoch.
Die Höhenlagen reichen von 566 – 503 m NN.

Der Höhenweg Isarbogen ist die nördliche Etappe
entlang der östlichen Hangkante Münchens.
Er führt an Haidhausen vorbei zur Kirche St. Georg
in Bogenhausen und entlang der Brunnbachleite
zur Kapelle St. Emmeram an der nördlichen
Stadtgrenze von München. Merkmale des Weges
sind die ausgedehnten Grünzüge der Gasteig-
und Maximiliansanlagen, die mit Fernwirkung
errichteten Bauten des Maximilianeums sowie
der Luitpoldterrassen/Friedensengel und zahlreiche steile Berganstiege von der Brunnbachleite hoch zur Montgelasstraße/Oberföhringer
Straße. Endpunkte sind oberhalb der St.-Emme-
ramsmühle die Bushaltestelle an der Oberföhringer Straße oder der 4 km entfernte U-Bahnhof
Arabellapark.

Vor dem Kulturzentrum Gasteig erreichen wir
jenseits der Inneren Wiener Straße die Maximiliansanlagen und erklimmen die Hangkante bei der
Kapelle St. Nikolai. Über den anschließenden
Meillerweg oder einem von mehreren Hangwegen
in verschiedenen Höhen gelangen wir 500 m
weiter an die Maximiliansbrücke. Von der Isar
führt von dort ein 21 m hoher und bis zu 16 %
steiler Hangweg zum Kobell-Denkmal hoch und
bis zum Beginn der Grütznerstraße.

Wer will kann auch die 13 m aufsteigende stadt-
seitige Terrasse vor dem Maximilianeum erklim-
men oder – nach Unterquerung der Maximilians-
brücke – den immerhin 9 m hohen Anstieg der
Luitpoldterrassen zum Friedensengel meistern.
Östlich des Friedensengels, an der Kreuzung
Prinzregentenstraße/Maria-Theresia-Straße,
beginnt der 800 m lange Wilhelm-Hausenstein-
Weg, der uns entlang der Hangkante zur Kirche
St. Georg in Bogenhausen führt.

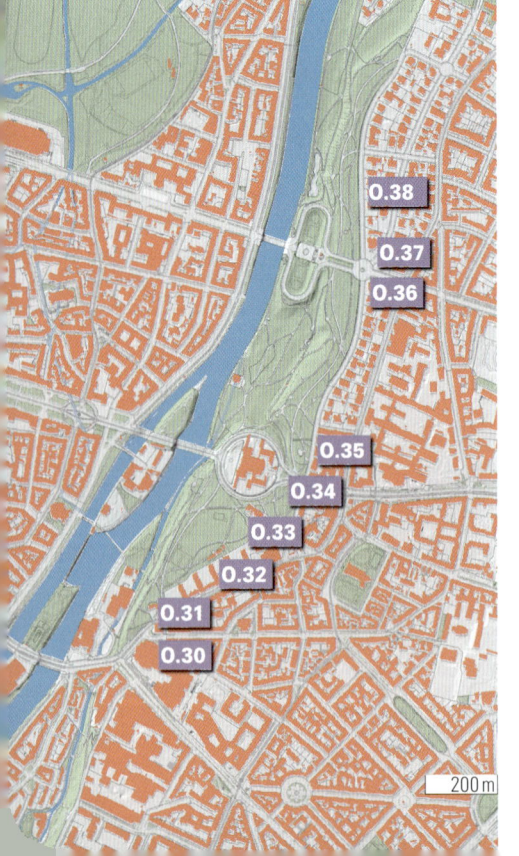

0.38
0.37
0.36
0.35
0.34
0.33
0.32
0.31
0.30

200 m

0.54
0.53
0.52
0.51
0.50
0.49
0.48
0.47
0.46
0.45
0.44
0.42
0.43
0.41
0.40
0.39

200 m

Variante Achtersee: Vom Wilhelm-Hausenstein-Weg zweigt nach gut 100 m nach links ein Rundweg ab, der um den Achtersee führt. Der Abstieg geht über 17 Höhenmeter durch den Hangwald, vorbei an künstlich gefassten Quellaustritten und in der *Schlucht* über eine kleine Brücke. Unser Ziel bleibt aber St. Georg in Bogenhausen.

Vom Bogenhauser Kirchplatz steigen wir den steilen Fußweg zur Steinbacherstraße und dem dortigen kleinen Weiher ab. Die Montgelasstraße empfängt einen mit Verkehrslärm. Wir steigen diese lange Rampe auf die Hangkante linksseitig bis zur Herzogparkstraße auf. Die dortige Treppenanlage führt über neun Höhenmeter hinunter zum stark durchgrünten Hangfuß, dem wir nun knapp 3 km bis zum Michl-Ehbauer-Weg folgen. Radfahrer können den Hangweg etwas weiter oberhalb der Treppenanlage benutzen, wenn sie ihr Gefährt nicht tragen wollen.

Variante Hangwege: Der ambitionierte Fußgänger und Jogger kann sechs hohe Berganstiege zwischen der Herzogparkstraße und dem Michl-Ehbauer-Weg zusätzlich zurücklegen. Gleich nach der Treppenanlage der Herzogparkstraße führt der oben genannte Hangweg 13 m hoch zur Montgelasstraße. Auf dem folgenden Gustl-Waldau-Steig wird über 20 Höhenmeter abgestiegen, über den nachfolgenden Simmsteig geht es um 20 m wieder nach oben, über den Paul-Neu-Weg 18 m nach unten, dem Dingelstedtweg folgen wir 21 m nach oben und dem Andersenweg wieder 19 m nach unten. Am Michl-Ehbauer-Weg treffen wir auf die Normalroute und haben 111 Höhenmeter mehr in den Knochen.

Ab hier gibt es keinen Weg mehr, der durchgängig am Hangfuß entlang verläuft. Wir steigen daher den Michl-Ehbauer-Weg über 15 m zur Oberföhringer Straße auf und folgen dieser nach links, an der Mauerkircherstraße sowie der Pernerkreppe vorbei, bis zur Muspillistraße und der Kirche St. Lorenz. In der Straßenkrümmung am Haus Muspillistraße 27 beginnt der romantische, stille Bergsteig Rochus-Dedler-Weg hinunter zur Ringstraße St. Emmeram. Diesem folgen wir nach links, an der Rampe der Brücke vorbei bis zur Gaststätte St. Emmeramsmühle und der Kapelle St.Emmeram.

Wieder oben auf der Hangkante, an der Oberföhringer Straße, gibt es Bushaltestellen. Der nächstgelegene U-Bahnhof der U4 ist der Arabellapark. Man erreicht ihn über den Weg entlang der Brunnbachleite zurück bis zum Dingelstedtweg, steigt dort hoch zur Oberföhringer Straße und nimmt die nach Osten abzweigende Grosjeanstraße/Engelschalkinger Straße bis zum U-Bahnhof Arabellapark.

Option Fröttmaninger Berg: Der ausdauernde Radfahrer nimmt sich ggf. noch den Fröttmaninger Berg im Norden Münchens vor. Der ehemalige Müllberg ist für manchen Sportradler der Mont Ventoux Münchens mit seinen 70 m Höhe bis auf 562 m NN. Zahlreiche Abflussrinnen machen die Bergstraße jedoch bei der Abfahrt gefährlich. Von St. Emmeram sind es ca. 4,5 km (Luftlinie) bis zum Fröttmaninger Berg.

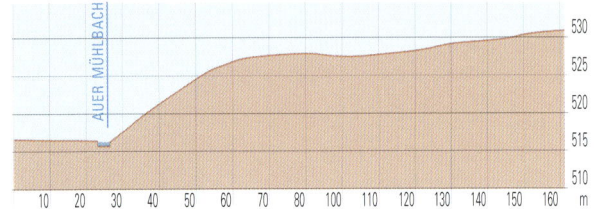

Gasteig (Ludwigsbuckl)

Höhendifferenz:
531–519 m NN
Anstieg 12 m
lange Rampe

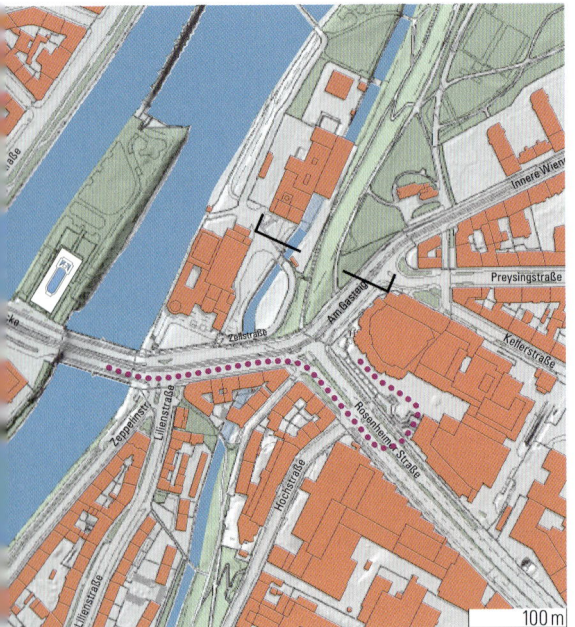

Der *gache Steig* über die steile Hangkante östlich vor der Ludwigsbrücke hat längst seinen Schrecken verloren. Mehrspurig führt die Rosenheimer Straße auf einer Breite von 25 m auf die Höhe des Rosenheimer Bergs und verästelt sich vor dem Kulturzentrum Gasteig in die Innere Wiener Straße, Preysingstraße, Kellerstraße und Hochstraße. Schon 1878 fuhr die erste öffentliche Pferdebahn den Gasteig hinauf.

Eine Neuanlage der Straßen erfolgte nach 1934, nach dem Neubau der historisch so bedeutsamen Isarbrücke und als Anschluss an die 5 km weiter entfernt beginnende *Reichsautobahn München–Salzburg*. Auch unterirdisch wird der Rosenheimer Berg angefahren. Im Minutentakt rauschen S-Bahnen auf der Stammstrecke die Geländestufe unterirdisch hinauf und herunter.

Am Gasteig gab es seit den 1960er Jahren umfangreiche Wandlungen von der *Bierkeller-Stadt* zum Wohn-, Geschäfts- und Kulturzentrum. Der Bürgerbräu-Keller wurde 1979 abgerissen, das Kulturzentrum Am Gasteig 1985 vollendet. Für den Klanggenuss in der neuen Philharmonie mussten die S-Bahn-Röhren mit aufwändigen Schallschutzmaßnahmen nachgerüstet werden. Die Tiefgarage des Gasteigs befindet sich in der Hangkante.

Nur wenige Meter neben dem Dröhnen des Verkehrs bieten ausgedehnte Grünzüge Gelegenheit zum Eintauchen in das ruhigere München an den Hangkanten. Dreht man sich dann noch vom Kulturzentrum Gasteig und dem Verkehrsgeschehen weg, fühlt man sich raum- und zeitversetzt und Ruhe will einkehren, bliebe da nicht der Verkehrslärm.

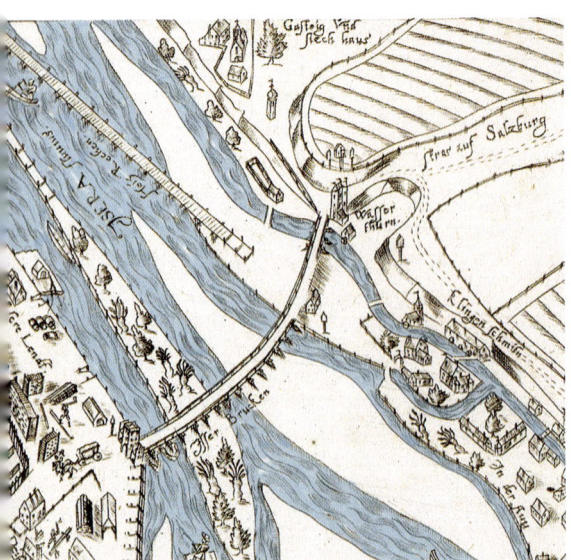

Isarbrücke und Gasteigberg, Tobias Volckmer, 1613

Armenversorgungsanstalt am Gasteig an der Auffahrt zur Preysingstraße, Carl August Lebschée, 1861

Treppenanlage bei St. Nikolai

Höhendifferenz:
530–515 m NN
Anstieg 15 m

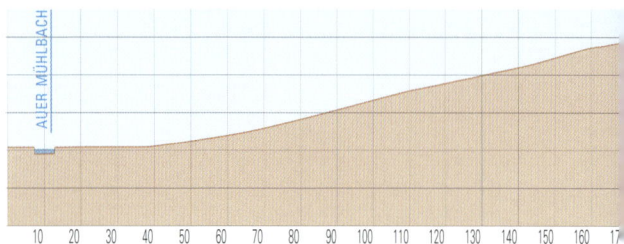

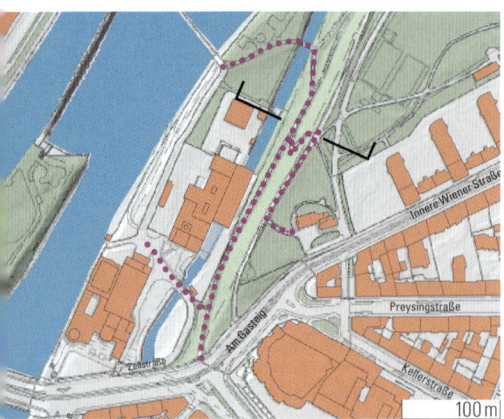

Auf alten Fundamenten entstand im 16. Jahrhundert neben der Inneren Wiener Straße neu die Kapelle St. Nikolai, ein Beiwerk des ehemaligen Leprosenkrankenhauses aus dem 14. Jahrhundert. Damals noch weit von der Stadt entfernt, versuchte man hier am Rosenheimer Berg, unheilbar Kranke zu pflegen. Die Kapelle bildet mit der daneben liegenden Loretto-Kapelle von 1678/1955 und einer hoch aufragenden Kreuzigungsgruppe von 1630 den Eingang in die Gasteiganlage. Hofgartendirektor Carl von Effner ließ den Grünzug entlang der Hangkante 1857–1861 anlegen. Er erstreckt sich mit den nördlich anschließenden Maximiliansanlagen und dem Herzogpark bis weit nach Bogenhausen hinein.

Folgt man nicht dem Meillerweg bzw. anderen idyllischen Wegen gleich hier oben in den Park, kann über Treppenanlagen und Wege zum Hangfuß und von dort in den Landschaftspark unten gewandert werden. Gleich hinter St. Nikolai führt eine Treppenanlage nach unten. Nördlich des Muffatwerks besteht eine regelrechte Fußwegekreuzung mit Anschluss an den Kabelsteg und die Mariannenbrücke.

Unterhalb des südlichen Rosenheimer Berges stand über 300 Jahre bis zur Mitte des 19. Jahrhunderts das älteste Brunnhaus der Stadt zur Fassung und Beförderung von Quellwasser. Das Muffatwerk am nördlichen Hangfuß projektierte Franz Karl Muffat im Jahr 1833 als modernen Ersatzbau. Das Wasser aus verschiedenen Quellen lief bis 1883 in die *Brunnstube am Gasteigberg* und von dort in einem hölzernen Kanal in die Behälter der Saug- und Druckpumpen des *Brunnhauses auf der Kalkofeninsel.* Der Direktor des schließlich zum Kraftwerk umgewandelten Muffatwerks wohnte in der Villa neben dem Werk. Dort waren bis zum Ende des Zweiten Weltkrieges Laboratorien der Elektrizitätswerke untergebracht, nach 1945 Angestellte der Stadtwerke. Seit 2007 bestehen hier private Luxuswohnungen.

Das Muffatwerk wurde 1973 aufgelassen und zur multifunktionalen Veranstaltungshalle umgebaut, mit Umluftanlage, Bühne und Biergarten. Teile der ehemaligen Ausstattung wie Isolatoren und Beschriftungen blieben erhalten. Einem weiteren technischen Denkmal begegnen wir weiter nördlich in den Maximiliansanlagen: Das Maximilianswerk von Carl Hocheder entstand 1895. Das Elektrizitätswerk wird vom Wasser des Auer Mühlbachs angetrieben, dessen hierher verlängerter Lauf am Rand der Isar und von ihr nur getrennt

Hangweg beim Muffatwerk

Höhendifferenz:
527–517 m NN
Anstieg 10 m

durch einen schmalen Damm mit Fußweg geführt wird. In der Parkanlage erscheint das *Maxwerk* wie ein Jagdschlösschen mit Terrasse, fast meint man, die Amalienburg des Nymphenburger Schlossparks wiederzuerkennen. Unmittelbar hinter der Anlage strömt der Auer Mühlbach dorthin zurück, woraus er bei der Marienklause nahe Hellabrunn abgeleitet wurde – in die Isar.

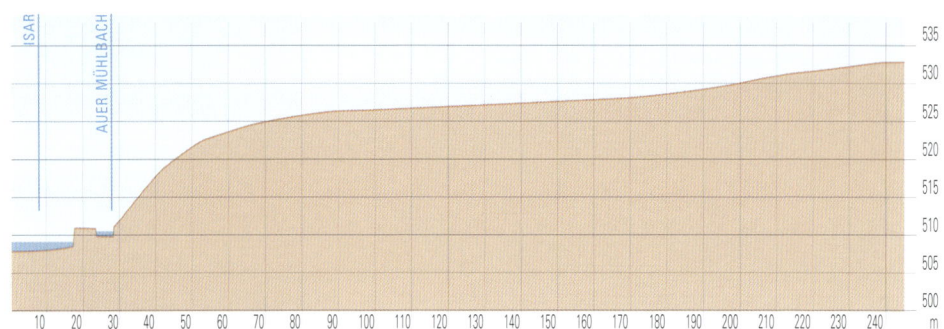

Hangweg zum Kobell–Denkmal

Höhendifferenz:
534–513 m NN
Anstieg 21 m
Steigung 16 %

Über die Max-Planck-Straße und die Prinzregentenstraße erklimmen Autofahrer mit der gebotenen Vorsicht und reduzierter Geschwindigkeit die östliche Hangkante. Die meisten Fußwege in den Gasteig- und Maximiliansanlagen schneiden den dort steilen Hang nur quer oder in Serpentinen: der bequeme Weg.

Wer es steil haben will, wird hier aber auch fündig: Südlich der Max-Planck-Straße führt ein *gacher* Fußweg von der Isar an der Maximiliansbrücke zum Kobell-Denkmal hoch. Er endet knapp vor dem Biergarten des Hofbräuhauses am Wiener Platz. Das Denkmal des Mineralogen und Volksdichters Franz von Kobell markiert fast einen Gipfel.

Max–Planck–Straße

Höhendifferenz:
529–523 m NN
Anstieg 6 m
lange Rampe

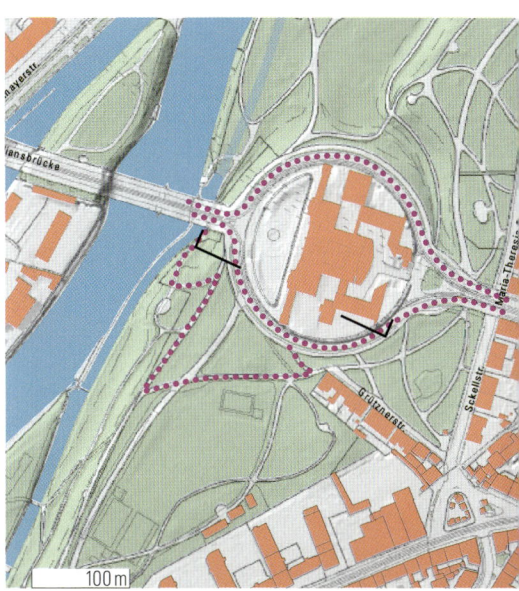

100 m

Gern lesen wir dort:
Ihm wurden die Geister des Wildwalds vertraut,
Und die Edelstein hütenden Zwerge.
Seiner Lieder kristallklarer Jodellaut
Bleibt das Kronjuwel bayerischer Berge.

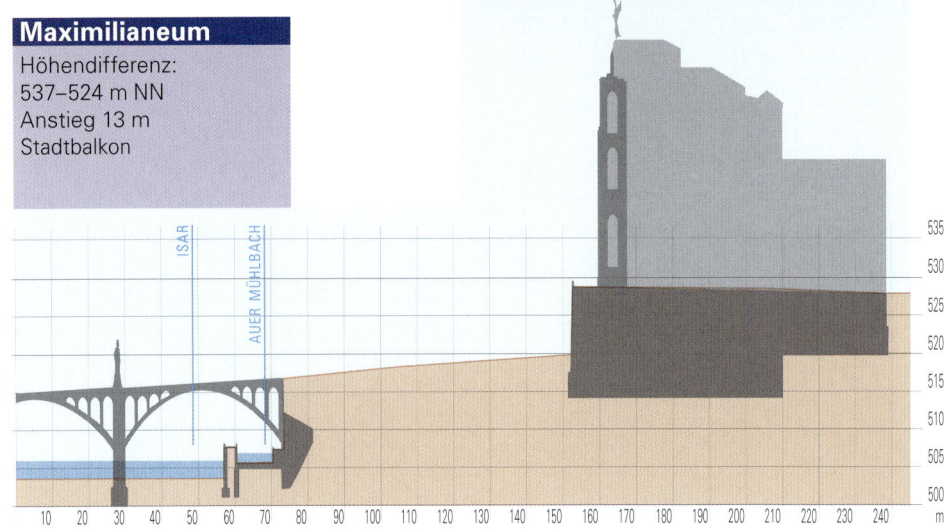

Maximilianeum

Höhendifferenz:
537–524 m NN
Anstieg 13 m
Stadtbalkon

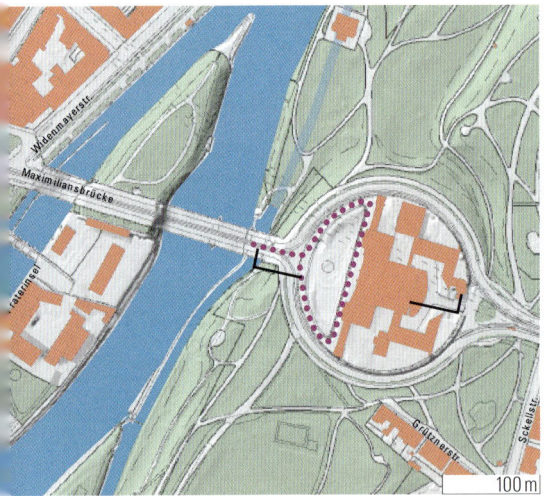

100 m

Anfangs waren die Gasteig- und Maximilians-anlagen nur schmale Bepflanzungsstreifen entlang der Hanglinie. Die abschüssigen kahlen Kieshänge dienten Schafen als Weidefläche. Es gab Erosion und Hangrutschungen. So stellten Landschaftsmaler die Szenerie vor 1850 dar. Der Wandel kam durch eine kalkulierte gärtnerische Gestaltung, die Einbeziehung des immer mehr zugewonnenen Isarschwemmlandes, zunächst nahe den Brückenbefestigungen und allgemein durch ein Zurückdrängen und Eindeichen des Flusses.

Der tiefe Frieden der ostseitig durch das Hochufer abgeschotteten Parkanlage umgibt einen schnell. Spaziergänger, Jogger, Radfahrer, Freizeitmenschen sind unterwegs, in der nach dem Englischen Garten größten zusammenhängenden Grünanlage der Stadt.

Nach Westen begrenzt die befestigte und regulierte Isar den Grünzug, nach Osten schirmen Wiesen, Strauchgruppen, mächtige Bäume und die ansteigende Hangkante das Erholungs-

Unterhalb der Maximiliansbrücke
Alois Josef Flad, 1862

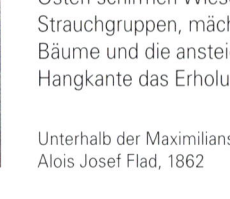

gebiet vom tosenden Verkehr auf der Inneren Wiener Straße, Sckellstraße und Maria-Theresia-Straße ab. Haidhausen und Bogenhausen, jenseits des Hochufers scheinen fern zu sein. Für die Freizeitmenschen durchziehen zahlreiche Wege das grüne und stellenweise steile Areal. Wer will kann zu Fuß oder mit dem Rad eine wahre Berg- und Talfahrt entlang der Isar, über die Hänge und unter den Brücken hindurch vom Muffatwerk bis zur Montgelasstraße absolvieren, in der Stadt und doch frei vom Autoverkehr.

In den Grünanlagen stellen die Fußwege Verbindungen her zwischen den 1854 bzw. 1892 eingemeindeten Dörfern Haidhausen und Bogenhausen miteinander und zur Altstadt. Im Gelände ist eine bewusste Gestaltung unübersehbar. Wir haben eine durchdachte Wege- und Blickführung mit einem wohl kalkulierten Arrangement der Pflanzungen um uns, einen weiteren Englischen Garten und einen Landschaftspark. Carl von Effner sah die gruppenweise Pflanzung von Buchen, Eichen, Nadelhölzern und seltenen Koniferen an den Parkrändern vor. Der Innenraum der Anlagen sollte zumeist baumfrei bleiben. Über das satte Grün der Wiesen geht der Blick somit weit durch den Park.

Die Bäume werfen schwarze Schatten und nur die Hangkanten und oberen Wege sind im Dunkel geschlossener Vegetation. Infolge der guten Grundwasserverhältnisse haben sich etliche imposante Rotbuchen, Linden, Platanen und Ahornbäume entwickelt. Die Eiben am Maximilianeum sind bis zu 10 m hoch und stammen zum Großteil noch aus der Gründungszeit der Parks. Carl von Effner ließ Quellaustritte mit herbeigeholten Nagelfluhfelsen dekorieren, als hervorbrechende Bergquellen inszenieren, in kleine Seen münden. Der Hang nördlich des Maximilianeums ist als Rodelberg mit einer Führung wie im Eiskanal und einer Brückendurchfahrt zugleich bekannt und berüchtigt.

Die Brücke zeigt zweimal ein Relief des Münchner Kindls und die Jahreszahl 1867. Nördlich der formalen Gartenanlagen um die Luitpoldterrassen am Friedensengel führen ein steil beginnender Weg und eine Brücke durch eine *Schlucht* über den von Quellen gespeisten idyllischen Achtersee. Dahinter schlängelt sich eine gefasste Wasserfläche mit Goldkarpfen durch das Gelände, vorbei an sprudelnden Quellen und tief hängenden Ästen einer Weide. Im Winter und im Raureif ist die Pracht vollkommen.

Durch das Schwarz der Baumstämme und das Grünbraun der Laubdächer tauchen unvermutet die hoch aufragenden Kulissenbauten des Maximilianeums oder auch der Friedensengel auf. Immer wieder überrascht die wirkungsvolle Platzierung dieser Bauten auf der Hangkante. Sie sind die *points de vue* der Maximilianstraße (1874) und der Prinzregentenstraße (1901). Sie verbinden die Innenstadt baulich und optisch mit der Isaraue und der östlichen Hangkante.

Für sie sind die ausgedehnten Grünanlagen Einbettung und Randbegrünung, die grüne Bühne für Show-Architektur. Vorhang auf: Der Bau des Maximilianeums erstreckte sich mit Pausen über eine Zeit von 27 Jahren, von 1847–1874. Das ehrgeizige Projekt, ein hoch aufragender romantischer Kulissenbau zur Stadt hin, ein prunkendes Schaustück des damals erfundenen Maximilianstils, ein großer Nationalbau auf der Isarhöhe, musste zunächst umfangreich und aufwändig fundamentiert werden.

Der Bauplatz am Hochufer bereitete große Probleme. Das unregelmäßige Gelände, im Hang austretende Quellen, die Steilheit der Hangkante und die Beschränkungen der damals möglichen Bauweise waren zu beachten. Es erfolgte zunächst eine Abböschung der Hangkante beidseitig neben dem Bauplatz. So konnte die Steigung der Hangkante für die Straßenarme um den Bau entschärft werden. Es wurden sodann große und stark tragende Stützmauern errichtet, um darauf eine wieder erhöhte, aber ebene Fläche für den eigentlichen Bau des Maximilianeums zu erhalten. Allein diese Erdarbeiten dauerten vier Jahre.

Baustelle Maximilianeum 1864.
Die durchgehende Reihe der
Bögen im Mittelgrund trägt
später die Zufahrtsrampe.

Der Sockelbau ist heute völlig überwachsen.
Man muss schon genau hinschauen, um ihn zu
erkennen. Die dem Kernbau vorgelagerte Auffahrt
auf der Stadtseite ruht auf 21 gewaltigen Rund-
gewölben. Man vermutet diese Stützkonstruktion
nicht, wundert sich dann aber doch über die
steile Mauer vor der Auffahrt. Katakomben und
Gewölbe bilden den unsichtbaren Unterbau der
architektonisch nur zweigeschoßigen Fassade
mit seitlich lang gestreckten offenen Arkaden-
flügeln und markanten Turmabschlüssen. Flügel
und Türme des Bauwerks sind Kulissenbauten,
schmal, funktionslos, aber voller Wirkung zur
Stadt hin. Hält das Fundament? Beruhigt diese
Beobachtung: Es darf per Ampelschaltung nur
ein Straßenbahnzug auf- oder abwärts fahren.

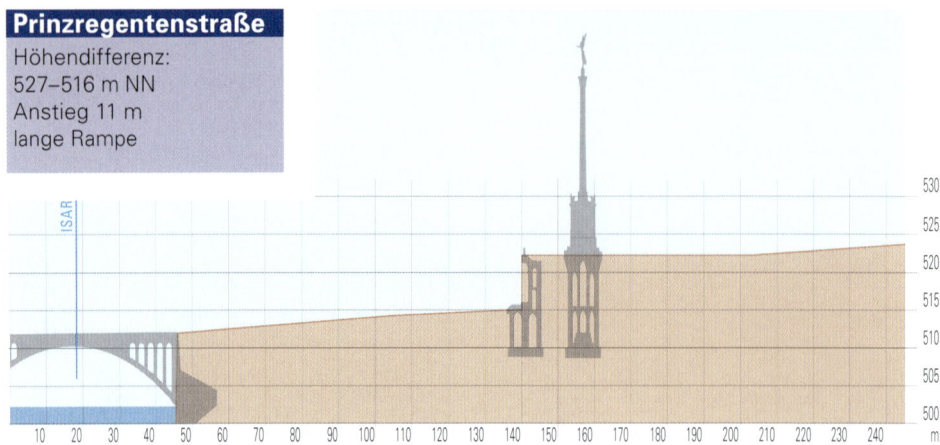

Prinzregentenstraße

Höhendifferenz:
527–516 m NN
Anstieg 11 m
lange Rampe

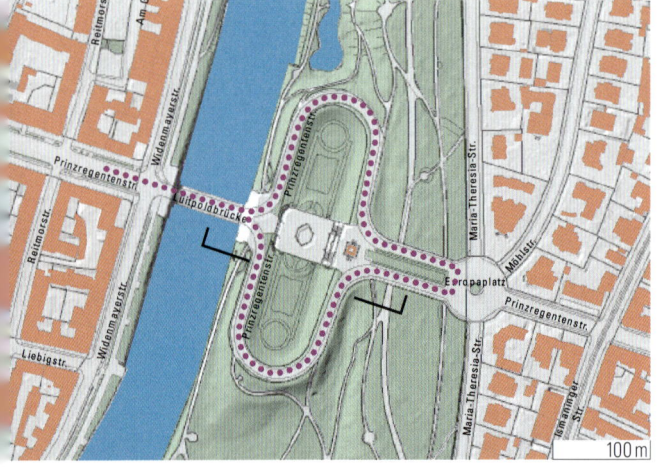

Ab 1853 erschloss die Stadtplanung Gebiete bis in die Isarauen. Die Maximilianstraße verbindet fließend die dicht bebaute Altstadt mit den Isar- und Maximiliansanlagen und präsentiert prächtige architektonische Bauten der Maximilianischen Gotik. Die Prinzregentenstraße – benannt nach dem Prinzregenten Luitpold – quert seit 1901 das früher von Kanälen durchzogene Lehel und strukturierte anfangs die Bebauung im Sinne der Gartenstadtidee der Jahrhundertwende.[43]

Die Hangkante war zugleich die östliche Begrenzung dieser Stadterweiterungsachse, Kulisse und zu überwindendes Hindernis auf dem Weg hoch nach Bogenhausen und zum Endpunkt Prinzregentenplatz.

Der Friedensengel ist als Mittel- und Höhepunkt der Luitpoldterrassen der optische Abschluss der aus der Innenstadt kommenden Prachtstraße. Um die Luitpoldterrassen führen in herrschaftlicher Manier alleeartig begrünte Straßenrampen auf die Hangkante.[44]

Luitpoldbrücke, Friedensengel und Luitpoldterrassen um 1910

Luitpoldterrassen

Höhendifferenz:
526–517 m NN
Anstieg 9 m
Stadtbalkon

Auch beim Friedensengel lohnt es sich, genau hinzusehen. Von der Hangkante wirkt der mit Sockel 38 m hohe Bau weithin über München und ganz besonders ins ferne Paris. Er steht für den Siegfrieden über Frankreich nach dem Krieg von 1871. In der rechten Hand hält die Siegesgöttin Nike einen Ölbaumzweig, in der linken aber eine Figur der kriegerischen griechischen Göttin Athena auf der Weltkugel: Frieden bewahrend und zum Krieg bereit. Die Enthüllung des Denkmals fand 1899, am 28. Jahrestag des Einzugs der heimkehrenden, siegreichen bayerischen Truppen in München statt. Reliefs an der tragenden Halle ehren die damaligen Sieger: den *Heldenkaiser* Wilhelm I. und Kaiser Friedrich III., die *Helden* Graf Moltke und Graf Roon, die bayerischen Heerführer von der Tann, von Hartmann, von Pranckh und den Staatsmann Fürst von Bismarck. So sehen Sieger aus.

Die Münchner haben in ihrer Gemütlichkeit aus der bewussten Machtdemonstration mit einer Siegesgöttin einen *Friedensengel* gemacht. Engel sehen aber anders aus. Frieden wünscht man sich gleichwohl in so mancher Silvesternacht, wenn ganz München diese Stelle der Hangkante zum Sehen wollen und Feiern müssen aufsucht.

Die gute Fernsicht von der Hangkante ermöglicht seit 1891 eine monumentale Treppenanlage im barocken Gewand, die Luitpoldterrassen mit Mittelnische, Laternen, Fontänen und Fontänenbecken. Die Treppenanlage ist zugleich die Substruktion für die Ehrenhalle und den Friedensengel. Die Bauten werden von ring- bzw. U-förmigen Rampen des Straßenbaus umfahren.

Entwurf von Gottfried Semper zum Festspielhaus auf der Isaranhöhe, um 1865/66

Zwischen dem Maximilianeum und dem Friedensengel begegnet man auf der Hangkante unvermutet einem Denkmal mit König Ludwig II. Unnahbar und grimmig schaut er herab. Wir lesen auf der Bodenplatte von 1967:

> Wo Bayerns König Ludwig
> Für Richard Wagners Werke
> Nach Gottfried Sempers Plänen
> Zum Ruhm der ganzen Menschheit
> Den Festbau schaffen wollte
> Setzt ihm das Volk sein Denkmal.

Hier hat sich jemand königlich geärgert. Die Hangkante in den Maximiliansanlagen war Schauplatz einer spektakulären Vision Ludwig II. Richard Wagner folgte 1864 seiner Einladung nach

München und hatte die Idee zu einem Festspieltheater für eigene Werke in München. Dem König gefiel das. Gottfried Semper entwickelte ein Architekturmodell und über drei Jahre hinweg Pläne für ein Opernhaus bis nahe der Baureife. Das geplante Richard-Wagner-Festspielhaus sollte *point de vue* einer neuen Straßenachse in Verlängerung der Brienner Straße oder der Galeriestraße nach Osten über die Isar werden. Der dort geplante Bau hätte eine Fernwirkung wie das Maximilianeum bekommen. Die Vision blieb eine *Architektur, die nicht gebaut wurde*, denn der Lebensstil des von Ludwig II. bewunderten Komponisten überforderte die Toleranz der Münchner Gesellschaft. Der Künstler zog weiter, das Sempertheater wurde anderswo verwirklicht.

Einen Entwurf für das Festspielhaus zeigen dennoch die Metallschilde am Standdenkmal für Ludwig II., hier sogar gleichrangig gesetzt mit den drei Königsschlössern Linderhof, Neuschwanstein und Herrenchiemsee. Gebaut wurden vergleichbare Theater schließlich in Dresden (Hoftheater) sowie in Bayreuth (Festspielhaus).

Hangweg am Achtersee

Höhendifferenz:
527–510 m NN
Anstieg 17 m

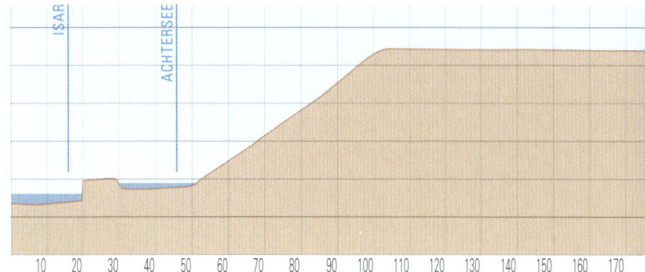

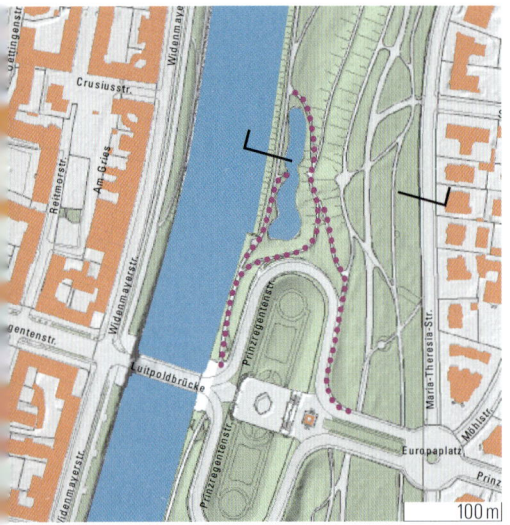

Ein anderer Bergsteig führt nördlich der Unterführung der Luitpoldterrassen, noch vor dem
Achtersee, gleich stark ansteigend in den Hang,
über eine Brücke und nach einer scharfen Rechts-
kurve hoch zur Prinzregentenstraße. Wer es
geordnet mag, nimmt die Treppen der Luitpoldterrassen im raschen Angriff: der urbane Weg.

Die Gasteig- und Maximiliansanlagen sind Natur-
schutzgebiet, Biotop und Denkmal. Es gilt, Ein-
griffe zu minimieren. Diese setzten mit dem Bau
der Prinzregentenstraße schon 1890 ein. Die
ursprünglich künstlerisch angelegten Wege wurden
immer wieder verändert oder sogar aufgelassen.
In den Gasteiganlagen entstanden Sportplätze.
Von der Inneren Wiener Straße rückt die Bebauung nach und nach über die obere Geländekante
des Hangs vor.

Wilhelm-Hausenstein-Weg / St. Georg

Höhendifferenz:
524–513 m NN
Anstieg 12 m
kurzer Anstieg, Kirche

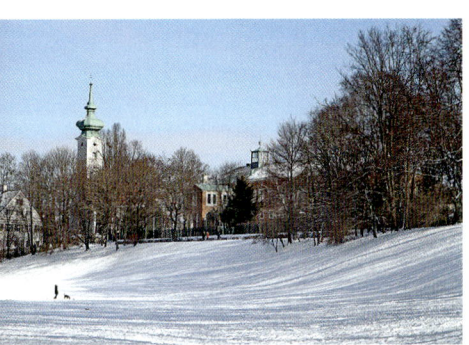

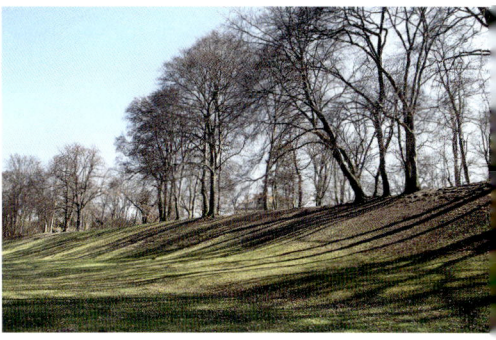

Der nördliche Bereich des Grünzugs der Maximiliansanlagen geht in Bogenhausen in den Herzogpark über. Wer dem Wilhelm-Hausenstein-Weg nach rechts folgt, wandert direkt auf der schattigen Hangkante, umgeben von alten Bäumen, zur Kirche St. Georg. Linkerhand zeichnet sich deutlich und scharf der Verlauf des hohen Hangs über einer weiten Wiese ab. Auch hier gibt es alternativ einen direkten Bergsteig vom kleinen See an der Steinbacherstraße hoch zum Kirchplatz. Den See speisen die Quellen des ehemaligen Bad Brunnthal.

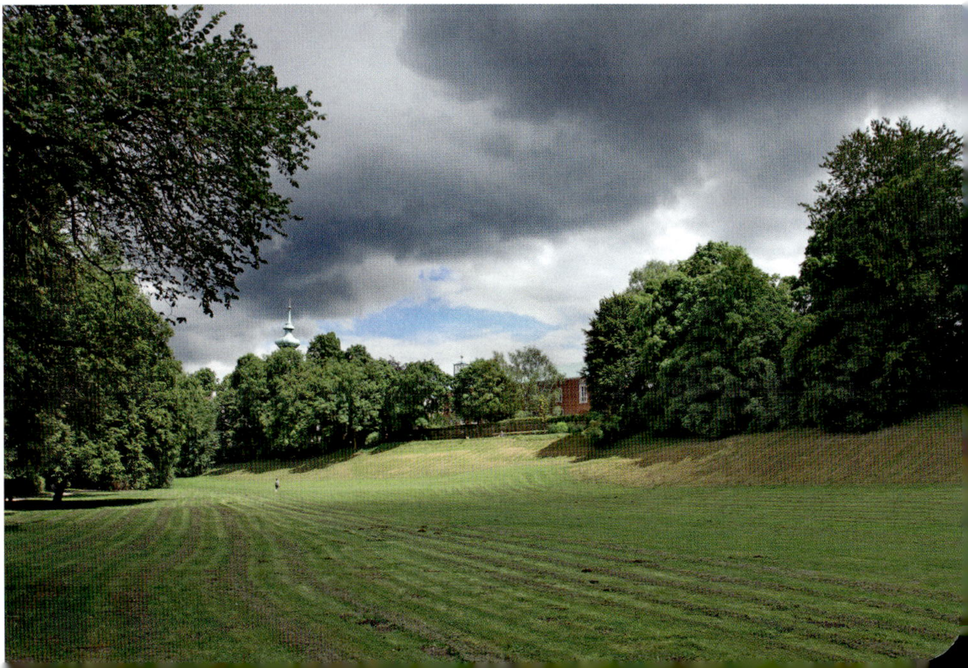

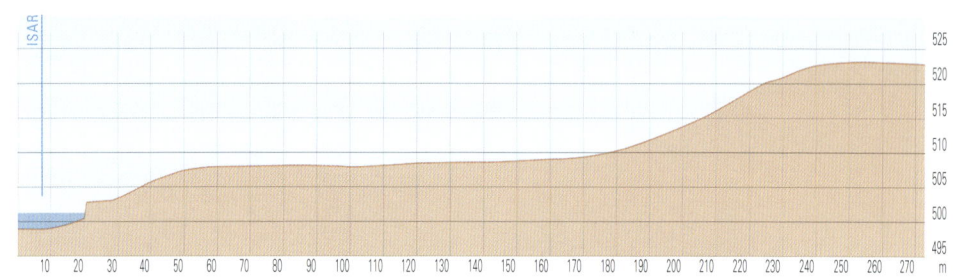

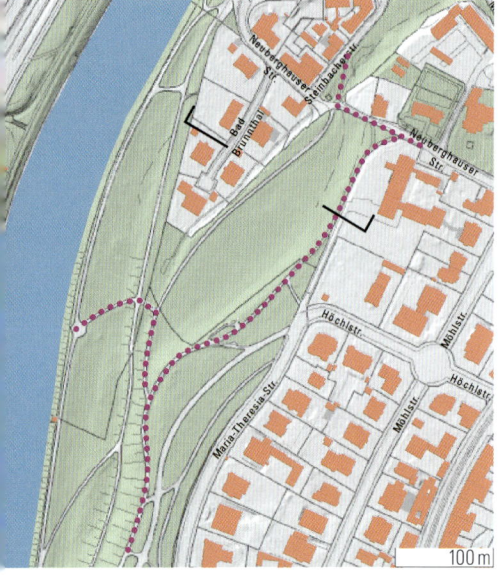

100 m

Hangweg St. Georg

Höhendifferenz:
524–513 m NN
Anstieg 12 m
Kirche

In Brunnthal bestanden seit dem Anfang des 17. Jahrhunderts nachfolgend eine ausgeprägte Badetradition mit Wannenbädern, eine Wasserheilanstalt und eine Kneippkuranstalt. Die heutigen Gebäude am Ende der Sackgasse sind im Kern aus dem Jahr 1909. Das Quellwasser hatte eine besondere Güte, war kaum kalkhaltig, enthielt natürliche Kohlensäure und salpetersaures Natron. Es war bekömmlich und heilend.

Ein zeitgenössischer Lobspruch lautete:
Brunnthaler Wasser ist ja für den Münchener das einzige genießbare Labungsgetränk aus Neptuns Reiche, namentlich im Hochsommer, wenn sich der Einzelne nicht etwa mit den kalkhaltigen Fluthen der Isar den Magen inkrustieren will. [45]

Der Ortsteil Bogenhausen wird von der breiten Montgelasstraße und der langen Mauerkircherstraße erschlossen. Die Mauerkircherstraße durchfährt seit 1910 das Gelände des alten Herzogparks. Beide Straßenzüge überwinden die Hangkante in Querlage. Der Ort entwickelte sich auf einem Geländebogen hoch über dem Isartal. Dort bildeten erste Behausungen der Leute eines Poppo (Poapo oder Pubo) den alten Ortskern. Im Mittelpunkt des Ortskerns erhebt sich die ehemalige Dorfkirche St. Georg, die wohl älteste Pfarrkirche am östlichen Isarrain zwischen der Menterschwaige, Oberföhring und Haar. Viele Prominente haben auf dem Bogenhausener Friedhof ihre letzte Ruhe gefunden. Im weiteren Verlauf der Hangkante nach Nordosten bis Oberföhring befindet sich in vergleichbarer raumbeherrschender Hangrandlage auch die Kirche St. Lorenz.

Zwei weitere Gebäude müssen wegen ihrer besonderen Lage auf der Hangkante erwähnt werden: die ehemalige Beamtenreliktenanstalt südlich von St. Georg und der Bundesfinanzhof.[46] Die Beamtenreliktenanstalt ging zurück auf eine Stiftung von Königin Marie, der Frau von König Maximilian II., im Jahre 1851 und war in gewisser Weise die Ergänzung zum Stift Maximilianeum ihres Gatten sowie der Abschluss der Maximiliansanlagen im Norden. Maximilian II. veranlasste den Erwerb der Liegenschaften des Hompesch-Schlössl am Isarhang und nachfolgend dort den Bau der Anstalt mit Sälen und Zimmern für ca. 50 verwaiste oder alleinstehende Töchter bzw. Witwen des mittleren Beamtenstandes im Maximilianstil eines Eduard von Riedel, Bauzeit 1863/1865.

Augenzwinkernd fand sich schnell der Name Drachenburg für das repräsentative Anwesen, mit den darin wohnenden alleinstehenden Damen. Im Zusammenhang mit dem Bau gab es Überlegungen für die Errichtung einer Grabstätte für König Max II. Sein Tod 1864 kam zu früh für diese Überlegungen. Sie wurden nicht weiter verfolgt. Der Stiftungsbau hat den Zweiten Weltkrieg nicht überstanden. Es erfolgte an der Stelle 1958 ein Neubau in reduzierter Ziegelbauweise für die Frankona-Rückversicherung. Im Gebäude ist heute eine bilinguale Schule untergebracht, die kaum noch landschaftswirksam in Erscheinung tritt.

Umso mehr wirkt der nach Südosten freistehende pompöse Bau des Bundesfinanzhofs an der Ismaninger Straße 109 in die Stadtlandschaft.

Beamtenreliktenanstalt, 1912

Auf dem Gelände befand sich zunächst ein Verwaltungsbau des Hochstifts Freising. Dieser wurde 1639 zum Edelsitz Stepperg ausgebaut und kam 1803 in den Besitz des Freiherrn Maximilian von Montgelas. In der für Bayern kritischen Zeit um 1805, als Bayern lediglich ein kleines Kurfürstentum zwischen den Krieg führenden großen Ländern Frankreich, Preußen und Österreich war, wurde in dem Gebäude der für Bayern entscheidende *Bogenhausener Vertrag* zwischen Bayern und Frankreich geschlossen.

Damit war rechtlich gesehen das Königreich Bayern entstanden. Auf bayerischer Seite unterzeichnete der Konferenzminister Freiherr Maximilian von Montgelas den Vertrag. Damit war der Einmarsch französischer Truppen offiziell erlaubt und das Bündnis mit Österreich und Russland beendet.

Das Gebäude machte 1909 einem Neubau von Theodor Littmann in Gestalt einer barockisierenden Schlossanlage Platz. Wegen finanzieller Schwierigkeiten blieb dieser Bau unvollendet. Erst 1918 kaufte das Deutsche Reich die Ruine und betrieb seine Fertigstellung im Art-Déco-Stil bis 1924. Er wurde Sitz des obersten deutschen Finanzrevisionsgerichts. Nach dem Zweiten Weltkrieg zog dort der Bundesfinanzhof ein. Erweiterungstrakte verdecken heute einen Teil des Kernbaus.

Zu den Baulichkeiten zählte lange Zeit der Herzogpark, später der sogenannte Montgelas-Garten. Diese Parkanlage befand sich zwischen der Heinrich-Mann-Allee an der Isar, dem Straßenzug Thomas-Mann-Allee und der Montgelasstraße mit der Oberföhringer Straße. Das Areal wurde dann weitläufig von Terraingesellschaften erschlossen und bebaut. Nur mehr der östliche Randstreifen unterhalb der Hangkante ist baufrei und teilweise naturnah erhalten geblieben.

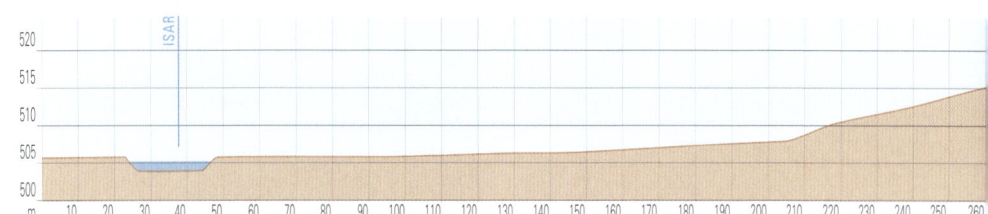

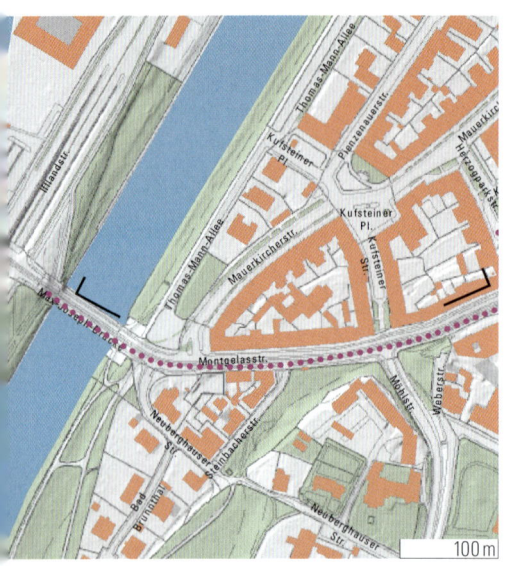

Montgelasstraße

Höhendifferenz:
530–513 m NN
Anstieg 17 m
lange Rampe

Fährt man die Montgelasstraße von der Isar her hoch, quillt auf Höhe der Herzogparkstraße/ Törringstraße förmlich das Grün der üppigen Vegetation von der Hangkante in den Straßenraum. Die Montgelasstraße durchfährt das Areal des ehemaligen Montgelas-Gartens. Mehrere Fußwege und Bergsteige führen über die Hangkante zum Hangfuß und schließlich zur Brunnbachleite. Sie wurden u.a. nach Publizisten, Schauspielern und Grafikern benannt, die mit Bogenhausen verbunden waren: Wilhelm Hausenstein, Gustav Waldau, Paul Neu oder Michl Ehbauer.

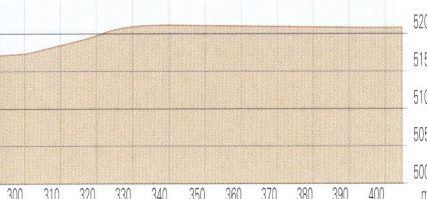

Es gilt, hier einer Idylle nachzuspüren, so richtig finden wird man sie nur zu bestimmten Jahres- und Uhrzeiten und nur mehr in einem engen Korridor entlang des Hangfußes und im Hangwald. Ähnlich jedoch wie am Isarsteilufer des südlichen Stadtrands, bei der Großhesseloher Brücke und dem Tierpark Hellabrunn, zeigt das Steilufer hier am nördlichen Stadtrand wieder eine beachtliche Höhe. Im Hangwald sieht man Verbauungen gegen Hangrutschungen. Neun Treppenanlagen, Hangwege und Bergsteige müssen hier durch Wegebau, Mauern, Schwellen und Geländer gesichert werden.

Zunächst ähnlich wie am Ende der Oberländer- straße in Sendling, endet die Herzogparkstraße mit einer breiten Treppenanlage. Von der Mont- gelasstraße führt ein langer Hangweg nach unten (O.43), der mehrfach abknickende Gustl-Waldau- Steig (O.44) bringt uns wieder nach oben.

Treppenanlage Herzogparkstraße
Höhendifferenz:
521–512 m NN
Anstieg 9 m

Hangweg Montgelasstraße

Höhendifferenz:
523–510 m NN
Anstieg 13 m

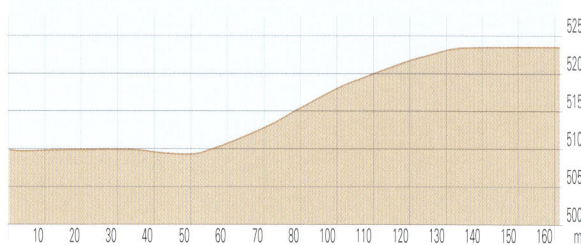

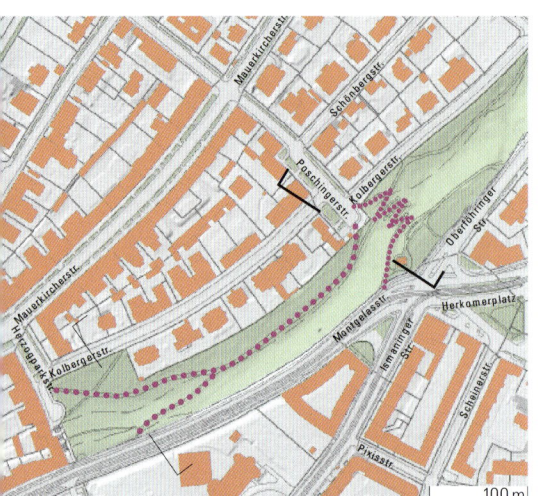

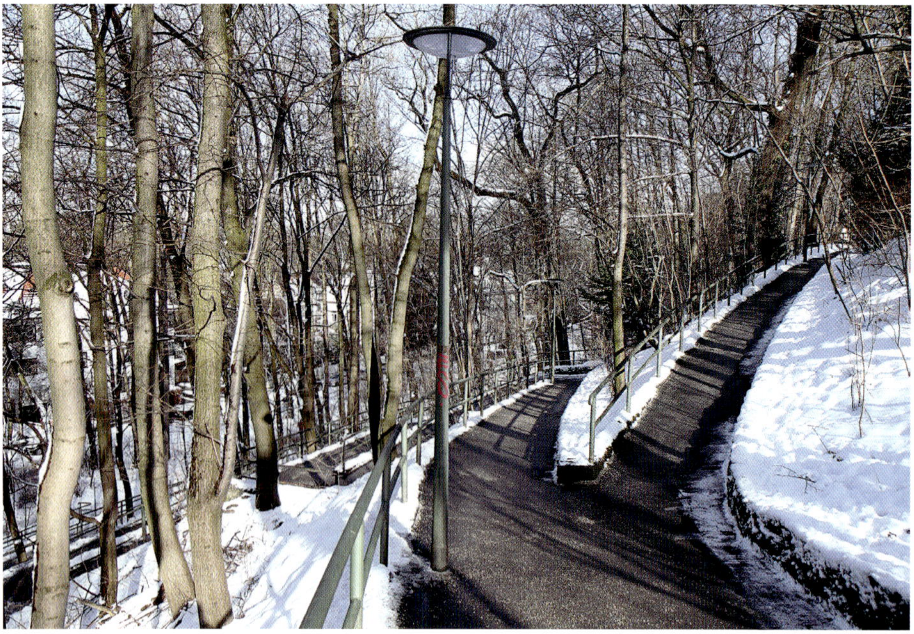

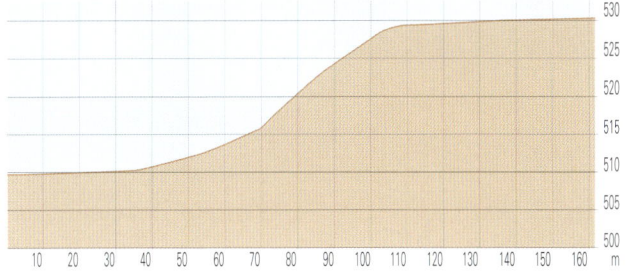

Der nördlichen Stadtgrenze zu begleitet der Brunnbach unten die Hangkante. Ursprünglich begann dieser in Bad Brunnthal und mündet im Grüntal hinter St. Emmeram in die Isar.
Ab der Abacostraße verläuft er oberirdisch und war für Thomas Mann die Inspiration zu einer Beschreibung dieses Reviers in der Erzählung *Herr und Hund* im Jahre 1919:

Die Vielfältigkeit der Ansichten aber ... beruht darauf, daß sie in drei untereinander ganz verschiedene Regionen oder Zonen zerfällt (...): die Region des Flusses und seines unmittelbaren Ufers einerseits, die Region des Hanges auf der andern Seite und die Waldregion in der Mitte. (…) Das ist kein Wald und kein Park, das ist ein Zaubergarten (...) obwohl es sich im Grunde um eine karge, eingeschränkte und zur Krüppelhaftigkeit geneigte Natur handelt (...). Der Grund ist wellig, er hebt und senkt sich beständig, und das ergibt die schöne Geschlossenheit der Veduten, die Unabsehbarkeit auch nach den Seiten hin (...). Aber auch die Region des östlichen Gehölzes hat unverächtliche Reize (...). Man könnte sie die Zone des Baches nennen, denn ein solcher gibt ihr das idyllisch-landschaftliche Gepräge (...). Anfangs hat er ein düsteres, unbesonntes Gepräge und ist mit Fichten bestanden. Später wird er zur Sandgrube, welche die Sonnenstrahlen warm zurückwirft, noch später zur Kiesgrube, endlich zu einem Sturz von Ziegelsteinen, als habe man dort oben ein Haus abgebrochen und die wertlosen Trümmer einfach hier heruntergeworfen, so daß dem Lauf des Baches vorübergehend Schwierigkeiten bereitet werden. (…) Der hiesige Bach ist von den Schlichten und Treuherzigen unter *den Seinen, es ist nichts Besonderes mit ihm, sein Charakter ist der einer freundlichen Durchschnittlichkeit. Von glasklarer Naivität, ohne Falsch und Hehl, ist er weit entfernt, durch Trübheit Tiefe vorzutäuschen, er ist flach und klar und zeigt harmlos, daß auf seinem Grunde verworfene Blechtöpfe und die Leiche eines Schnürschuhes im grünen Schlamme liegen. (…) Er erweitert sich teichartig an mehreren Stellen, und schöne Weiden stehen an seinem Ranft, von denen ich eine im Vorübergehen mit Vorliebe betrachte. Sie wächst am Hange, in einiger Entfernung also von dem Gewässer. Über einen ihrer Äste streckt sie von dorther sehnsüchtig zum Bache hinüber und hinunter, und hat es wirklich erreicht, daß das fließende Wasser das silbrige Laub diese Zweigspitze leicht benetzt. So steht sie und genießt die Berührung. (…) Ich bin der Landschaft anhänglich und dankbar, darum habe ich sie beschrieben. Sie ist mein Park und meine Einsamkeit; meine Gedanken und Träume sind mit ihren Bildern vermischt und verwachsen, wie das Laub ihrer Schlingpflanzen mit dem ihrer Bäume. (…) Man blickt zum Himmel empor, man blickt in die Tiefen des zierlichen und weichen Blätterschlages, die Nerven beruhigen sich, und Ernst und Stille kehren in das Gemüt zurück.* [47]

Simmsteig

Höhendifferenz:
529–509 m NN
Anstieg 20 m

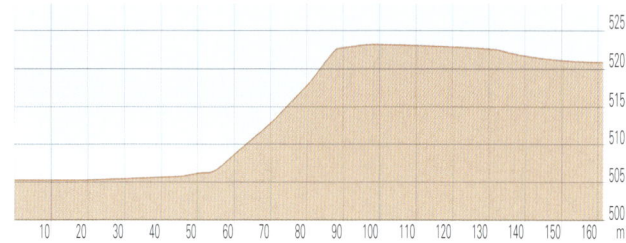

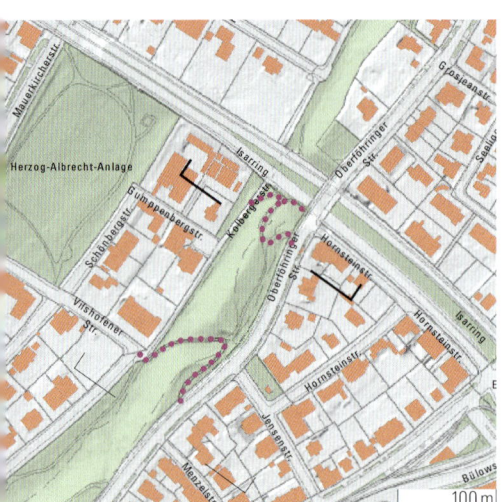

Paul-Neu-Weg

Höhendifferenz:
528–510 m NN
Anstieg 18 m

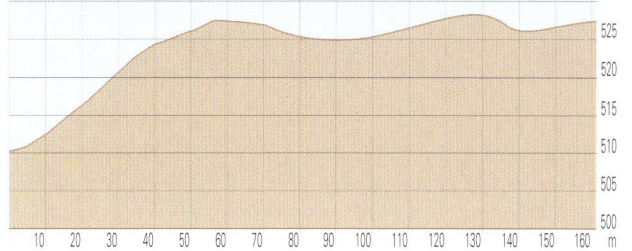

Über den steilen Simmsteig, vorbei an einem Holzmarterl, erreicht man vor dem Isarring den kleinen Paul-Neu-Weg. Das Gelände ist nun weniger dicht bebaut. Hier im *Priel* wurde früher Lehm abgebaut.

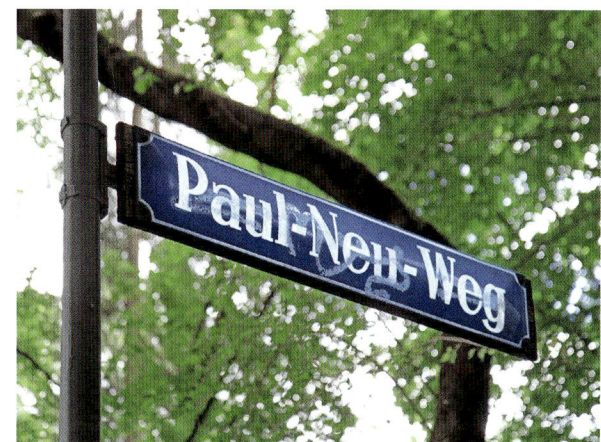

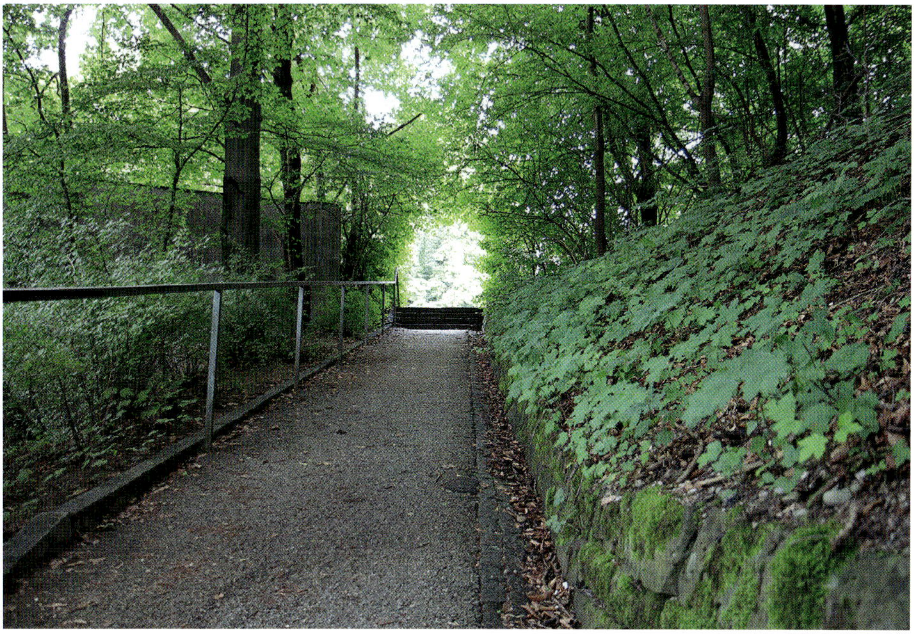

Dingelstedtweg

Höhendifferenz:
528–507 m NN
Anstieg 21 m

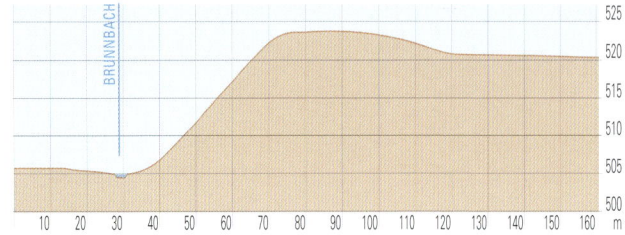

Der Dingelstedtweg ist wie der Michl-Ehbauer-Weg ein langer, leicht gewundener Hangweg in steilem Gelände.

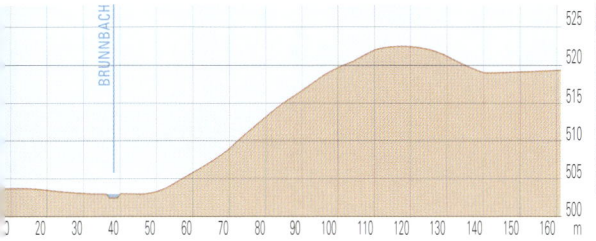

Andersenweg
Höhendifferenz:
524–505 m NN
Anstieg 19 m

Der dazwischen liegende Andersenweg erreicht die Höhe über mehrere mauergestützte Serpentinen. Wir überqueren die Mauerkircherstraße zwischen hohen Stützmauern und kommen über den Hangweg Pernerkreppe und die Muspillistraße zur Kirche St. Lorenz, dem alten Kern der 1913 nach München eingemeindeten Siedlung Oberföhring.

Michl-Ehbauer-Weg

Höhendifferenz:
521–506 m NN
Anstieg 15 m

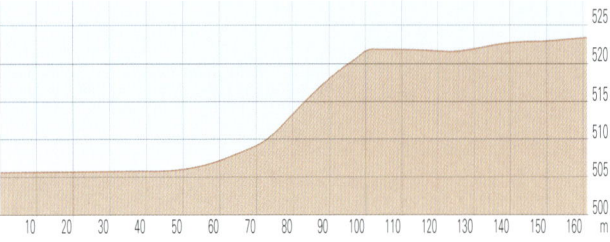

100 m

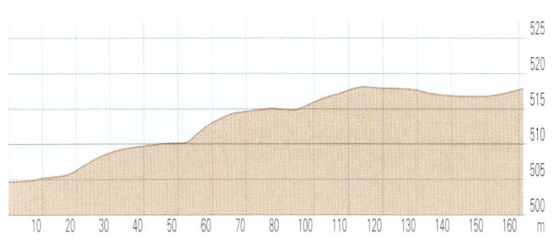

Mauerkircherstraße

Höhendifferenz:
519–505 m NN
Anstieg 14 m
lange Rampe

Ausflugsgaststätte Herzogpark, 1905, links im Bild der Hang
(heute im Bereich der südlichen Flemingstraße)

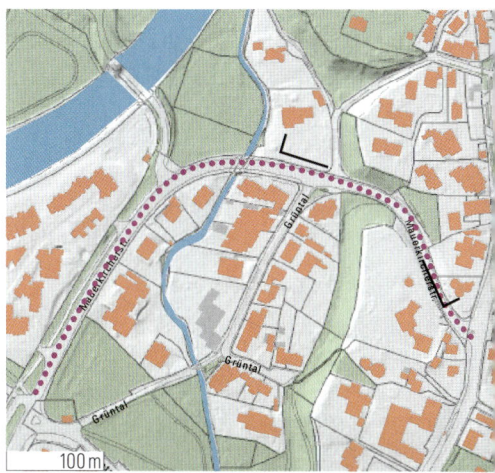

Pernerkreppe

Höhendifferenz:
528–507 m NN
Anstieg 21 m

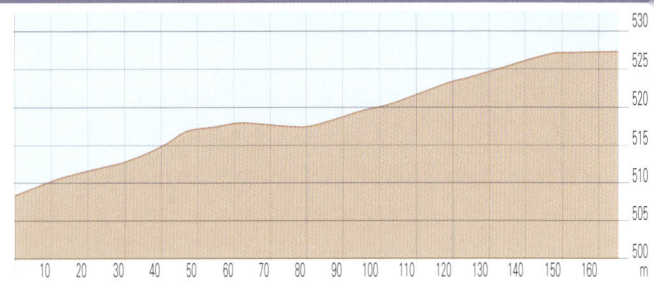

100 m

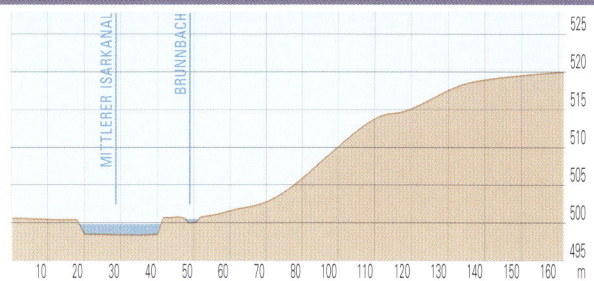

MITTLERER ISARKANAL
BRUNNBACH

Rochus-Dedler-Weg
Höhendifferenz:
520–505 m NN
Anstieg 15 m

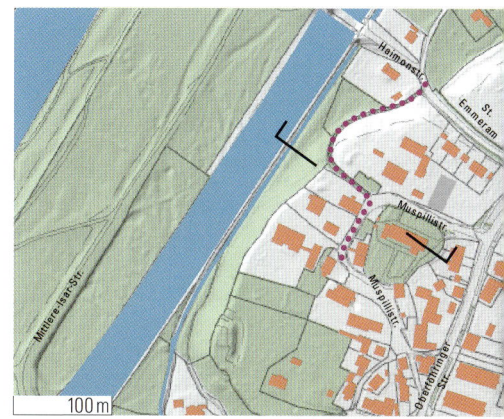

100 m

Ganz unscheinbar beginnt in der Straßenkurve westlich der Kirche der Rochus-Dedler-Weg. Diesen wunderbaren Bergsteig darf man nicht verpassen. Der Komponist Rochus Dedler starb 1822 in Oberföhring. Sein Hauptwerk ist die 1811 geschaffene Musik zum Oberammergauer Passionsspiel. Diese in gläubiger Frömmigkeit mit innigem Empfinden und großem Kunstverständnis geschriebene Musik ist schlicht und leicht verständlich.

Schlicht, leicht und sogar heiter ist die Führung des Bergsteigs in großartiger Hangwaldnatur. Man will ein Berglied summen, wähnt sich im Bergwald, sieht das Efeu an den dunklen Baumstämmen über der dichten Krautschicht, hört eine Quelle murmeln und Vögel zwitschern. Man ist allein, mitten in der Natur und doch noch in der Stadt.

St. Emmeram Süd

Höhendifferenz:
520–505 m NN
Anstieg 15 m

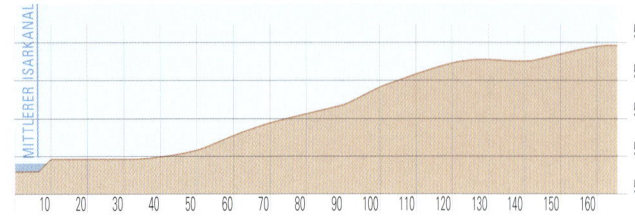

Als Fahrstraßen auf die Hangkante sind am nördlichen Stadtrand nur die Anstiege der als Einbahnstraße eingerichteten Ringerschließung St. Emmeram ausgeführt. An den Hangfuß kommen wir nicht mehr heran. Die Kleinlandschaft St. Emmeram liegt bereits in den Isarauen, benannt nach einer dort um 1400 nachgewiesenen und 1866 privat neu gestifteten Gnadenkapelle.

Die Ortsbezeichnung Föhring / *ad feringas* verweist auf einen *Fährmann und seine Leute*. Das Schwemmland um St. Emmeram diente als Floßlände und wurde nach 1860 mit Krautgärten, Weiden und Grünland kultiviert.

Wie an der südlichen Stadtgrenze bei der Menter-schwaige, war St. Emmeram im frühen 20. Jahr-hundert ein gern angenommenes Ausflugsgebiet gut situierter Städter. Man setzte beim Herzog-park mit der Fähre über die Isar, genoss die Natur und beschloss den Ausflug in der 1903 eingerich-teten Gaststätte St.-Emmeramsmühle.

Carl August Lebschée, Föhring nächst München, um 1830

ÖSTLICHE LEHMBERGE UND PARKHÜGEL

Tiroler Berg

Höhendifferenz:
548–538 m NN
10 m Höhe
Hangkante

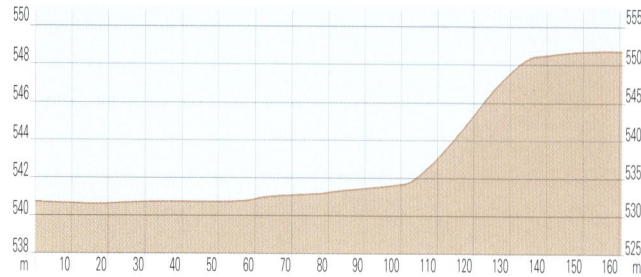

Der Kuntersweg und seine Verlängerung nach Osten *Am Hohen Weg* sind die Haupterschließung eines schmalen, aber rund 1,6 km langen Grünzugs in Harlaching.

Er reicht vom Tiroler Platz, oberhalb des Tierparks Hellabrunn bis zum St. Quirin-Platz, nahe der ehemaligen McGraw-Kaserne.

Hier fällt die östliche Niederterrasse des Deckenschotter
über eine deutliche Hangkante
in den obersten Bereich des
Isartals. Die Geländekante ist
ein ruhiges Gelände für Spaziergänger, Hundebesitzer und
Jogger.Sie führt oberhalb
des Vereinsgeländes des
FC Bayern München vorbei.

Im Winter wird vor allem der
westliche Teil der Hangkante
dankend als Rodelberg
angenommen. Die Hangkante
erreicht mit dem Tiroler Berg
dort ihre höchste Erhebung
mit zehn Metern und hat mit
einem kleinen Bildstock sogar
eine Art Gipfelziel. Im weiteren
Verlauf beträgt die Höhe der
Hangkante ca. vier Meter.
Der Hohe Weg bleibt fast stetig
auf 540 m NN.

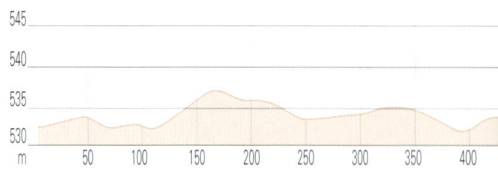

Ostparkrunde

Höhendifferenz:
552–527 m NN
25 m Höhe
Länge
ca. 3 km
Dauer
40 Minuten für Fußgänger
20 Minuten für Jogger
für Radfahrer ungeeignet

Der Ostpark ist ein beliebtes Naherholungsgebiet im Münchner Südosten mit Wasserflächen und einer etwa halbkreisförmigen, nach Süden offenen, zentralen Aufschüttung.

Die Gestaltung des hügeligen Reliefs im 56 ha großen Kunstpark begann in den 1960er Jahren mit dem Geländeaushub für den ersten Bauabschnitt der Wohnanlagen der Neuperlacher *Entlastungsstadt* sowie des U-Bahnbaus. Bund, Stadt und gemeinnützige Bauträger errichteten damals an der Peripherie von München einen Stadtteil für 80.000 Einwohner mit ca. 26.000 Wohnungen und zugehöriger städtischer Erholungsfläche. Das älteste Element in der Kunstlandschaft ist der immer wieder versickernde Hachinger Bach im Westen.

Die Vielfalt des Parkreliefs kann auf einem Rundweg erkundet werden. Starten Sie im Süden im Flachen. Erklimmen Sie im Osten vor der Sportanlage Perlach-Süd das *Randgebirge*, vom Höhenweg führt links eine Treppenanlage steil hoch zum *Ostparkpeak*, Gipfelüberschreitung, steigen Sie über die Südwestflanke zu den Brücken des Sees ab, überqueren Sie zwei Brücken, entspannen im Biergarten oder gehen Sie am Eisstadion vorbei zurück zum Ausgangspunkt.

Anlage des Ostparks, um 1975

Ostpark Rodelberg

Höhendifferenz:
552–527 m NN
25 m Höhe
Parkhügel

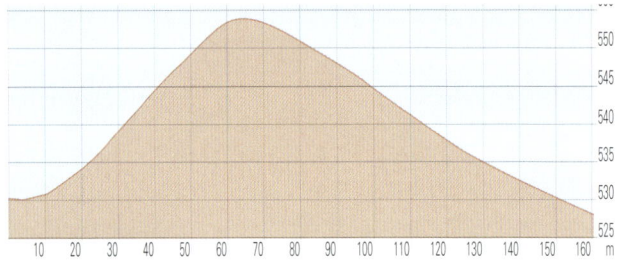

Prunkstück des 1973 im ersten Abschnitt und 1982 vollständig eröffneten Parks aber ist der hohe Rodelberg mit seiner steilen, nach Süden gerichteten Hangflanke: Rodelberg, Aussichtshügel mit beeindruckendem Föhnblick in die Alpen, Abenteuerspielplatz.

Im Ostpark bestand Mitte der 1970er Jahre eine Sommer-Skisprungschanze mit einem K-Punkt von immerhin 15 m. Will man die volle Höhe des Rodelbergs auskosten – 25 Höhenmeter – sollte man von der östlichen Brücke des Sees starten und über die Südwestflanke auf dem gut befestigten Weg aufsteigen.

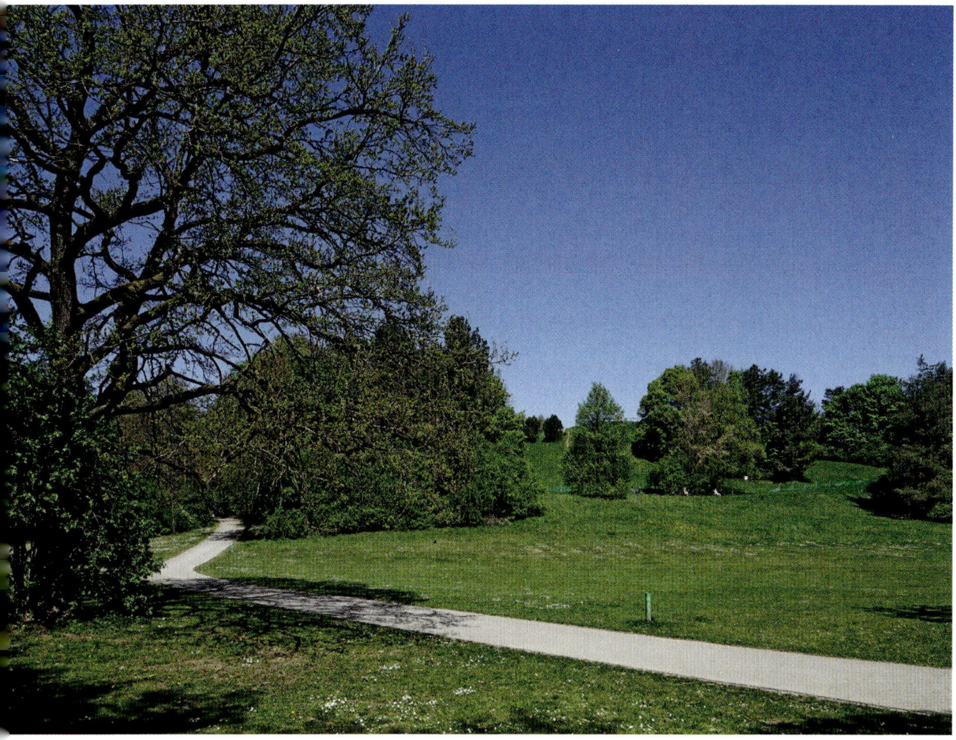

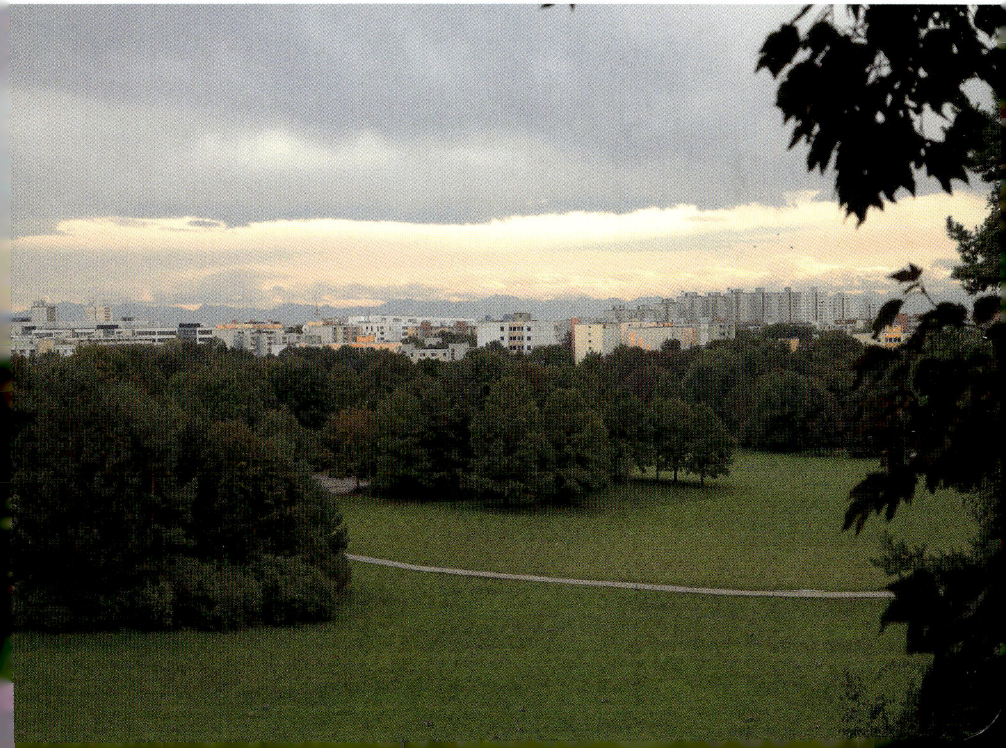

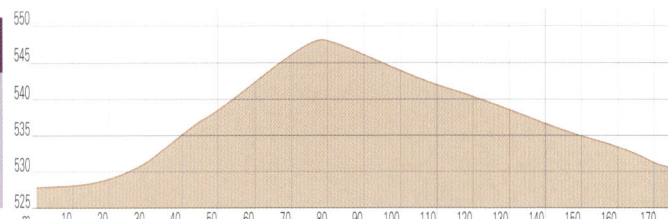

**Riemer Park
(Großer Rodelberg)**

Höhendifferenz:
555–527 m NN
28 m Höhe
Parkhügel

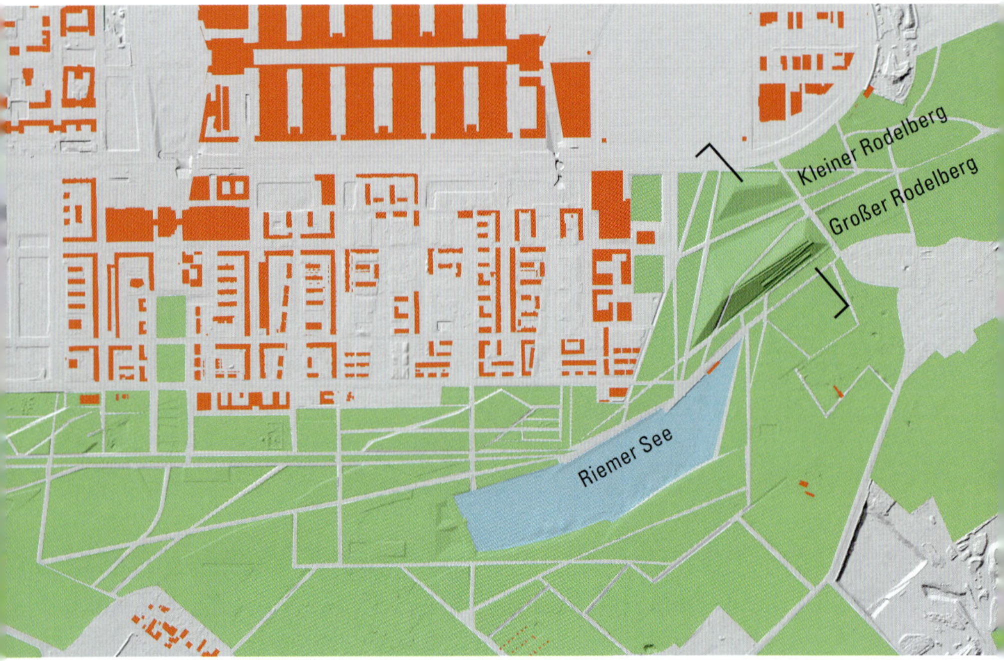

Kleiner Rodelberg

Großer Rodelberg

Riemer See

Riemer Park (Kleiner Rodelberg)

Höhendifferenz:
540–527 m NN
13 m Höhe
Parkhügel

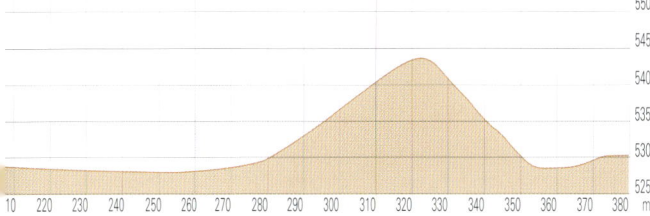

Der Riemer Landschaftspark entstand 1997–2005 anlässlich der Bundesgartenausstellung (BUGA) 2005 auf dem Gelände des ehemaligen Flughafens München-Riem nach einer Planung des französischen Landschaftsarchitekten Gilles Vexlard. Als östlicher Abschluss des ca. 210 ha großen Landschaftsparks wurde u.a. Abbruchmaterial des Flugplatzes zu zwei künstlichen Aussichts- und Rodelhügeln aufgeschüttet. Es stecken wohl 466.000 m³ Material in den Parkhügeln.

Die versetzt parallel zueinander liegenden Parkhügel haben langgestreckte, gleichmäßige, trapezartige Hangformen: Kunsthügel, Hügelkunst. Der südliche *Große Rodelberg* kann über eine Treppenanlage direkt bestiegen werden. Für Rollstuhlfahrer und Besucher mit Kinderwagen gibt es einen weiteren, flach ansteigenden langen Weg, der in Serpentinen nach oben führt. Sportliche Jogger schätzen den direkten Anstieg über die westliche Bergkante, wahlweise im freien Gelände oder im mannshohen Buschwerk. Der nördliche *Kleine Rodelberg* hat keine Treppenanlage oder ausgebauten Zuweg.

Beide Parkhügel sind nach außen hin geschlossen und fast undurchdringbar bepflanzt. Nach innen bilden sie eine bewuchsfreie Geländewanne, die perfekte Rodelarena. Rodelkids und robuste Radfahrer schätzen die downhill Qualität der gleichmäßigen Neigung. Ambitionierte Bergläufer arbeiten hier ihre Intervalle ab. Bei gutem Wetter reicht der Blick von der Höhe des großen Rodelbergs bis in die Alpen.

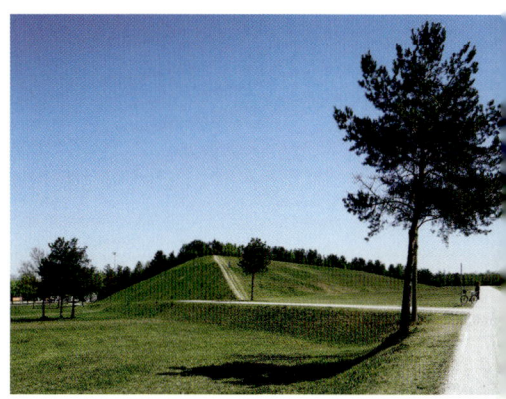

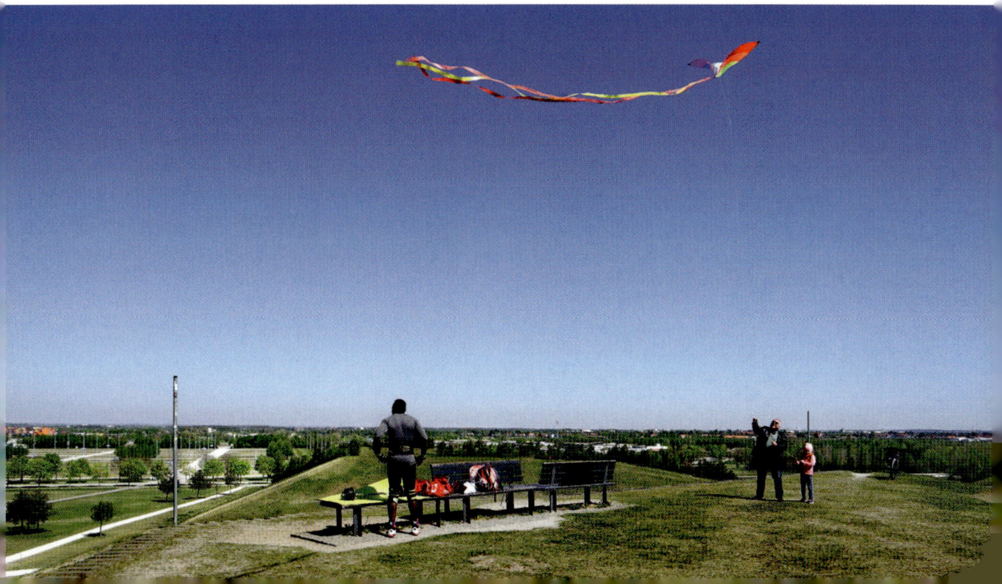

Berg am Laim

Höhendifferenz:
527–523 m NN
4 m Höhe
Scheinberg

Der Münchner Bergführer kann einen Ort namens *Berg am Laim* nicht übergehen, auch wenn die namensgebende Lößlehmzunge mit ihren Lehmbergen verschwunden ist. Mit Michael Ende kann man von *Scheinbergen* sprechen. Zwischen Ramersdorf im Süden und Ismaning im Norden lag über den in München üblichen Deckenschottern eine ca. 15 km lange und 1–2,5 km breite Lößlehmschicht. Ihre Mächtigkeit betrug 2 bis 4,5 m. Die Bodenschicht ermöglichte einen ertragreichen Getreideanbau. Die alten Bauernsiedlungen im Münchner Osten entstanden daher am westlichen und östlichen Rand des Lößlehmgebietes in der Linie Bogenhausen, Priel, Oberföhring (Westen) und Ramersdorf, Berg am Laim, Zamdorf (Osten). Der Ertragsboden konnte so vollständig als Ackerfläche genutzt wurde.

In Ermangelung von Natursteinen brannte man im Raum München schon im Mittelalter Lehm zu Ziegeln. Weite Teile der Lößlehmzunge wurden so über die Jahrhunderte hinweg dem Ackerbau entzogen und im Tagebau abgetragen, zu Ziegeln gebrannt und in München verbaut: *Ohne den Lehm daat's München net geb'n!*

Bis auf kleine Flächen in Unterföhring und Ismaning sowie verstreut als verschont gebliebene Lehmbergl, ist die Lehmschicht heute abgeziegelt. Die danach einsetzende Bebauung entstand direkt auf dem Schotter, ein paar Meter tiefer als ursprünglich von der Natur vorgegeben.

Der Ortsname *Berg am Laim* weist auf die Lage der Siedlung an der östlichen Kante der Lößlehmzunge hin. Der Ursprung der Siedlung lag nordwestlich unterhalb der St.-Michaelskirche. Die Hangkante ist nach dem Lehmabbau nicht mehr klar zu erkennen. Mit etwas Mühe erkennt man im Verlauf der Kleingartenanlage Süd-Ost I einen Geländeanstieg. Dieser *Scheinberg* wird am besten entlang der östlichen Altöttinger Straße überquert oder durch die von dort abzweigende Grünanlage bis zur Berg-am-Laim-Straße durchwandert. Bei der laufenden Gestaltung des sogenannten Michaeliangers, 600 m östlich von St. Michael, griff man die Formsprache der Lehmbergl als Landschaftselement neu auf und schuf mit Aushubmaterial der U-Bahnbaustelle Josephsburg eine im Winter bei Rodlern beliebte kleine *Hügelkette*.

Literatur:
Christl Knauer-Nothaft, Erich Kasberger:
Berg am Laim. Von den Siedlungsanfängen zum modernen Stadtteil Münchens, München 2007, S. 13, 22, 36 f.

Sternwarte

Höhendifferenz:
522–519 m NN
3 m Höhe
Lehmberg

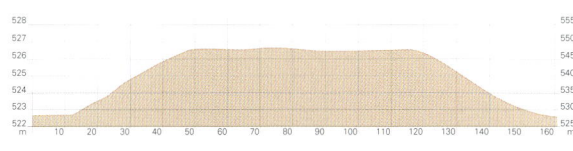

Die Münchner Universitäts-Sternwarte entstand 1817 am Rande des damaligen Dorfes Bogenhausen auf der Kuppe eines Lehmberges. Das erhaltene Sternwartegebäude ist ein kleiner erdgeschoßiger Flachdachbau mit Beobachtungskuppel und Eckrustizierung. Ein Erlass, jegliche störende Bebauung oder Bepflanzung im Umgriff der Sternwarte zu verhindern, sicherte eine Zeit lang die freie Lage der Anlage und den allseitig freien Blick in den Himmel. Im Jahre 1835 wurde dem Hauptgebäude ein eigenes Refraktorgebäude für das Fernrohr vorgelagert.

Grünfläche liegt heute um ca. 3 m über dem Geländeniveau der Umgebung, weil dort der anstehende Lößlehm für die Ziegelherstellung abgebaut worden war, nicht jedoch unter der Sternwarte. Eine hohe Mauer entlang der Sternwartstraße zeigt den Höhensprung und lässt erahnen wie umfangreich auch hier die Lößlehmzunge abgezielgelt worden war. Das Gebäude der Universitäts-Sternwarte wirkt unscheinbar und ist im Sommer – von der Vegetation verdeckt, vergessen. Der einzig richtige und lange Aufstieg auf diesen Lehmberg erfolgt durch die Possartstraße.

Als die Flächen um die Sternwarte dann doch baulich erschlossen wurden, projektierte man um 1900 die vom Prinzregentenplatz hergeführte Possartstraße geradlinig auf das Refraktorgebäude zu, sodass das optische Instrument auch direkt in den Straßenverlauf gerichtet werden konnte und Beobachtungen z. B. des Meridiandurchgangs der Gestirne nach Süden weiterhin möglich waren, ohne auf störende Häuser zu treffen.
Eine schöne städtebauliche Geste. Das Refraktorgebäude ist nicht erhalten geblieben. Das Gelände der ehemaligen Sternwarte mit umgebender, baumbestandener

Westliche Hangkante

Westlich der Altstadt gibt es 25 Anstiege mit Höhen zwischen 27 und 3 m, zusammen 356 Höhenmeter. Im Durchschnitt sind die Erhebungen 14 m hoch. Die Höhenlagen reichen von 560–513 m NN.

Mit dem Olympiaberg, Luitpoldhügel und Fröttmaninger Berg ergeben sich Anstiege mit zusammen 515 Höhenmetern. Mit den Höhen von fünf Lehmbergen und Parkhügeln im weiteren westlichen Stadtgebiet werden sogar 652 Höhenmeter erreicht.

	Name	Höhenmeter über NN	Höhe	Steigung	Charakter
W.1	Höllerer Berg	560–533 m	27 m	17 %	
W.2	Carusoweg	555–532 m	23 m		
W.3	Hangweg Heilmannstraße 9	553–531 m	22 m		
W.4	Gerblstraße	553–529 m	24 m	17 %	
W.5	Isartalbahnweg	550–526 m	24 m	2 %	2 km Rampe
W.6	Kreppeberg	550–526 m	24 m	15 %	Einbahnstraße
W.7	Maria-Einsiedel-Berg	550–526 m	24 m		Fußweg
W.8	Schmiedberg	548–527 m	19 m	8 %	Fußweg
W.9	Hoeckhstraße	547–527 m	20 m		
W.10	Greinerberg	547–530 m	17 m	8 %	
W.11	Neuhofener Berg	550–528 m	22 m		Rundtempel, Stadtba
W.12	Hangweg Plinganserstraße	539–528 m	11 m	23 %	
W.13	Treppenanlage Harras/Kidlerplatz	537–528 m	9 m		
W.14	Ende Lindenschmitstraße	534–525 m	9 m		lange Rampe
W.15	Treppenanlage Oberländerstraße	535–526 m	9 m		
W.16	Fußweg Sendl. Kirchpl./St. Margaret	535–527 m	8 m		Kirche
W.17	Sendlinger Berg/Ende Lindwurmstraße	532–522 m	10 m		lange Rampe
W.18	Treppenanlage Daumillerweg	533–522 m	10 m		
W.19	Hans-Fischer-Straße	531–524 m	7 m		lange Rampe
W.20	König-Ludwig-Hügel	530–527 m	3 m		
W.21	Schwanthalerhöhe (Theresienhöhe)	530–522 m	8 m		Bavaria, Stadtbalkon
W.22	Hackerberg (Galgenberg)	529–519 m	10 m		Brücke
W.23	Augustinerkeller/Hopfenstraße	523–517 m	6 m		Biergarten
W.24	Ende Sandstraße/Josef-Ruederer-Straße	520–515 m	5 m		
W.25	Maßmannsbergl	518–513 m	5 m		Gedenkstein
W.26	Olympiaberg/Martin-Luther-King-Weg	565–510 m	55 m		Stadtbalkon
W.27	Schwabinger Schuttberg (Luitpoldhügel)	545–511 m	34 m		Gipfelkreuz
W.28	Fröttmaninger Berg/Karl-Landauer-Weg	562–492 m	70 m		Windkraftanlage
W.29	Warnberg (Balde-Höhe)	579–572 m	7 m		Lehmberg
W.30	Westpark: Rosenhügel und Jackl	556–531 m	zus. 70 m		fünf Aussichtshügel
W.31	Westpark: Rodelhügel	548–528 m	20 m		Aussichtshügel
W.32	Hugo-Fey-Weg	530–523 m	7 m		Hangkante
W.33	Teufelsberg	543–515 m	zus. 33 m		zwei Lehmberge

Gipfelsieg am	zusammen mit	Besonderheiten

Altstadtterrasse

An der Altstadtterrasse gibt es 17 Anstiege mit Höhen zwischen 7 und 1 m, zusammen 57 Höhenmeter. Im Durchschnitt sind die Anstiege 3 m hoch.

Die Höhenlagen reichen von 527–503 m NN. Mit dem Monopteroshügel ergeben sich Anstiege mit zusammen 72 Höhenmetern.

	Name	Höhenmeter über NN	Höhe	Steigung	Charakter
A.1	Fraunberg	527–523 m	4 m		Wallfahrtskirche
A.2	Stephansbergl	520–515 m	5 m		Friedhofskirche
A.3	Sendlinger-Tor-Platz/Pestalozzistraße	519–516 m	3 m		
A.4	Schmidstraße	516–513 m	3 m		
A.5	Singlspielerstraße	516–512 m	4 m		
A.6	Hermann-Sack-Straße	515–514 m	1 m		
A.7	Dultstraße	515–514 m	1 m		
A.8	Rindermarkt/Rosental	516–514 m	2 m		Brunnen
A.9	Petersbergl	517–513 m	4 m		Pfarrkirche, Stadtbalk
A.10	Ende Lederergasse/Schlichtinger-Bogen	514–511 m	3 m		
A.11	Treppenanlage Ende Münzstraße	514–511 m	3 m		
A.12	Alter Hof/Hofgraben	514–511 m	3 m		
A.13	Residenz (Jägerpühel)	513–510 m	3 m		
A.14	Hofgarten/Staatskanzlei	514–510 m	4 m		
A.15	Finanzgarten	517–510 m	7 m		
A.16	Königinstraße	510–508 m	2 m		
A.17	Burgstall Schwabing und St. Sylvester	508–503 m	5 m		Kirche
A.18	Monopteroshügel	520–505 m	15 m		Stadtbalkon
H.1	Alter Peter	574–518 m	56 m		Kirchturm
H.2	Frauenkirche	603–517 m	86 m		Kirchturm
H.3	Rathaus	569–518 m	61 m		Rathausturm
H.4	Paulskirche	707–518 m	60 m		Kirchturm
H.5	Olympiaturm	707–518 m	189 m		Fernsehturm

Gipfelsieg am	zusammen mit	Besonderheiten

Östliche Hangkante

Östlich der Altstadt gibt es 54 Anstiege mit Höhen zwischen 33 und 6 m, zusammen 893 Höhenmeter. Im Durchschnitt sind die Anstiege 17 m hoch.

Die Höhenlagen reichen von 566–503 m NN. Mit den Höhen von sechs Lehmbergen und Parkhügeln im weiteren östlichen Stadtgebiet werden sogar 976 Höhenmeter erreicht.

	Name	Höhenmeter über NN	Höhe	Steigung	Charakter
0.1	Treppenanlage Großhesseloher Brücke	566–533 m	33 m		Hangweg Sutnerstraß
0.2	Hangweg bei der Sutnerstraße	558–532 m	26 m		Brücke/Fußgängerbri
0.3	Hangweg bei der Menterschwaige	556–531 m	25 m		
0.4	Hangweg bei der Hermine-Bland-Straße	554–531 m	23 m		
0.5	Hangweg bei der Braunstraße	552–529 m	23 m		
0.6	Hangweg bei der Marienklause	549–527 m	22 m		
0.7	Harlachinger Berg	547–522 m	25 m	13%	anfangs lange Rampe
0.8	Hangweg Siebenbrunn Süd	543–523 m	20 m		
0.9	Hangweg Siebenbrunn Nord	544–524 m	20 m		
0.10	Drumberg	547–522 m	25 m		Stadtbalkon
0.11	Candidstraße (Candidberg)	538–520 m	18 m		lange Rampe
0.12	Schrafnagelberg	542–519 m	23 m		
0.13	Treppenanlage Schweitzertreppe	535–518 m	17 m		
0.14	Poißlweg/Am Bergsteig	537–517 m	20 m		
0.15	Giesinger Berg	537–518 m	19 m	5%	Kirche, Stadtbalkon
0.16	Treppenanlage Am Bergsteig Süd	537–529 m	8 m		
0.17	Treppenanlage Am Bergsteig Nord	536–523 m	13 m		
0.18	Schmederersteig	536–521 m	15 m		
0.19	Treppenanlage Kronepark	535–525 m	10 m		
0.20	Nockherberg	535–519 m	16 m	4%	lange Rampe
0.21	Treppenanlage zum Salvatorkeller	535–522 m	13 m		Stadtbalkon
0.22	Joseph-Holzer-Weg	533–518 m	15 m		
0.23	Gebsattelstraße	532–518 m	14 m		lange Rampe
0.24	Treppenanlage Gebsattelbrücke	532–518 m	14 m		Stadtbalkon
0.25	Fischerweg	532–518 m	14 m		
0.26	Wilhelm-Herbert-Weg	532–517 m	15 m		
0.27	Lilienberg	532–517 m	15 m		
0.28	Riggauerweg	531–517 m	14 m		
0.29	Rosenheimer Straße	531–519 m	12 m		lange Rampe

Gipfelsieg am	zusammen mit	Besonderheiten

Östliche Hangkante

Östlich der Altstadt gibt es 54 Anstiege mit Höhen zwischen 33 und 6 m, zusammen 893 Höhenmeter. Im Durchschnitt sind die Anstiege 17 m hoch.

Die Höhenlagen reichen von 566–503 m NN. Mit den Höhen von sechs Lehmbergen und Parkhügeln im weiteren östlichen Stadtgebiet werden sogar 976 Höhenmeter erreicht.

	Name	Höhenmeter über NN	Höhe	Steigung	Charakter
0.30	Gasteig (Ludwigsbuckl)	531–519 m	12 m		lange Rampe
0.31	Treppenanlage bei St. Nikolai	530–515 m	15 m		
0.32	Hangweg beim Muffatwerk	527–517 m	10 m		
0.33	Hangweg zum Kobell-Denkmal	534–513 m	21 m	16%	
0.34	Max-Planck-Straße	529–523 m	6 m		lange Rampe
0.35	Maximilianeum	537–524 m	13 m		Stadtbalkon
0.36	Prinzregentenstraße	527–516 m	11 m		lange Rampe
0.37	Luitpoldterrassen	526–517 m	9 m		Stadtbalkon
0.38	Hangweg am Achtersee	527–510 m	17 m		
0.39	Wilhelm-Hausenstein-Weg/St. Georg	524–510 m	14 m		langer Anstieg, Kirche
0.40	Hangweg St. Georg	524–513 m	12 m		kurzer Anstieg, Kirche
0.41	Montgelasstraße	530–513 m	17 m		lange Rampe
0.42	Treppenanlage Herzogparkstraße	521–512 m	9 m		
0.43	Hangweg Montgelasstraße	523–510 m	13 m		
0.44	Gustl-Waldau-Steig/Brunnen	530–510 m	20 m		
0.45	Simmsteig	529–509 m	20 m		
0.46	Paul-Neu-Weg	528–510 m	18 m		
0.47	Dingelstedtweg	528–507 m	21 m		
0.48	Andersenweg	524–505 m	19 m		
0.49	Michl-Ehbauer-Weg	521–506 m	15 m		
0.50	Mauerkircherstraße	519–505 m	14 m		lange Rampe
0.51	Pernerkreppe	520–505 m	15 m		
0.52	Rochus-Dedler-Weg	520–505 m	15 m		
0.53	St. Emmeram Süd	520–505 m	15 m		
0.54	St. Emmeram Nord	518–503 m	15 m		
0.55	Tiroler Berg	538–548 m	10 m		Hangkante
0.56	Ostpark (Rodelberg)	552–527 m	25 m		Parkhügel
0.57	Riemer Park (großer Rodelberg)	555–527 m	28 m		Parkhügel
0.58	Riemer Park (kleiner Rodelberg)	540–527 m	13 m		Parkhügel
0.59	Berg am Laim	527–523 m	4 m		Scheinberg
0.60	Sternwarte	522–519 m	3 m		Lehmberg

Gipfelsieg am	zusammen mit	Besonderheiten

Anmerkungen

1
Helmuth Stahleder: Stadtplanung und Stadtentwicklung Münchens im Mittelalter, in: Historischer Verein von Oberbayern (Hrsg.): Oberbayerisches Archiv, 119. Band, München 1995, S. 261–270;
Günther Michler: München – Goldener Sattel auf dürrer Mähre?, in: Günter Heinritz, Claus-C. Wiegandt, Dorothea Wiktorin (Hrsg.): Der München Atlas. Die Metropole im Spiegel faszinierender Karten, München 2003, S. 16 f.

2
Franz Schiermeier: Stadtatlas München. Karten und Modelle von 1570 bis heute, München 2003, S. 46–48 (hrsg. vom Münchner Stadtmuseum, Stadtarchiv München);
Christian Behrer: Das unterirdische München. Stadtkernarchäologie in der bayerischen Landeshauptstadt, München 2001, S. 20–23.

3
Robert Geipel, Günter Heinritz (Hrsg.): München. Ein sozialgeographischer Exkursionsführer, München 1987, S. 171–182 (Münchner Geographische Hefte, Nr. 55/56).

4
Christine Rädlinger: Geschichte der Isar in München, München 2012, S. 92 ff. (hrsg. vom Stadtarchiv München).

5
Karten zur Wegeführung in Helmuth Stahleder: Stadtplanung und Stadtentwicklung Münchens im Mittelalter, in: Historischer Verein von Oberbayern (Hrsg.): Oberbayerisches Archiv, 119. Band, München 1995, S. 237–246;
Landeshauptstadt München, Referat für Stadtplanung und Bauordnung (Hrsg.): Hochhausstudie. Leitlinien zu Raumstruktur und Stadtbild, München 1996, Karte Topografie und Grundelemente der Stadtstruktur nach S. 70 (Perspektive München, Schriftenreihe zur Stadtentwicklung, C 5).

6
Benedikt Weyerer: Das kurze Leben des ersten Münchner Bahnhofs, in: Münchner Stadtanzeiger, 24.08.1989.

7
Landeshauptstadt München (Hrsg.): Die U5/9 Ost Eröffnung am 27. Oktober 1988, München 1988, S. 15–20.

8
Christine Rädlinger: Geschichte der Münchner Stadtbäche, München 2004, S. 37–41 (hrsg. vom Stadtarchiv München).

9
Richard Bauer: Ludwigsvorstadt, München 2012, S. 15.

10
Richard Bauer: Ludwigsvorstadt, München 2012, S. 51–53;
Robert Geipel, Günter Heinritz (Hrsg.): München. Ein sozialgeographischer Exkursionsführer, München 1987, S. 411–413, 433–435 (Münchner Geographische Hefte, Nr. 55/56).

11
Karlheinz Hemmeter: München – Stadtlandschaft am Fluß, in: Bayerisches Landesamt für Denkmalpflege (Hrsg.): Jahrbuch der bayerischen Denkmalpflege, Band 44 für das Jahr 1990, München 1995, S. 162–167.

12
Richard Bauer: Ludwigsvorstadt, München 2012, S. 32 f.

13
Winfried Nerdinger (Hrsg.): Romantik und Restauration. Architektur in Bayern zur Zeit Ludwigs I. 1825–1848, München 1987, S. 62 f. (Ausstellungskataloge der Architektursammlung der Technischen Universität München und des Stadtmuseums, Nr. 6)

14
Winfried Nerdinger (Hrsg.): Romantik und Restauration. Architektur in Bayern zur Zeit Ludwigs I. 1825–1848, München 1987, S. 22, 134 (Ausstellungskataloge der Architektursammlung der Technischen Universität München und des Stadtmuseums, Nr. 6);
Margret Wanetschek: Die Grünanlagen in der Stadtplanung Münchens von 1790–1860, München 1971, S. 100–109, 128–153 (Neue Schriftenreihe des Stadtarchivs München, Heft 35);
Margret Wanetschek: Grünanlagen in der Stadtplanung von München 1790-1890, München 2005 (hrsg. von Klaus Bäumler und Franz Schiermeier).

15
Sophie Wolfrum (Hrsg.): Theodor Fischer Atlas. Städtebauliche Planungen München, München 2012, S. 341.

16
Landeshauptstadt München (Hrsg.): Hochhausstudie. Leitlinien zur Raumstruktur und Stadtbild, München 1995, S. 15, 60, Karte nach S. 70 (Perspektive München, Schriftenreihe zur Stadtentwicklung, C5).

17
Landeshauptstadt München (Hrsg.): Hochhausstudie. Leitlinien zur Raumstruktur und Stadtbild, München 1995, nach S. 70, 72, 76, 82 (Perspektive München, Schriftenreihe zur Stadtentwicklung, C5).

18
Richard Bauer: Ludwigsvorstadt, München 2012, S. 15.

19
Winfried Nerdinger (Hrsg.): Romantik und Restauration. Architektur in Bayern zur Zeit Ludwigs I. 1825–1848, München 1987, S. 81 (Ausstellungskataloge der Architektursammlung der Technischen Universität München und des Stadtmuseums, Nr. 6).

20
Heinrich Habel: Neubarock und Neurokoko in München, in: Bayerisches Landesamt für Denkmalpflege (Hrsg.): Beiträge zur Heimatforschung, München 1991, S. 59–66 (Bayerisches Landesamt für Denkmalpflege, Arbeitsheft 54).

21
Eva Maier: Denkmäler mit Stallgeruch. Die Bauten des Tierparks Hellabrunn in München aus den Jahren 1911 bis 1914, in: Bayerisches Landesamt für Denkmalpflege, Denkmalpflege Information Nr. 145, München 2010, S. 36–39.

22
Dorle Gribl: Solln und die Prinz-Ludwigs-Höhe. Villen und ihre Bewohner, München 2012, S. 144–146, 168 f., 181–187.

23
Claus-Jürgen Schulze: Die Isartalbahn, o. O. 2002.

24
Sophie Wolfrum (Hrsg.): Theodor Fischer Atlas. Städtebauliche Planungen München, München 2012, S. 341.

25
Manfred Heimers: Der bayerische Volksaufstand von 1705/06 und die „Sendlinger Mordweihnacht", in: Haus der Bayerischen Geschichte (Hrsg.): Memento 1705. Die Sendlinger Mordweihnacht, Regensburg 2004, S. 10–23 (Hefte zur Bayerischen Geschichte und Kultur 32);
Wolfgang Görl: Blutige Weihnacht, in: Süddeutsche Zeitung, 16.12.2005, S. 48.

26
Helmut Bauer: Der Schmied von
Kochel – ein Bilderbogen, in: Haus der
Bayerischen Geschichte (Hrsg.):
Memento 1705. Die Sendlinger Mord-
weihnacht, Regensburg 2004, S. 37 f.
(Hefte zur Bayerischen Geschichte
und Kultur 32).

27
Karl Spengler: Münchner Straßen-
bummel, München 1960, S. 301.

28
Hans Kratzer: Von der Wiesn aufs
Schlachtfeld, in: Süddeutsche Zeitung,
6.8.2010, S. R 7.

29
Paul Ernst Rattelmüller (Hrsg.): Ludwig von Gaisberg – Eine Reise zum
Münchner Oktoberfest 1835, München 1979, S. 35 (Reprint).

30
Franz Schiermeier: Westend. Reiseführer für Münchner, München 2014.

31
Georg Jacob Wolf: Ein Jahrhundert
München, 1800–1900, Frankfurt
1980, S. 179.

32
Martin Thurau: In Stein gehauene
Symbole für den Fortschritt, in:
Süddeutsche Zeitung, 10.12.1991.

33
Heinrich Habel: „Die Sentlinger Gasse
... zu fabelhafter Unzeit". Betrachtungen
zu einem Münchner Altstadtbereich,
in: Susanne Böning-Weis, Karlheinz
Hemmeter, York Langenstein (Hrsg.):
Monumental. Festschrift für Michael
Petzet zum 65. Geburtstag am
12. April 1998, München 1998, S. 507 f.,
Anm. 2 (Bayerisches Landesamt für
Denkmalpflege, Arbeitsheft, Nr. 100).

34
Heinrich Habel: Der Marstallplatz in
München, München 1993, S. 7–14,
55, Karte S. 87 (Arbeitshefte des Bayerischen Landesamtes für Denkmalpflege 63).

35
Ulrich Thiele: Die Randbebauung des
Münchner Hofgartens. Baugeschicht-
liche Entwicklung vom ausgehenden
18. Jahrhundert bis zum Ersten Weltkrieg, in: Michael Petzet (Hrsg.):
Denkmäler am Münchner Hofgarten,
München 1988, S. 45–70 (Arbeitshefte des Bayerischen Landesamtes
für Denkmalpflege 41).

36
Christine Rädlinger: Geschichte der
Isar in München, München 2012,
S. 166–175 (hrsg. vom Stadtarchiv
München).

37
Dorle Gribl: Harlaching und die Men-
terschwaige. Vom Edelsitz zur Garten-
stadt, München 2004, S. 18–21;
Karl Trautmann: Der Schlossgarten in
Harlaching und sein Schöpfer Matthias
Diesel, München 1888 (Münchener
Neueste Nachrichten 1888, Nr. 41).

38
Münchner Stadtanzeiger, 23.5.1989.

39
Josef Scharrer: Giesing in meiner
Jugenderinnerung, München 1929
(Manuskript).

40
Josef Scharrer: Giesing in meiner
Jugenderinnerung, München 1929
(Manuskript).

41
August Alckens: München in Erz und
Stein, Mainburg 1973, S. 95.

42
Alfred Dürr: Klotzen an der Kante, in:
Süddeutsche Zeitung, 7.3.2013.

43
Heinrich Habel: Gottfried Sempers
städtebauliche Entwürfe für den
Bereich um Hofgarten und Marstallplatz in München, in: Michael Petzet
(Hrsg.): Denkmäler am Münchner Hofgarten, München 1988, S. 135–145
(Arbeitshefte des Bayerischen Landesamtes für Denkmalpflege 41).

44
Stefan Fisch: Die Prinzregentenstraße. Moderne Stadtplanung zwischen Hof, Verwaltung und Terrain-
interessen, in: Friedrich Prinz
(Hrsg.): München – Musenstadt mit
Hinterhöfen. Die Prinzregentenzeit
1886–1912, München 1988.

45
Benedikt Weyerer: Das Brunnthal-
Wasser war international beliebt,
Münchner Stadtanzeiger, 9.9.1988.

46
Willibald Karl, Karin Pohl: Bogenhausen, München 2014, S. 23–36.

47
Thomas Mann: Herr und Hund,
München 1919, S. 60–91.

Nachweis

Text
Gerhard Ongyerth,
2013–2020

Pläne
Seiten 10/11, 12
Höhenschichtenmodell der Stadt
München 1876–1908,
in: Franz Schiermeier: Stadtatlas
München, Karten und Modelle von
1570 bis heute, München 2003, S.46 f.
(Hrsg.: Stadtmuseum München,
Stadtarchiv München).

Seiten 14/15
Höhenschichten des Stadtgebiets
von München
in: Franz Schiermeier: Stadtatlas
München, Karten und Modelle von
1570 bis heute, München 2003, S. 42 f.
(Hrsg.: Stadtmuseum München,
Stadtarchiv München).

Seite 30
Franz Xaver Eichheim: General-
Stadtplan von München 1858
(nach Arnold von Zenetti bzw.
Peter Joseph Lenné 1854),
in: Margret Wanetschek: Grünanlagen
in der Stadtplanung von München
1790–1890, München 2005, S. 164
(hrsg. von Klaus Bäumler und Franz
Schiermeier).

Seite 31
Theodor Fischer: Ausgestaltung der
Steilhänge der Isar, 1895,
in: Sophie Wolfrum, Alexandra Block,
Markus Lanz, Franz Schiermeier:
Theodor Fischer Atlas, Städtebau-
liche Planungen in München.
Hrsg. von Sophie Wolfrum, Lehrstuhl
für Städtebau und Regionalplanung,
TUM, München 2012.

Seite 33
Stadtprofil in schutzwürdigen Bauräu-
men, in: Landeshauptstadt München
(Hrsg.): Hochhausstudie. Leitlinien zur
Raumstruktur und Stadtbild, München
1995, nach S. 78 (Perspektive München,
Schriftenreihe zur Stadtentwicklung, C5).

Seite 131
Nach: Gustav Schneider,
Der Werdegang des ältesten Mün-
chener Stadtkerns, Oberbayerisches
Archiv, Band 112.

Nachweis der Karten
Alle Übersichtskarten und Detailkarten basieren auf der Stadtkarte
des Städtischen Vermessungsamtes/
Kommunalreferat der LHM und einer
Schummerungskarte des Bayerischen Landesamtes für Digitalisie-
rung, Breitband und Vermessung.

© Städtisches Vermessungsamt/
Kommunalreferat der Landeshauptstadt München

Geobasisdaten © Bayerische Ver-
messungsverwaltung 2015

Maßstäbe (mit Ausnahmen):
Übersichtskarten   M 1: 20.000
Detailkarten   M 1: 7.500

Höhenschnitte (mit Ausnahmen):
Höhenmaßstab   M 1: 1.000
Breitenmaßstab   M 1: 2.000

Bildnachweis
Architektursammlung der TUM:
195, 219.

Bayerisches Hauptstaatsarchiv: 28.

Franz Schiermeier Verlag München:
4/5, 16, 24, 25, 37, 89u, 109, 110/111,
124 (2), 127, 130, 139, 140, 146/147,
147o, 148 (2), 148/149, 150/151, 194,
201, 235, 239, 248, 249.

Hacker-Pschorr-Brauerei, Archiv: 27.

Münchner Stadtmuseum: 10/11, 12,
18, 74, 89u, 86, 90, 95u, 98u, 100u,
120u, 168o, 182u, 214u, 263.

Private Sammlungen: 83, 85u, 89o,
141u.

Landeshauptstadt München,
Referat für Planung und Bauordnung:
33 (Hochhausstudie 1995).

Stadtarchiv München:
19 (Fotosammlung, Stb-Vororte-021);
28 (Eichheim-Plan 1858, PS-B-B89);
29 (Ausgestaltung der Steilhänge der
Isar 1895, Städt. Grundbes. 274);
54 (Bahntrasse der Isartalbahn)
Stadtbild 13710; 73 (Der Aufstieg
nach Sendling) FS-STB-1497-02M;
144 DE-1992-FS-NL-KV-1938;
150 DE-1992-FS-NL-PETT1-4109;
151 DE-1992-FS-NL-KV-1098;
152 FS-NL-RD-0516B10; 155 (Auffahrt Giesinger Berg); 168 (Herbergen
Fischerstraße) R1928 (KB);
181u (Armenversorgungsanstalt)
HVBS-B-02-42; 197 (Beamtenreliktenanstalt) Pett1-2341.

Historischer Verein von Oberbayern:
26 (Röhrenbrücke über die Isar)
DE-1992-HV-BS-B-03-39;

Städtische Galerie im Lenbachhaus:
27.

Abbildungen aus Publikationen
Dorle Gribl, Harlaching und die
Menterschwaige: Vom Edelsitz zur
Gartenstadt, Münch 2004: 168u.

Christine Rädlinger, Geschichte der
Münchner Stadtbäche, München
2004: 208u (Volckmer-Plan, bearb.).

Oberbayerisches Archiv, Band 109
88u.

Gustav Steinlein, Die Baukunst Alt-
Münchens, München 1917: 128ul.

Georg Baumgartner, Königliche
Träume, München 1981: 221o.

Carl August Lebschée, Malerische
Topographie des Königreichs Bayern,
München 1830: 239u, 251o.

Winfried Nerdinger, Zwischen
Glaspalast und Maximilianeum,
München 1997: 217o.

Michael Wening, Historico-topogra-
phica descriptio Bavariae, München
1701–1726: 135o, 198o.

Landeshauptstadt München,
Baureferat: 20 Jahre Westpark,
Landschaft zum Aufatmen: 108.

Landeshauptstadt München,
Baureferat: 30 Jahre Ostpark, Volkspark und Stadtlandschaft für alle:
249.

Alle anderen Abbildungen:
Gerhard Ongyerth,
2013–2020

Impressum

Gerhard Ongyerth
Münchner Bergführer
111 Stadtberge, Bergl
und Berganstiege

Gestaltung, Satz, Kartographie
Edgar Hohl,
Franz Schiermeier

© Franz Schiermeier Verlag München
© für den Text: Gerhard Ongyerth
© für die Abbildungen bei den einzelnen
Rechteinhabern

Franz Schiermeier Verlag München
2. Auflage, München, im Mai 2020
ISBN 978-3-943866-32-2

www.franz-schiermeier-verlag.de

Berghang zwischen der Lohstraße (links) und der Bergstraße (rechts)

Publikationen zur Topographie der Stadt München

Franz Schiermeier Verlag München
Waltherstraße 28, 80337 München
Tel. 089 599 477 51
franz.schiermeier@web.de
www.franz-schiermeier-verlag.de

Margret Wanetschek
**Grünanlagen in der
Stadtplanung von München**
1790–1860

Herausgegeben
von Klaus Bäumler
und Franz Schiermeier
ISBN 978-3-9809147-4-1
19,50 Euro

Christine Rädlinger
**Geschichte der
Münchner Stadtbäche**

Herausgegeben
vom Stadtarchiv München
ISBN 978-3-9809147-2-7
38,50 Euro

Christine Rädlinger
**Geschichte der
Münchner Brücken**
Brücken bauen von der
Stadtgründung bis heute

Herausgegeben vom
Baureferat der Landes-
hauptstadt München
ISBN 978-3-9811425-2-5
29,50 Euro

Christine Rädlinger
**Geschichte der Isar
in München**

Herausgegeben vom
Stadtarchiv München
ISBN 978-3-943866-11-7
38,50 Euro

Christine Rädlinger
Neues Leben für die Isar
Von der Regulierung zur
Renaturierung der Isar in
München

ISBN 978-3-9814521-5-0
14,50 Euro

Franz Schiermeier
Münchner Stadtbäche
Reiseführer zu den
Lebensadern einer Stadt

ISBN 978-3-39813190-9-5
18,90 Euro

Gerhard Ongyerth ist seit seinem fünften Lebensjahr Münchner, promovierter Geograph, Gründungsvater des Vereins Stattreisen München, Kulturhistoriker, staatlicher Denkmalpfleger und vielseitig interessierter Publizist.

Er beschäftigt sich mit der Münchner Stadtgeschichte, mit der Würm und vielen Aspekten der Denkmalkunde in Bayern. Die Betrachtung der Hangkanten und Stadtberge in München ist eine konsequente Weitung und Lenkung des Augenmerks eines Bergwanderers, Skitourengehers und Mittelstreckenläufers auf besondere Geländeanstiege und Höhen in der Stadtlandschaft. Dieses Buch ist zugleich sein erstes fotographisches Werk.

Berg auf!